有效教学设计的校本实践与探索

程立春　邵晶晶　金秋逸◎编著

安徽师范大学出版社
ANHUI NORMAL UNIVERSITY PRESS
·芜湖·

图书在版编目(CIP)数据

有效教学设计的校本实践与探索 / 程立春，邵晶晶，金秋逸编著．— 芜湖：安徽师范大学出版社，2021.9（2023.9重印）

ISBN 978-7-5676-5387-0

Ⅰ．①有… Ⅱ．①程… ②邵… ③金… Ⅲ．①教学设计－研究 Ⅳ．①G42

中国版本图书馆CIP数据核字(2021)第180198号

有效教学设计的校本实践与探索　　程立春　邵晶晶　金秋逸◎编著

责任编辑：吴顺安　　　责任校对：胡志立

装帧设计：王晴晴　　　责任印制：桑国磊

出版发行：安徽师范大学出版社

芜湖市北京东路1号安徽师范大学赭山校区

网　　址：http://www.ahnupress.com/

发 行 部：0553-3883578　5910327　5910310(传真)

印　　刷：苏州市古得堡数码印刷有限公司

版　　次：2021年9月第1版

印　　次：2023年9月第2次印刷

规　　格：700 mm × 1000 mm　1/16

印　　张：16.25

字　　数：248千字

书　　号：ISBN 978-7-5676-5387-0

定　　价：59.00元

目　录

第一章 绪 论

提升教学的有效性始终是教学活动的首要任务之一，也是近年来多次教学改革的关注点之一。2017年1月《国家教育事业发展“十三五”规划》正式发布，其中提到：“要全面提升教育质量，进一步提升教师素质，改善学校办学条件，教育信息化实现新突破，形成信息技术与教育融合创新发展的新局面，使学习的便捷性和灵活性明显增强。”2021年4月，《教育部办公厅关于加强义务教育学校作业管理的通知》发布，明确指出学校要根据学段情况，设计合适的作业类型和总量，提高教学的精准性和综合性。在新的教育改革背景和新高考政策的推动下，多省市出台了有关校本改革与发展指导的文件。由此可见，高中学校应当为了提升教学的有效性而付诸实践探索。

随着高中课程不断改革，学生的需求也不断地发生改变，学校应当根据自身情况不断对高中生的教学培养调整方向。当下，各中小学都立足自身办学模式、文化传统、师生特点以及校本资源等因素，形成具有学校特色的校本化特色课程体系，进而积极开展具有学校特色的教学思考与探索。当然，这种思考与探索既需要深厚的理论指导，也需要广泛的经验借鉴，尤其是借鉴一些较成熟学校的特色课程开发、特色学校建设等方面的经验。

上海市奉贤区曙光中学是由革命先烈李主一创建，是奉贤县委和奉贤第一个党支部诞生地。近年来，学校立足新时代，承继先烈“布置洪炉铸少年”的遗志，通过实施“旗帜（A FLAG）红色精神培育特色课程”，培育以在服务社会中实现个人价值为人生理想，具有利他品格、社会服务意识、基础社会管理能力的时代新人为育人目标，坚持以红色文化陶冶师生情操，取得了广泛的社会影响力。

为了提升教学的有效性，探索高效教学的新模式，学校制定了“有效教学”校本研修方案。其中包括：(1) 在教育价值观上，以立德树人为宗旨，促进核心素养与教学的融合，转变追求分数的功利价值，将自身的成长与实现自我价值作为终身学习的目标。(2) 在教育品质上，改变作业量堆砌教学成绩的教学模式，转变为有的放矢的精准化教学模式，提升教学效率。(3) 在育人模式评价上，要从成绩决定教学效果的评价模式转向全面评价教学质量的评价模式。(4) 在教学模式上，突破传统的教学思路，促进以学生为核心的教学模式发展，注重个性化、多样化的学生培养模式。(5) 在教师专业发展上，改变单纯掌握学科知识和教学技能的发展倾向，注重并鼓励教师积极探索新的教育模式，注重自身的教育思想发展。

一、有效教学设计的实施背景

(一) 教学改革促进教育发展

1.教育在探索中保持活力

在人类历史发展的长河里，教育始终是社会发展的核心要素之一。教育事业的兴衰关乎人类社会的进步、国家的富强，是我们社会主义现代化建设事业的重要组成部分。

党的十九大报告中提出：“要全面贯彻党的教育方针，落实立德树人根本任务，发展素质教育，推进教育公平，培养德智体美全面发展的社会主义建设者和接班人。”全国教育大会进一步完善为“培养德智体美劳全面发展的社会主义建设者和接班人”。从“实施素质教育”到“发展素质教育”，素质教育已然成为基础教育的发展核心。素质教育的核心是以人为本，重视思想道德素质、能力培养、个性发展、身体健康和心理健康教育。在本质上，该概念和应试教育相对应，但也不单纯是绝对对立的关系。然而，现阶段的高中学校必然无法完全摆脱应试教育的影响，通过教学改革和探索，应当在素质教育和应试教育之中找到一条均衡发展的路。

教育的发展离不开社会的需求，在实现人类发展的目标之前，人们更在意教育在高考成绩的高低、大学的录取等情况上的反馈。这种情况与教育本质相违背，但却是当下民生最关心的热点之一。随着社会的发展，学生心理健康情况的恶化开始促使人们对教育行为进行反思。作业过多、学业繁重、教育模板化等问题的涌现再次提醒学校，改革与探索是教育事业保持活力的关键。

2.“减负”是教育改革的关键

在2021年4月发布的《教育部办公厅关于加强义务教育学校作业管理的通知》中指出：“为贯彻落实中央有关精神，进一步规范学校教育教学管理，全面提高教育教学质量，坚决扭转一些学校作业数量过多、质量不高、功能异化等突出问题。”过多的作业不仅会影响学生的身心健康，更会影响学生对学习的兴趣和向往。学习作为人生的重要组成部分，是感知世界、追寻美好的主要方式，坚持学习是积极人生态度的表现，是学生和教师都应当坚持一生的观念。同时，作业过多的情况也给教师带来了繁重的工作负担，不利于教师的自我发展。近年来，各地纷纷出台了“减负方案”，对象从“学生”变成了“教师和学生”。如2021年6月天津市教委出台了《天津市中小学教师减负清单》，强调“让教师能全身心投入教书育人工作，落实好立德树人的根本任务”。

可见教育的“减负”已经成为迫切需要解决的重要议题。“减负”的关键是要改变社会对教育的需求和评价方式，其中学生和教师的态度最为关键。而“减负”恰好是中和素质教育与应试教育的关键。通过高效的教学模式，降低学生在作业上的时间成本，释放出大量的自由时间，用以探索个性化的成长空间。同时，高效的教学模式需求教师在教学设计上花费一定的时间成本，过于单一、模板化的教学模式同样会影响教师的职业发展。

3.信息化技术促进教学质量提升

在2021年3月发布的《教育部关于加强新时代教育管理信息化工作的通知》中提出："教育管理信息化作为教育信息化的重要组成部分，是以信息系统、数据资源、基础设施为基本要素，利用信息技术转变管理理念、创新管理方式、提高管理效率，支撑教育决策、管理和服务，推进教育治理现代化的进程。"信息化可以以现代通信、网络和数据库技术为基础，辅助教学行为，极大地提高教学效率，为推动有效教学的进步提供极大的技术支持。信息化教育的普及可以运用现代信息技术，整合教育资源，优化教学模式，从而提高教育质量和效率。然而，信息技术的全面普及面临着硬件设备供给不足、信息化应用缺乏、配套培训散乱、教师学习意愿低下等问题。

信息技术可以提升教学效率已经成为教育领域的共识，所以学校应该倡导将信息技术应用于教学设计中，利用高效的信息处理手段解决作业繁多、针对性不强、课堂表现力不足等问题。同时，教师的职业培训不应只包含自身的学科发展，还应该包含为教育服务的职业技能。将简单的信息化技术手段纳入教师培训体系能有效地提升教师的专业水平，提升教学效率，实现有效教学。

4.师德师风是教育的基石

党的十八大报告中指出："加强师德师风建设，培养高素质教师队伍，倡导全社会尊师重教。办好继续教育，加快建设学习型社会，大力提高国民素质。"提升国民素质是建设和谐社会的重要组成部分，是和谐社会在人文建设方面最重要的需求之一。教育作为全民关注的公共服务，其肩负着人类进步、社会发展的重要职能。教育导向的价值观会直接影响社会风气，而社会对教育的评价又会在一定程度上影响教育的价值导向。在社会风气相互影响的闭环中，只有通过教育输出正确的价值观，让正确的价值观流入社会互相影响，形成良好的社会风气，然后再反哺教育，以此形成良好的价值观循环。

价值导向的根源在于教师的师德师风建设。近年来，国家十分关注教师的师德师风问题，先后出台了《中小学教师违反职业道德行为处理办法（2018年修订）》《教师职业行为十项准则》《关于加强和改进新时代师德师风建设的意见》等文件。习近平总书记也多次强调师风师德的重要性，《人民日报》在2021年3月7日刊登了习近平总书记的讲话："要把师德师风建设摆在首要位置，引导广大教师继承发扬老一辈教育工作者'捧着一颗心来，不带半根草去'的精神，以赤诚之心、奉献之心、仁爱之心投身教育事业。"

可见，教师的师风师德已成为教育领域共同关注的话题。师风师德的培养不仅包括行为规范，还包括思想道德修养、自我追求等。只有良好的师德师风，才能取得全社会的尊师重教，培养出德智体美劳全面发展的社会主义建设者和接班人。

（二）学校在改革中寻求突破

1.新高考模式孕育新机遇

2021年，福建、湖北、江苏、广东、湖南、河北、辽宁、重庆等8省市正式成为全国第三批进入高考综合改革的省份。而在此之前，上海、浙江、北京、天津、山东、海南就已成为高考综合改革的试点省市。

2014年国务院出台了《国务院关于深化考试招生制度改革的实施意见》，启动了高考综合改革试点。随后，上海出台了《上海市普通高中学业水平考试实施办法（试行）》和《上海市普通高中学生综合素质评价实施办法（试行）》，改革普通高中学业水平考试制度，构建高中学生综合素质评价系统。

高考综合改革改变了传统的选课模式，由"加一"变为"加三"；加强了选课和报考专业的联系，选课成为报考专业的前提；拓宽了录取方式，增加了综合素质评价的录取通道；区分了不同选课对学生的不同能力要求，设立了等级考和合格考两类考试，满足了学生的个性化发展需求。

2.学校在改革中寻求突破

上海市奉贤区曙光中学，是一所具有光荣革命传统与深厚文化底蕴的历史名校，由李主一、刘晓等革命先驱于1927年8月创办，是中共奉贤第一个党支部和奉贤县委的诞生地，是奉贤革命的红色摇篮。

学校始终秉承创校先烈李主一“布置洪炉铸少年”的办学理想，坚持以曙光品质铸优良品性、促和谐发展。以校史为依托的“弘贤育德工程”特色鲜明，在市域范围深具影响。多年来，学校在社会上始终声誉斐然，大批曙光学子活跃于社会各界。2011年以来，学校又连续获得了市文明单位、市行为规范示范校、市德育工作先进集体、市科研工作先进集体、市依法治校示范校等荣誉称号。然而，受硬件设施、生源、教师意愿等因素的影响，学校的发展陷入瓶颈。多年高考本科录取率始终在85%左右徘徊，难以突破。

2014年9月，上海试点高考综合改革时，曙光中学共有专任教师107人，其中，50岁以上教师4人，占专任教师总数的3.7%；35—49岁教师62人，占专任教师总数的57.9%；34岁及以下教师41人，占专任教师38.3%。

从年龄上看，整体的年龄分布较为均衡，年长教师较少，中坚力量足够，新生力量充沛。但30岁以下教师仅有12人，教师年龄结构明显处于断层状态。此外，由于学校位置偏远，不断有教师申请外调或离职，人员配制始终处于不足状态，这在教学改革中无异于雪上加霜，难以维系后续的教学改革需求。

在学科配制上，我校拥有语文教师16名，数学教师18名，英语教师15名，物理教师11名，化学教师10名，生物教师4名，政治教师7名，历史教师5名，地理教师4名，其余教师20名。受“三加一”高考模式的影响，语数英学科最为重视，人员充沛；学校自身的发展倾向于理科，故而物理、化学教师颇受重视，人员亦颇多；生、政、史、地这些过去不被重视的学科教师较少。这种教师配比符合过去高考模式的思路，但该思路不适合新的高考模式。

新的高考模式采用了选考科目分等级打分，每门最高70分，最低40分，排序前5%为A+（70分），后每10%为一档，递减3分，分别为A（67

分）、B+（64分）、B（61分）、B-（58分）、C+（55分）、C（52分）、C-（49分）、D+（46分）、E（43分），最后5%为E（40分）。这种赋分模式进一步强化了选课策略的重要性，对学校而言必然要为学生开设所有的学科以保证学生选课的自由性和避免因选课而产生的专业选择限制。并且，从新高考模式上分析，生物地理的等级考设置在高二年级，较高三年级等级考的物、化、政、史有明显的时间优势。可以预见，必然会有大量学生加选生物、地理学科以换取复习时间供给语数英学科。此外，由于生源和技术水平差异的影响，大量层次较低的学生不会选择物理或化学这类理工学科，在这类学科上无法与市重点学校相比，故而会大量选择生物地理学科，如此一来，我校将在物理、化学学科中处于劣势，在生物、地理学科中处于均势，在政治、历史学科中处于优势。视本校的情况而言，生物、地理等学科教师满足一个年级的合格考教学尚属不易，更勿论满足两个年级的教学任务。物理学科则相反，高一、高二的物理课时并不多，各配置三名教师已是足够，然而，高三选修物理的同学不会超过两个班，可见物理教师将会过剩。

因此，从学科配制上看，我校的教师结构并不适合新的高考模式。首先，语数英学科的占比更重，应适当加配教师。其次，选修科目的情况更加复杂，传统热门的物理与化学在之后的考试中优势不再，物理、化学学科教师配置饱和；之前“冷门”的生物、地理学科由于其高二等级考的特性，即将成为“热门”学科，生物、地理学科教师出现严重缺口；政治学科教师基本可以满足选课需求；历史学科教师略少于需求。

此外，教学的转型也是大势所趋。选课从“三加一”到“三加三”的转变，不仅影响了学生的选课策略，还影响着教师的教学思路。与“加一”相比，“加三”无法实现三门学科分享之前一门学科的教学时长，所以，学生的实际学习时长是有所增加的。因此，学生对于选修科目的态度远不如之前，教师应当对自己的教学设计有所改变以适应变化。当然，高考综合改革减少了选修学科的知识容量，降低了考试难度。但作为一门学科，基础框架是不能动摇的，也就是说，学科知识至少保留了60%，三门课相加的难度是比之前大的。当然整体上的难度会更加适合我们学生的学情，所以高考综合改革既是一场挑战，也是一场新的机遇。

由此可见，根据新高考的实际情况，我校应扩充教师数量，调整各学科教师职能，深入研究新高考模式下的教学转型，重视学生在学习上的主体地位，把握新形势，抓住新机遇。

（三）教师在改革中谋求发展

1.教师的职业发展情况分析

学校的发展根本是教师的职业发展，我校教师的师资队伍情况如下。

表1-1　师资队伍情况一览

教龄	人数	百分比	职称情况	人数	百分比
1—5年	9	8.4%	初级	9	100%
6—10年	15	14.0%	初级	2	13.3%
			中级	13	86.7%
11—20年	62	57.9%	初级	2	3.2%
			中级	33	53.2%
			(副)高级	27	43.5%
20年以上	21	19.6%	初级	1	4.8%
			中级	2	9.5%
			(副)高级	18	75.7%

从教师的教龄与职称情况进行分析，可知我校的师资主体是具有较长教龄的教师，其中11—20年教龄的教师占57.9%，教龄超过20年的教师占19.6%，合计77.5%，超过教师总数的四分之三，是我校教师资源的绝对主力。这一情况为学校带来了得失两面的影响。一方面，年长教师具有较丰富的教学经验，能够提供较成熟、稳定的教学；另一方面，年长的教师在教师专业发展中处于高位，自主发展的动力薄弱，缺乏前进的动力。在教学设计中，这部分教师拥有较成熟的备课方案，面对新的改革措施，可能

没有跟进变化的动力，面对一些相关的培训也较为消极，对推动整体的教师专业发展来说，处于难以推动的阶段。

而1—5年教龄的教师占8.4%，6—10年教龄的教师占14.0%，合计22.4%。青年教师固然存在教学经验不足的弱点，但这些教师往往对教学饱含热情，他们会积极听课、勇于探索，为教学注入新的活力。但青年教师的人数太少，无法对学校的教学大环境起到影响作用。

从职称结构上看，我校的高级教师比例趋近饱和，导致中级教师的提升空间较小，影响了中级教师的自主发展意愿。并且愿意评高级教师，不代表其始终愿意钻研教科研的意愿，高级教师普遍存在"到站"思想，缺乏继续钻研教学的动力，过多存在倦怠思想的教师也从一定程度上影响了中级教师和初级教师在教科研上的钻研精神。

2. 教师的职业态度与发展分析

为了深入了解教师对职业态度与自我发展的真实想法，通过对我校专任教师开展了谈话与问卷相结合的调研，共统计在校专任教师96人，其中初级教师12人，中级教师45人，副高级教师39人。

表1-2 教师职业态度及认同感一览

选项 对象	热爱教育，愿不断钻研	一般喜欢，觉得有意义	无所谓，为了生计而工作	不太喜欢现在的环境，愿意重新选择
初级教师	66.7%	16.7%	8.3%	8.3%
中级教师	44.4%	31.1%	6.7%	17.8%
副高级教师	41.0%	25.6%	25.6%	7.7%
总计	45.8%	27.1%	14.6%	12.5%

表1-3 教科研发展现状

选项 对象	3年内撰写教学论文超过6篇	3年内撰写教学论文超过3篇	3年内撰写教学论文至少1篇	3年内未撰写教学论文
初级教师	0%	0%	50%	50%
中级教师	2.2%	11.1%	51.1%	35.6%

续 表

对象＼选项	3年内撰写教学论文超过6篇	3年内撰写教学论文超过3篇	3年内撰写教学论文至少1篇	3年内未撰写教学论文
副高级教师	5.1%	10.3%	33.3%	53.8%
总计	2.1%	9.4%	43.8%	44.8%

面对常变常新的教育环境，通过专业发展活动提升自我的专业水平和理解是促进自我专业发展保持教学活力的重要途径。通过调查，我们发现教师普遍认可教师职业并愿意不断探索、不断进步，但却没有足够的行动以匹配自我发展的愿景。

3.教师的职业发展目标与困境

表1-4　教师专业发展目标

对象＼选项	满足一般教学需求	在教学中有自己的特色	成为校级学科带头人	教学在区域内有一定的影响力
初级教师	16.7%	66.7%	16.7%	0%
中级教师	48.9%	28.9%	8.9%	13.3%
副高级教师	23.1%	28.2%	17.8%	28.2%
总计	34.4%	33.3%	14.6%	17.7%

表1-5　教师做教科研的目的

对象＼选项	对教学有帮助，提升教学能力	满足职称晋升等评选需求	受他人影响，其他人都在写	学校、工作室等强制要求
初级教师	16.7%	50.0%	25.0%	8.3%
中级教师	15.6%	62.2%	4.4%	17.8%
副高级教师	23.1%	56.4%	5.1%	15.4%
总计	18.8%	58.3%	7.3%	15.6%

表 1-6　教师做教科研的困境

选项 对象	没有充裕的时间钻研教学	缺乏足够的教学指导与培训	认为做课题研究对教学没有帮助	缺乏充分的激励机制
初级教师	33.3%	50%	8.3%	8.3%
中级教师	66.7%	17.8%	6.7%	8.9%
副高级教师	51.3%	10.3%	33.3%	5.1%
总计	56.3%	18.8%	17.7%	7.3%

通过调查，我们发现大部分教师对自己的专业发展有一定的要求，超过65%的教师希望能够拥有自己的教学特色。但做教科研的目的往往是为了满足职称晋升的需求，超过80%的教师对教科研抱有怀疑的想法，认为教科研无法帮助提升教学能力。因此，提升教师在教科研方面的观点是当务之急，如不正视这一点，恐怕一定程度上会影响教师的自身发展，影响学校的有序发展。当然，教师在做教科研方面也存在现实因素的制约，没有充裕的时间和缺乏足够的教学指导与培训，大大影响了教师做教科研的意愿。

4. 教师的职业发展需求

表 1-7　教师在教学中遇到的困难

选项 对象	教育理论知识掌握不足	教学资源匮乏	学科专业知识掌握不足	学生德育工作难以展开
初级教师	33.3%	8.3%	16.7%	41.7%
中级教师	46.7%	6.7%	20.0%	24.4%
副高级教师	38.5%	2.6%	25.6%	33.3%
总计	41.7%	5.2%	21.9%	30.2%

表 1-8　教师的职业发展理论需求

选项 对象	前沿教育教学理论	学科专业知识	德育相关知识与技巧	教学技巧
初级教师	16.7%	8.3%	33.3%	41.7%

续 表

选项 对象	前沿教育教学理论	学科专业知识	德育相关知识与技巧	教学技巧
中级教师	44.4%	22.2%	17.8%	15.6%
副高级教师	46.2%	13.3%	23.1%	13.3%
总计	41.7%	17.7%	21.9%	18.8%

表 1-9　教师的职业发展培训形式需求

选项 对象	专家讲座或培训	公开课教学研讨活动	工作室等长期结队合作	学历进修
初级教师	25.0%	16.7%	8.3%	50.0%
中级教师	35.6%	26.7%	24.4%	13.3%
副高级教师	23.1%	30.8%	15.4%	30.8%
总计	29.2%	27.1%	18.8%	25.0%

通过调研数据可知，我校教师认为缺乏教育理论知识是影响其教学发展的首要因素，其次为日益严重的德育问题，也有不少教师认为自己的学科专业知识不足。而教师的职业发展理论需求与教学中遇到的困难是相匹配的，最需求的是前沿教育教学理论，德育相关知识与技巧，在学科专业知识与教学技巧上不同的职称中存在需求差异。在培训形式上，教师的需求并不一致，各种形式的培训均有需求且数量大致相同。

5. 小结

通过一系列调查，发现我校教师多为热爱教育事业，认同教师职业，但在自身职业发展上却面临着诸多困境。一是共同的问题是时间不足，难以开展有效的教科研探索，做教科研的目的多为职称晋升需求勉强做的，对实际教学效果提升并不显著；二是缺乏前沿的教育理论支持，无法找到解决现有教学难点的理论支撑或探究方向，影响了教师职业发展的方向选择。

当然，教师的教龄与其职称不同，遇到的问题和需求也不同。初级教师所遇到的最大的困难是经验不足，需要大量的教学指导和实践经验以帮助其快速成长。中级教师往往是学校里的中流砥柱，加之家庭的需求，能够分配在教学上的时间往往较少，不足以思考并探究一些教学上遇到的问题，需要一些前沿的理论知识补充，并且培训形式最好是线上培训，支持随开随看，随关随停为最佳，利用碎片化时间以弥补其时间上的不足。副高级教师存在一定的“到站”思维，但我们欣喜地发现，他们中的大多数其实对自己的要求很高，希望自己可以具有一定的影响力，并且他们乐于接受最前沿的教育理论，愿意开展公开课以帮助年轻教师的成长。

综上所述，学校应当提供前沿的教育理论支撑，构建完整体系的教育理论框架，着力改变以下四点：(1) 通过改变教师评价方式，改变教师对教科研的看法，努力提升教师做教学研究的动力，切实提高学校的教科研水平。(2) 通过优化教师的教学技术支持，提升作业批改等教学日常工作效率，结余工作时间开展教学研究工作，提升教学效率。(3) 通过开展不同形式的培训，帮助不同需求的教师掌握不同的内容，丰富教师职业发展需求。(4) 通过细化师徒带教工作安排，促进不同职称教师的职业发展需求，构建可持续发展的学校发展模式。

（四）学生在改革中实现多元成长

1.明确学生主体地位

学生始终是教学的主体，但长期以来，教学设计始终摆脱不了以教师思路为主导。在教师的主导下，学生的主观能动性被压制，对学习的兴趣和能力的培养均得不到有效的引导，导致了学生敷衍学习、任务式学习的形成，失去了教学的本质。

在新一轮的高考改革中，加强选课、弱化考试难度和分数等措施再一次明确了学生作为教学主体的重要性。学生的主体性在传统课堂中已很难体现，无论多么精巧的教学设计，也始终摆脱不了教师设计的大框架。而项目化教学的出现，正是基于学生本位的教学设计。

项目化教学是以一个完整的项目作为任务，引导学生探究学习的方法。在这种教学模式中，将由学生自行完成完整的教学活动，由教师从旁辅助。相比传统的教学方法，项目化教学的自由度更大，能很好地体现学生对解决问题的思维模式养成以及知识的应用能力掌握。根据单元教学设计的整体性、阶梯性和综合性原则，前期教学过程中落实项目化教学必备的知识和能力，然后选择合适的项目作为单元考察的方式。项目化教学可以从计划的制定、实施、评价等方面进行以学生为主导进行的教学活动，实现学生处于主导地位的教学模式。同时，项目化教学具有较多的实践探究活动，有利于培养学生应用知识、综合评价等方面的能力。将项目化教学作为单元小结，可以更全面地提升学生的学习能力，更多元地评价学生的学习过程。

2. 明确学生需求与教学内涵

学生的需求与教学目标不相符始终是教学的痛点之一。教学活动往往需要服从人类认识的一般规律，也就是认识特征，比如认识是人脑的反映，该过程一般从感性过渡到理性，再由理性过渡到实践。从根本上来说，教学活动同样要受到这样一些认识规律的制约。但是，教学活动也不是简单地服从一般认识规律，其特殊性在于教学存在目标和引导过程，在引导中，该认识过程将会快速过渡，往往造成认识不充分的结果。如果学生无法理解学习该知识的意义，转而将学习该知识归于考试需求，潜意识中形成了“我不需要该知识”的印象，这种认识不充分的结果，将影响学习效果。

2018年1月，教育部发布了《2017版普通高中学科课程标准》，在这一版学科课程标准中，明确地提出了学科核心素养，明确了学业质量标准，体现了各学科的教学内涵，为广大教学工作者提供了重要的教学研究方向。

发展学生核心素养是落实立德树人根本任务中重要的一环，是适应世界教育改革发展的趋势，也是提升我国教育竞争力的重要战略。同时，学科核心素养有利于培养一个人终身发展的必备品格和关键能力。

当然，学科核心素养在教学设计中指向教学内涵的同时，也指向了学生的思维成长需求。将该需求与教学有机融合，教学内涵就成为学生需求，形成学习目标，而目标将会引导学生认识过程的重现，从而有效地提升教学效率。

3.完善多元评价方案，促进学生健康成长

教学评价是完善教学框架，提升教学质量的重要途径，同时，评价导向也会影响学生的价值取向，是教育的重要组成部分。但目前，教育对于教学评价价值的认识不到位，教学评价主体的参与不完全、不充分。

首先，不同的教学拥有不同功能的教学评价价值。教学的价值不仅在于成绩的产出，还在于诊断问题、价值导向、改进不足和成长发展。教学评价如果只是为成绩服务，容易片面化，使学生失去对评价的认可度，从而丧失对学习的兴趣。良好的评价导向应当是多元的，可以更全面地评价学生和教师的行为和价值，成绩评价不能代替劳动评价，劳动评价也不应重于成绩评价，齐头并进的评价方案更有利于教学发展。

其次，教学评价主体对评价的重视程度不够。随着时代的发展，我们发现社会具有趋同性，往往会向着共同认可的价值方向努力。比如当社会只认可金钱的时候，就会形成拜金主义。这一情况在学生群体中有显著体现，当同学中出现了穿奢侈鞋的情况时，由于学生自身的成长情况、心智发育情况、家庭情况等诸多原因，导致部分同学也会打听，然后购买，形成风气。这种情况会涉及学生的方方面面，在学习上的体现尤为重要，当一个学生由于努力而取得较好成绩时，其他同学便会开始关注努力的价值，而当由于努力的学生较多，成绩均有进步的时候，同学们一定会认可努力的价值，并形成认可努力的价值观。而当一个不努力的学生由于运气情况而取得较好成绩时，学生们便会开始否认努力的价值，转而认可运气的价值。当高考分数可以决定你的人生这样的观点深入人心时，学生自然更加认可分数和考试的价值。但学生往往无法正确认识考试的影响因素和价值，导致其产生了过重的心理负担，并因此可能形成一种心理障碍。当下，科技、经济竞争日趋激烈，而其核心是人才的竞争，一个国家国力的强弱取决于劳动者综合素质的高低和各类人才的质量和数量。所以，多元

的评价方案是必不可少的。作为素质教育的重要组成部分，多元的评价活动可以帮助学生转变思路，由“和其他人比较”转变成为“和自己比较”，由比较获得成就感转变为进步获得成就感，以此形成持久的学习动力。同时，利用多元评价可以引导学生正确认识自身与世界的关系，理解成才的途径和学习的关系等有利于健康成长的观念，并由此补充其正确的世界观、人生观以及价值观。

二、有效教学的理论框架

（一）有效教学的提出

一般来说，广义的教学是指师生教和学的活动，而狭义的教学则指教师引起、维持和促进学生学习的活动。所谓有效教学，则是指教师通过教学活动，有效地达成预期的教学效果。

有效教学的理论研究从教学活动诞生之始便已开始，教学研究的主要目的是提升教学的有效性。如夸美纽斯提倡班级授课制，是为了“寻求并找出一种教学的方法，使教师因此可以少教，但是学生可以多学”。这是从教学投入与教学产出之间的关系来追求教学效率。

从有效教学研究的历史与方法考察，一般来说，分为三个阶段。

第一阶段，20世纪初至60年代末：教师特征研究阶段。

在这一阶段中，研究大多针对教师的特征，试图从教师的性格、性别、年龄、知识等方面总结出一种提升教学效率的方法。心理学家卡特尔认为，好教师应具备良好的个性与坚强的意志、智力、同情与机智、开放的思想以及幽默感。黑格尔认为，好教师应该热爱教育、热爱学生、热爱自己的学科，具备扎实的学科知识并不断学习。瑞恩斯提出了教师特征的三个维度：热情、理解学生—冷漠、疏远学生，有组织性、有条理性—散漫的、草率的，有刺激作用、富于想象力—单调乏味、墨守成规。

通过这些研究可以将教师个体特征分为两类：一是教师的生理和心理

特征或个性品质，如亲近学生、幽默等；二是与教学工作相关的教育教学特征或品质，如热爱任教学科、教学能力强等。

这一阶段的研究表明积极的教师个体特征对有效教学有促进作用。其中，教师的教学热情是主要因素，具有教学热情的教师，会主动研究并提升自己的教学能力。教师往往在任教初期饱含热情，但随着时间的流逝，教学热情将会逐步降低，而维持教师的教学热情能够提高教学的有效性。

第二阶段，20世纪70年代初至80年代末：教师教学行为研究阶段。

在这一阶段中，研究对象主要为教师的教学行为。Dunkin & Biddle 提出了影响教学有效性的四类变量，分别是预定变量、环境变量、结果变量和过程变量。其中，教学中教师和学生的行为会影响教学的有效性，通过行为与教学有效性的正负相关性研究，可以总结出不同行为在教学上的有效性影响。

B.Rosenshine & N.Furst 通过观察工具和评价量表直接观察教师在课堂中的教学行为，并根据行为和成绩的相关性探究，总结出了几类教学行为与教学有效性的相关性：教师以教学为中心设计课程（正相关），教学过程清晰明了（正相关），教学充满变化性和灵活性（正相关），能激励学生（正相关），针对多种水平有层次地提问（正相关），批评学生（负相关），承诺无法达成（负相关）。

G.D.Borich 在《有效教学方法》一书中提到，学生理想的学业成绩与教师行为有显著关系，他认为有五种行为是有效教学的必备条件，分别是教学过程清晰明确、教学方式多样化、使用任务驱动教学发生、积极主动引导学生进入学习过程、提升学生在学习上的成功率。

教师的教学行为是确保教学有效性的关键，有序的教学行为能给予学生成功的信心，提升教学的有效性。但随着时间的推移，学生从常规教学中可以获得的刺激越来越少，应当对教学模式进行改变，获取新的学习成就感和动力。此外，学生对教师的信任，教师对学生的激励都会影响教学的有效性。

第三阶段，20世纪90年代初至今：有效教学的综合研究阶段。

经过多年发展，有效教学的研究开始向多元角度发展，学生特性、班级特性、教师特性、学校特性、时代特性等都会影响教学的有效性。一般从教学背景、教学环境、教学行为、教学评价等方面综合考量教学的有效性。

社会学家沃勒在《教学社会学》中提到学校文化是由学生全体成员或部分成员所共有、享有和传递的综合体，属于综合文化，无法片面地对其进行评价。如学生的勤勉好学会带来优秀成绩，从而得到成年人的青睐，但同时也存在歧视绩优，引起其他同学的反感，从而抗拒规范，不利于教育目的实现的情况。

教育学家凯德斯维特提倡将课堂气氛纳入有效教学的因素之中，形成有效教学的过程性评价，更全面地思考有效教学的影响因素。

随着教学不断地发展，学生的学习过程已不再是学习某一门技艺或知识，因此无法通过某单一因素来评价教学的有效性。而通过学生个性、家庭环境以及多学科成绩比较等评价方式，可以更全面地研究影响教学有效性的变量。

（二）有效教学设计的原则

所谓有效教学，是指学生通过教与学的行为获取知识的过程。从结果上来说，只要学生记住了知识便是有效教学。在学校教学的大背景下，不乏以死记硬背等方式记住知识的情况，但长此以往，学生无法通过学习搭建起自己的知识体系，无法正确地应用知识，丧失学习的热情，影响长远的发展。因此，有效教学设计的合理性，综合评估学生获取知识的过程，对有效教学而言是至关重要的。一般来说，有效教学有这样三个原则。

1.有效教学设计应当符合学习的一般规律

首先，简单学习会经过“理解、记忆、练习”三个过程，这三者组成了有效教学的最简单元。随着教学难度的提升，往往需要三者融合，通过练习产生问题，通过解决问题理解知识，然后通过构架知识体系来记忆，最后再次通过练习来巩固记忆。三者并不是独立的个体单元，而是一个闭环，但在学校教学的模式中，限定时间的教学模式不仅分割了学科知识的连续性和完整性，也分割了三者的关联性。而多学科交替进行课堂教学的模式，进一步加大了有效教学的难度。

其次，有效教学同样要兼顾学生的成长规律。教学内容要符合学生的接受能力，同时要顾及学生阶段性的遗忘和疏忽。过硬的逻辑规律对于学生构建自己的学科知识体系有很好的帮助，但也会影响到部分有所遗忘的学生对后面知识的学习。

最后，知识框架的构造也存在一定的规律。有效教学设计不能只在乎一个环节或一节课的精彩，而应该从顶层设计的角度，从框架上渗透有效教学的思路。从单元教学设计开始思考可以让教师从整体考虑教学内容，制定整体的教学目标，再具体落实到每一节课上，方便教师梳理知识构架，从而采用合适的教学手段，设计出适合教师、学生的教学方案。同时，从整体出发，可以找出适合培养学生自主探究的教学内容，有利于促进学生全面发展。

以知识体系的搭建为重要目标，课程设计的合理性变得尤为重要。教学过程中，学生是否具备可靠的前置知识是有效教学的关键。重视学生的前置知识掌握情况可以捋清教学设计的思路。教学的现状是教过不等于知道，知道不等于掌握，往往教学的逻辑是清晰的，但学生始终掌握不了，其根源就在于学生的前置知识不到位，导致无法根据教师的逻辑掌握知识。所以，重视知识体系的框架搭建要重视学生对知识的掌握情况，教师不仅要教知识的理解，还要考察知识的掌握情况，灵活设计教学内容和作业，以提升教学的有效性。

总之，在学校教学环境中，不仅要考虑教学的逻辑过程，还要思考学生落实学习过程的有机组合，既要符合教学环境的特性，又要符合学习的一般规律。

2.有效教学设计应当关注提高教学效能的方法

提高教学效能是有效教学设计的核心，在有效教学的基础上，应当尽可能地提高教学效能，即相对于教师的教学投入，学生的进步和发展应当是尽可能大的、理想的。

随着信息技术的发展，信息技术被广泛运用于教学，用以提高教学的效能。但信息技术的使用也需要注意方式方法，滥用信息技术带来的便利性会导致教学进度的加快，变相地加重教师和学生负担。而便捷技术的使用本不是教学的核心，教学的核心应该在教学目标本身，而知识点是需要时间进行消化的，便捷技术带来的信息处理高速化、信息传达高效化容易导致学生对知识的消化不良。所以，信息技术的使用可以提高教学的精准度，从而提高教学的效能。

此外，信息技术丰富了学生感知知识的途径，提升了信息采集、处理和传递的多样性，便于学生吸收知识和提高兴趣。教学内容的选择要谨慎，部分教学内容确实可以吸引学生的注意力，但容易导致学生的思绪脱离教学，往往学生记住了有趣的内容，却没有记住教学的知识点。

同时，制作精良的课件需要大量的时间，但教师队伍缺乏专业化的培训，容易形成教师负担。而当拥有课件之后，部分教师会过于依靠已有的课件，导致教师缺乏认真备课的动力，缺乏在教学上的思考，影响教师自身专业发展的意愿和努力。

因此，在有效教学设计中，教师应当关注提高教学效能的方式与内容的选择。在教学方式和内容方面应当关注提高教学的精准度，摒弃教学知识的高速传达之后的内容堆砌，保留更多的时间，给予学生充分的思考与练习时长。

3. 有效教学设计应当有益于学生的终身发展

在理念与技术日新月异的当下，终身学习的观点应当贯穿人的一生，这既是对自我的基本要求，又是宏观环境的现实需求，更是人生最重要的意义之一。只有终身不断学习，才能不断进步，进而获得那种“自己在不断成长的充实感”。这些充实感，又可以让人感受到那种“稳定而持续的幸福感”。

作为终身学习的一环，学校教学绝不能为了眼前的利益，而损害了学生对学习的长久兴趣。学校只是学生人生轨迹上的一座车站，学习是伴随学生终身成长过程中前进的动力，学校应当为学生这列火车加满动力，让它始终积极地、无畏地行驶下去。

虽然当下的学校教育始终摆脱不了应试教育的影响，无法改变社会对学校教育的固有看法，学校也无法改变固有的教学模式，但学校不应以应试教育为借口推行单一、模板化的教学模式，从而扼杀了学生对未来的美好想象，使学生丧失了对学习的兴趣。学生的有效学习普遍发生在学生对学习产生了兴趣之后。所以，有效教学理论应当重视学生的终身学习发展，将兴趣与发展作为重要的评价标准之一。

同时，将学科教学与德育教学相融合，重视学生在情感态度价值观上的表现。情感在教育中占据重要作用，它是引导的力量，也是调节情绪态度的依据。积极的情感倾向不仅可以激励学生热爱学习，也可以激励教师热爱教学，有利于激发学生对学习的兴趣，利于其终身发展。

第二章　精准教学设计

有效率是有效教学的特征之一，教师的投入与学生的进步和发展情况产出比应尽可能的大。随着社会经济和信息化技术的发展，数据的采集和应用变得越来越便利。教师可以通过设计精准的测量过程来追踪学生的表现行为，以信息技术为手段，充分利用其便捷性与高效性，通过分析学生的学业现状，精准分析教学目标的达成情况、教学内容与练习反馈的有效性，从而使教学过程和结果可视化，为后续教学的调整提供数据支撑，作出精准的教学决策。通过大量数据的反馈与分析，可以加强单一课时与单元设计的联系，使教学设计更科学、更合理。各方面数据的收集汇总，易形成多维度的数据分析，而各类数据的不断积累，将会形成学生的成长数据库，为构建新式立德树人教学提供技术支持。

一、精准教学设计的现实意义

（一）减负增效

学校教育始于古代人类文明，跨越了四千多年的历史长河，经历了多次重要变革，但始终受影响于也影响着社会发展和人类进步。在教育资源匮乏、教育设施落后的年代，学校和教师受地域经济和资源限制，采取小作坊式的教育方式，组织教学活动。在这种教学方式背景下，教师往往单兵作战，受限于教师自身的职业态度、专业能力和素养，教育教学效果差异颇大，这直接导致了教育教学效果的不均衡化，特别是城乡差异、地域差异显著。随着社会经济的发展，办学规模的扩大以及人们对学校教育的日益重视和教育资金的持续投入，学校教育朝着工业化式大步迈进，但这种忽视差异的流水线教学模式不断加重学生的学业负担，同时也加剧着教育的内卷。

呆板、单一、低效的教学设计和教学行为使得教师的教和学生的学都成了简单的重复劳动。一方面，学生思维得不到启迪，能力得不到提升，更有甚者，产生了厌学、厌校的情绪；另一方面，教师的教育创造力、教学创新力未能得到有效激发，专业发展停滞不前。

摆脱后工业时代对于学校教育的负面影响的关键在于摒弃大规模、批量式、重复性的教育活动和教学行为。精准教学通过聚焦学科关键问题，关注学生关键能力，舍弃多余的、无效的、低效的教育活动和教学行为，达到减轻学生学业负担，提升学生思维能力，激发教师专业发展活力的效果。

（二）夯实“三基”

所谓“三基”指的是基础知识、基本技能和基本方法。俗话说：“三基”不牢、地动山摇。夯实“三基”，不仅有利于学科基础知识、技能和方法的掌握，也有助于学生知识迁移的能力的培养，即在基础知识、基本技能、基本方法与真实情境中的问题间建立联系。同时，夯实“三基”的过程也是学生良好学习习惯养成、健全人格形成的过程。

首先，精准教学能够针对学情。本着实事求是的原则，将教师的教学设计和此后的教学行为紧紧围绕学生的实际情况。以学情为出发点和落脚点，突出教学活动的针对性和有效性。其次，精准教学能够突出重点、突破难点。通过举一反三、变式训练、题组构建等方式进行精准教学设计，很大程度上促进了学生知识能力的螺旋提升。最后，精准教学有利于学生知识体系的构建。通过思维导图等手段，梳理基于单元的学科知识框架和结构，让原本孤立的知识点横向相连、纵向相融，并逐步形成体系。

二、精准教学设计的操作路径

（一）数据的采集

精准教学设计的关键是做到“精准”。因此，及时了解学生知识掌握和技能发展的情况，科学采集相关数据成为精准教学设计的前置条件和首要任务。从时间阶段来说，可以从课前、课中、课后三个阶段来采集学生相关数据。传统的采集方式主要是通过教师在课前和课后对学生作业的批阅、记录和统计。而课中，教师往往采取对学生提问、观察等方式，相对而言，这种采集数据和信息的方式频次偏少、效果有限。随着信息技术的日益发展，教育信息化的逐步普及，课堂信息网络为教师便捷、快速地当堂采集学生数据提供了有效的技术支撑。此外，在课前和课后环节，信息技术的合理使用也可以减少教师大量的批阅作业、数据统计等机械劳动的时间。

无论是传统的课堂观察、课后作业批阅还是借助信息技术的快速信息采集和统计，其目的和意义都是相同的：了解和采集学生相关知识掌握、技能发展、思维承载等情况，并以此作为设计教育教学活动的重要依据。

（二）数据的创造性运用

在科学采集学生学情信息之后，需要教师遴选和分析相关数据和信息。第一，明确怎么样的信息和数据才是有意义的。课堂教学面对的是一个班级中的大多数，主要解决的是普遍问题、共性问题；而课后辅导强调的是点对点指导、个性化提升。那么，我们需要遴选出普遍性问题用于课堂教学的精准教学设计以及课后精准作业设计，选出个性化问题用于课后精准辅导。第二，基于采集的数据，进行创造性的教学设计。数据的采集仅仅是精准教学设计的基础和前提，提升教学有效性的关键在于如何将信息进行科学的分析，确定重点、难点，再进行相关的教学设计。教学设计是教师运用教育教学方法，结合学科专业知识所进行的创造性劳动。这既可以促使教师在实践中摸索教育教学方法，又可以激发教师专业发展活力，促进教师专业成长。

三、精准教学设计的实践

（一）精准课堂教学设计

1.教学目标设计

课堂教学目标贯穿着整个课堂教学过程。因此，精准确立教学目标是精准课堂教学设计的起点。一方面，教学目标的设计需要有科学性、针对性。在基于国家课程标准的同时，立足于学生实际，科学、全面地采集学生认知水平、知识储备、思维能力等相关信息，制定符合标准和学情的教学目标。另一方面，教学目标的设计需要有整体性、延续性。在构建和明确整个高中阶段和学段的学科目标、单元的教学目标的基础之上，再进行某一课时的、不同课型的课堂教学设计，使各单位课时的教学目标前后衔接、螺旋提升。此外，教学目标的设计需要具体化、精细化。单一课堂的教学目标能否落地与目标设计是否具体、精细有着直接的关系。详细且具体的教学目标既可以为此后的教学活动的设计和实施确定正向发展的轨道，又可以促进课堂教学开展的过程性管理和评价，从而有效提升课堂教学质效。

2.教学内容设计

国家教材体现了国家的意志和立德树人的育人导向。在教学内容设计时，要不折不扣地遵循国家教材的蓝图，引导学生掌握科学文化知识，形成正确的国家观、民族观、历史观和文化观，促进学生全面而有个性的发展。在此基础之上，教师可以根据学生学情，精准确立教学中的重点和难点，将教材进行科学的处理和再创性的加工。通过校本化对教学内容进行整合、拓展、延伸，精准设计富有时代性的情景化、生活化、综合化学习材料，促进教学目标有效落地。

3. 教学环节设计

如果说教学内容设计是为了明确让学生学什么，那么教学环节设计就是预设让学生怎么学。首先，教学环节设计需要合理分布、重点突出。根据教学内容合理设置各教学环节和教学活动的时间分布，凸显出教学内容中重点、难点的时间占比。其次，教学环节设计需要具有逻辑性、层次性。各教学活动之间在逻辑上环环相扣、紧密关联、层层递进。此外，教学环节的设计需要充分体现真实性，考量学生的参与度。明晰学生学习的逻辑起点，理清学生学习的逻辑路径，设计出基于真实生活且符合学生认知规律的情境。同时，关注学生学习过程中的体验、情感和获得的经验。

附 2-1　精准课堂教学设计课例一

实施精准教学，打造高效课堂

——以《数学归纳法 1》的教学设计为例

上海市奉贤区曙光中学　曹露美

数学归纳法是高中数学的一个难点内容，是一种重要的数学方法，贯穿了高中数学几大知识点：不等式、数列、平面几何、整除问题等。学习数学归纳法有助于提高学生的逻辑思维、推理能力。由于数学归纳法蕴含的有限与无限的关系、递推、归纳猜想等思想方法，对于学生来说是极其抽象和难以理解的，很多学生掌握证明的步骤但对原理却一知半解。

在我校的“三导两精”教学范式的推进下，我们追求、研究和实践精准教学，来提高每一节课的教学质量。以下就我对数学归纳法（第一课时）的教学设计和实践，谈谈在数学教学中实施精准教学，打造高效课堂的一些做法与思考。

一、了解学情、研究教材，精准教学定位

（一）学生的课前准备

1. 例举你学过的一种数学证明方法，并说明它使用于哪种类型的证明题。

2. 思考证明等式 $1^2+2^2+3^2+\cdots\cdots+n^2=\frac{n(n+1)(2n+1)}{6}$（n∈N*）需要几步？

学生是学习的主体，充分的课前准备是提高学习效率的基础。课前准备不单单是简单的预习，本节课通过两个课前准备活动，一方面进行“温故”，总结前期的学习成果。这些学过的证明方法，是新课数学归纳法证明的两个步骤所需，有利于课上顺利完成分步的证明。另一方面进行了“启新”，当n取遍所有自然数时，我们面临了需要证明无穷多个等式的证明，那么证明需要几步呢？有限的步骤能完成证明吗？数学史在发展的过程中是由数学问题推动的，设计的第2个问题亦可激发学生学习的需要，认知发展的需要，建立学习的起点，增强学习的兴趣与动力。

学生的课前准备从一个角度反映了学生的学情，让我对学生的知识起点和增长点有了更好的把握，也找到了学生反馈中存在的问题，这些问题帮助我在课内教学中优化教学方案以获得更佳的教学效果。

（二）教师的课前准备

1. 分析教材

数学归纳法是沪教版高二第一学期第七章《数列与数学归纳法》第4节内容。本节课的主要内容是数学归纳法的原理与简单应用。数学归纳法是一种完全归纳法，是严谨的科学论证方法，它可以将一个无穷归纳转化为一个有限步骤的演绎，是证明与正整数有关命题的有力工具，也是一种重要的数学方法。数学归纳法的学习可以促进学生从有限到无限的思考，是培养抽象的思维能力，学生严密的推理能力，体现数学内在美的学习素材。

教材是教与学的重要依据，读懂教材是教学的前提。在上课前我认真分析了教材编写的内容、知识体系，所授课与前后知识间的联系以及在教材中的地位和作用，认真解读教材中的引入环节、斟酌教材中的数学用语和数学表达，以及配套的每一道例题及解题过程还有练习题等，体会教材编写的意图。

2. 分析学情

学生在学习本节课之前已经掌握了一些数学证明的方法，有限归纳与使用正整数有关的结论的经历，如等差数列的通项公式的学习，但对正整数有关的无限命题的证明缺少认知基础和体验。经过高中一年多的数学学习，学生已具备一定的抽象思维和逻辑推理能力以及一定的发现和探究问题的能力。

当代美国杰出的教学设计理论家加涅提出“为学习设计教学”。为了精准的教学定位，我在课前分析了学生对本节课相关的知识储备、能力水平，寻找学生学习的最近发展区，根据具体学情，为促进学生的学习提供必要教学的支持，帮助学生在已知和未知之间建立联系，满足学生学习的需要，促进认知的发展，体现因材施教。

3. 确定教学目标、重难点与学习目标

教学目标：（1）知识与技能：理解数学归纳法的基本原理。掌握数学归纳法证明命题的一般步骤。通过对数学归纳法证明的理解和掌握，提高抽象思维能力和数学推理、论证能力。（2）过程与方法：通过经历观察、思考、分析、抽象、概括出数学归纳法的步骤，体验知识的构建过程，体会类比的数学思想。（3）情感态度价值观：培养学生大胆猜想、小心求证的辩证思维素质。在证明中领悟数学思想和辩证唯物主义观点，感受数学证明的简洁美。

教学重点：（1）数学归纳法的基本原理；（2）数学归纳法证明命题的一般步骤

教学难点：数学归纳法的基本原理。

教学目标是教学的首要任务，是教学的出发点，教学的方向，也是归属地。精准的教学目标对教学活动的展开，教学任务的完成，实现提升教学的实效性起着至关重要的作用。结合课标、教材、教学任务、学情等，我从知识与技能、过程与方法、情感态度价值观三维确定了有效的教学目标，发展学生的智力与非智力因素，落实数学核心素养。

学习目标：（1）理解数学归纳法的原理；（2）掌握数学归纳法证明的两个步骤；（3）会用数学归纳法证明简单的与正整数有关的命题。

在教学目标制定的同时也制定了学习目标，其与教学目标是相匹配的，指向明确、具体、可操作、可测量，便于学生理解，用这些目标指引学生学习，学生就可以有的放矢，为高效的课堂打下良好的基础。

二、层层铺垫、由浅入深，精准教学环节

（一）“情境”介绍外延，铺垫概念

虽然数学归纳法是一种新的证明方法，但是归纳法是在生活中经常运用的概念。归纳法（完全归纳法和不完全归纳法）的定义作为数学归纳法概念的外延为后续数学归纳法概念的引出做了铺垫。

【片段1】

情景1：现场实验，盒子里有什么？（教师从盒子中逐一拿出黑色笔芯，每拿出一支笔芯后问学生：盒子里有什么？）

情景2：法国数学家费马观察到$2^{2^1}+1=5$，$2^{2^2}+1=17$，$2^{2^3}+1=257$，$2^{2^4}+1=65537$，归纳猜想，任何形如$2^{2^n}+1$（$n\in N^*$）的数都是质数，这就是著名的费马猜想。半个世纪以后，数学家欧拉发现，第5个费马数$F_5=2^{2^5}+1=641\times 6700417$不是质数，从而推翻了费马的猜想。

在第一个情景中，学生七嘴八舌，有的猜黑色笔芯，有的猜其他颜色的，发言踊跃。直至最后一支笔芯拿出，所有学生确定全是黑色笔芯。从不确定的答案到全班公认的结论，学生体会到用完全归纳法得到结论的正确性。

第二个情景中费马的猜想和欧拉的推翻，提示学生敢于猜测和敢于质疑。从中学生也很容易发现不完全归纳法结论不一定正确的道理。

对两个实例的比较后，学生能很好地总结出完全归纳法和不完全归纳法的概念，分析两者的利弊。

（二）“问题”驱动思考，引出概念

概念的引入是概念教学的第一步，是形成概念的基础。本节课引入如下：

【片段2】

引例：判断下列命题真假，并说明理由。

（1）$(n^2 - 5n + 5)^2$

（2）$1^2+2^2+3^2+L+n^2=\frac{n(n+1)(2n+1)}{6}$（n∈N*）

如何证明：$1^2+2^2+3^2+\cdots\cdots+n^2=\frac{n(n+1)(2n+1)}{6}$（n∈N*）

引例（1）学生比较容易上手，通过n=1，2，3，……代入等式两边验证等式是否成立，而且很快找到n=5时的反例，继而判断这是假命题。

引例（2）学生也和前例一样尝试逐一验证，但每次等式都成立。由于这是一个真命题，所以找不到反例，于是只能不断继续验证。这个环节中学生积极性很高，但操作很机械，过程过长，效率较低。由于需要“判断命题的真假”，所以指向不是很清楚，学生不知道真假，只能一个一个验证下去。这里设计引例的目的是抛砖引玉，抛出如何证明与n相关的命题的问题，所以在今后的课堂上可以尝试将命题的真假给出，以便学生更有目的性地思考问题，提高课堂效率。

引例（2）是课本中继数学归纳法概念给出后的例题2，在对教材的处理时调整了位置，制造出学生用已学方法无法解决的数学问题，驱动学生思考新方法。“问题是数学的心脏”，为了促进学生参与课堂，此处以问题为驱动，带动学生思考，启迪学生的思维，自然引出数学归纳法的概念。

（三）“游戏”感悟原理，生成概念

数学归纳法的原理，具有高度的抽象性，学生不易理解数学归纳法的实质，特别是其中的递推关系和无限到有限的转化。之前在教学过程中发现学生在学习时，往往单纯地套用证明步骤，纯粹模仿，不能真正理解它的意义。本节课用多米诺骨牌游戏激发学生学习兴趣，贴近学生生活实际，以简洁的形式蕴含了数学归纳法的深刻原理。在游戏中帮助学生经历“实例—感知—抽象—认知”的过程，从而感悟数学归纳法的原理。

【片段3】

思考并讨论：

请观察多米诺骨牌游戏

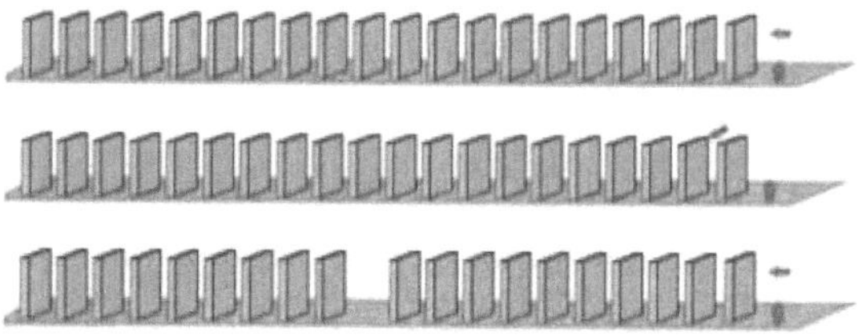

教师演示多米诺骨牌动画，并组织学生探究。

探究1：多米诺骨牌的倒下并不需要把每一个都推倒，多米诺骨牌全部倒下需要满足什么条件？

探究2：能不能把正整数的有关命题和多米诺骨牌问题进行类比，建立对应关系，再由骨牌倒下的条件类比出命题证明的方法？

然而在实际操作中，由于学生数学表达能力不够，逻辑知识上准备不足，所以在知识的抽象、归纳、迁移过程中，还是有点冷场，部分学生反应不过来。从学生的认知规律来看，抽象的事物尽可能要将其具体化、形象化，但做到了这点后也不能急于求成，要尊重学生的认知发展的渐进性，由浅入深、由表及里，多一点铺垫。正如美国功勋教师德·鲍拉所说："教重要的在于听，学重要的在于说。"今后在本节课的教学中这个环节老师需少讲一点，给学生多一点时间和空间去发现和总结，做到"逐步抽象，过程中学"。这一环节后由学生给出数学归纳法的一般步骤。

（四）"应用"发现漏洞，完善概念

数学概念是在人们长期的社会实践中不断发现、形成、发展、完善的。在本节课上，引例中研究的问题是针对 $n\in N^*$ 的，那么对于其他命题如何处理呢？新问题的出现推动学生思考如何完善概念，优化模型。

【片段4】

例2：用数学归纳法证明命题。

凸多边形的内角和为（n−2）×180°时，第一步为证明当 n=______时，命题成立。第二步为假设当 n=k（　　）时命题成立，推出当 n=k+1 时，命题也成立。

例2选用的是学生非常熟悉的例子，通过这个例子学生很快发现，针对不同的命题，证明中第一步的初始值可以取不同数值，实际上只要取符合命题的第一个值就可以了。

（五）“辨析”重新审视，巩固概念

概念学习不是一个简单的过程，而是一个复杂的、多阶段、多层次的认知活动。在学完数学归纳法的概念后，设计了一道概念辨析题。

【片段5】

例3：下面是两位同学的证明，你认为他做得对吗？请说明理由。

（1）甲同学认为 $1+3+5+\cdots\cdots+(2n-1)=n^2+1$（$n\in N^*$）是对的，并给出了证明：假设 $n=k$（$k\in N^*$）时等式成立，即：$1+3+5+\cdots\cdots+(2k-1)=k^2+1$，

当 $n=k+1$ 时由假设得：$1+3+5+\cdots\cdots+(2k-1)+(2k+1)=k^2+1+2k+1=(k+1)^2+1$，所以当 $n=k+1$ 时等式也成立。

可知，对 $n\in N^*$，原等式都成立。

（2）乙同学在用数学归纳法证明 $1+3+5+\cdots\cdots+(2n-1)=n^2$（$n\in N^*$）时的证明步骤如下：

①当 $n=1$ 时，左边=1，右边=1，等式成立。

假设 $n=k$（$k\in N^*$）时等式成立，即 $1+3+5+\cdots\cdots+(2k-1)=k^2$，

②当 $n=k+1$ 时由等差数列前项和公式得：

$$1+3+5+\cdots\cdots+(2k-1)+(2k+1)=\frac{1+(2k+1)}{2}(k+1)=(k+1)^2,$$

所以，当 $n=k+1$ 时等式也成立。

由①和②可知，对 $n\in N^*$，原等式都成立。

通过教师不断制造“冲突”和引导学生不断解决“冲突”中将教学向前推进，此时学生的心理由平衡—失衡—平衡不断往复，本节课也到了高潮。这个过程是学生的思维得到历练和提高的过程，同时也是完善认知，充分理解知识点的过程。学生通过独立思考，生生互助，对概念的再次剖析，反思，促进认知，丰富认知结构，强化理解。

三、巧用技术、丰富活动，精准教学策略

（一）巧用媒体技术，课堂“活”起来

“互联网+”时代，信息技术的广泛应用对数学教育产生着深刻的影响。多媒体技术的运用，可以调动学生的不同感官感受，本节课运用的多媒体是PPT与Flash，数学教学中常用的多媒体还有几何画板、GeoGebra、视频等。在多米诺骨牌的动画展示中，多媒体中的图、文、声、像动态展示了骨牌从第一个倒下到全部倒下的过程，既生动形象，又寓知识背景于其中，为教学内容的引出精准开头，一下子激发了学生浓厚的学习兴趣，整个课堂充满了活力。

（二）设置问题情境，理论“悟”出来

用现场实验和动画播放带入学生熟悉的两个情境，两个实例的比较设计促使学生对比分析，总结出完全归纳法和不完全归纳法的概念以及两者的区别与联系、利与弊。对多米诺骨牌情境的再分析、再讨论直至发现与总结出数学归纳法，体现了用数学的眼光观察世界，用数学的思想思考世界以及用数学的语言表达世界的理念。原理感悟的过程培养了学生的想象能力、创新精神、数学抽象、数学建模的素养。

（三）精心设疑提问，探究“动”起来

“问题是数学的心脏”“思维永远是从问题开始的”。多米诺骨牌的倒下的原理是什么？$n\in N^*$时命题证明的方法是什么？其他命题如何处理？给出的证明过程对吗？……精心设疑，制造矛盾，伴随着一个个精准的问题，教学过程不断地推进。问题的探究活动让每个人都动了起来，主动参与课堂中，驱动思考，形成思维的螺旋式上升。在发现问题和解决问题中，潜移默化地完成了概念学习的多阶段、多角度、多层次的认知与建构。

（四）组织小组活动，互相“学”起来

课堂上多次组织学生以小组为单位进行探究活动，并组织交流探究成果。在每次小组活动前教师先确定活动目标，给出需要解决的问题。每个学生带着明确的目标建立“学习共同体”的关系，为了实现共同的学习目标，小组成员之间充分沟通，交换观点，相互学习。

学生活动过程中，教师充当组织者、指导者、合作者、联络者，适时进行点拨、评价，促进学生小组活动的有效进行，帮助学生抓住关键的学习环节，增强小组活动的实效。学生在小组活动中，认真倾听、表达，不断思考、创造，团队成员间互相启发或质疑，然后促进再思考与再创造。

学生从不同的想法到统一意见，对知识进行自主建构、反思整合、迁移应用，认知水平逐步提升。

四、关注个体、促进发展，精准教学评价

课后作业以课标、本节课的内容与学业质量标准为依据，以学生的发展为本，结合本节课的教学目标考查学生概念的理解、方法的掌握、思维的深度、核心素养的水平等。作业分为基础作业以及拓展与研究作业两部分，分层布置给学生，学生不仅能在作业中得到充分的练习，还能根据需要得到不同的发展，兼顾了整体与个体。

批改完作业，利用大数据技术得到精准的反馈，通过数据进行精准讲评，然后提出个性化的课后复习和课外作业建议。同时，关注个体情况，根据需要，进行个性化补偿教学。

学生在及时订正作业后，针对学习中出现的问题，建立错题档案，方便进行错题追踪与错题回炉，教师帮助和督促学生养成善于积累和总结的习惯。以便在复习阶段学生可以有针对性地查漏补缺。

附2-2　精准课堂教学设计课例二

指向学科核心素养培育的精准课堂教学设计

——以“滑坡和泥石流灾害”为例

上海市奉贤区曙光中学　宋书成

《普通高中地理课程标准（2017年版2020年修订）》的课程理念明确指出，通过学生地理核心素养的培养，落实立德树人根本任务。学科核心素养是学科育人价值的集中体现，是学生通过学科学习逐步形成正确价值观、必备品格和关键能力。地理作为一门探索自然规律、彰显人文素养的学科，应从学科特点出发，以地理核心素养培育为主线，从而体现学科育人价值。培养学生的地理核心素养，关键在于地理课堂采用何种教学模式。

精准教学是基于斯金纳的行为主义学习理论而提出的，“精准”即非常准确、精确。反映在课堂教学上即高效率，是教师根据课程标准、教材和学生发展实际，遵循学生认知规律，准确把握教学目标和教学内容，进行科学的教学设计，促进学生获得可持续的进步和发展，实现预期教学目标的活动过程。下面以中国地图出版社高二地理“拓展·自然灾害与防灾减灾——滑坡和泥石流灾害”的教学为例，展示精准教学原理在地理课堂中的应用。

一、教学背景

（一）教学案例选择分析

2017版地理课标的基本理念明确指出，通过高中地理的学习，提升地理学科方面的品格和关键能力，具备家国情怀和世界眼光，形成关心地方、国家和全球地理问题及可持续发展问题的意识。基于此，教学案例选择应既取材于社会热点问题，又能引发对国家和社会重大问题的关注，体现地理学科的育人价值。2020年夏季南方暴雨在多地引发滑坡和泥石流灾害，在社会上引起广泛关注。选取四川茂县作为教学案例，利于调动学生的学习积极性，培养学生在真实情境中对区域进行认知的能力。同时通过地理环境与人类活动之间的相互关系，树立人地协调的意识。

（二）学生情况分析

该教学设计的适用对象是高二第一学期选修地理的学生，学生们已完成高一自然地理和人文地理教材的学习，初步具备分析自然和人文地理要素的能力。能根据教师提供的图文资料进行信息的简单获取，但综合分析能力还较弱，在情境中应用知识分析、论证问题的能力需进一步培养和训练。

二、教学目标及教学重难点

（一）教学目标

（1）观看视频，概括滑坡和泥石流的形成条件；（2）结合茂县图文材料，综合分析滑坡和泥石流灾害的形成原因，归纳其影响因素；（3）根据滑坡泥石流灾害的成因，推测我国滑坡和泥石流灾害的时空分布；（4）结合茂县图文材料，因地制宜提出防灾减灾措施，培养地理实践力；（5）辩证地看待人类活动与自然灾害之间的关系，树立人地协调观。

以上为“滑坡和泥石流”这节课的教学目标设计，前因后果描述恰当，符合学生认知规律和最近发展区，切入口选择恰当，目标设计有梯度感，基本符合“精准教学”的要求。

（二）教学重难点

教学重点：茂县滑坡泥石流灾害的成因。

教学难点：因地制宜提出防灾减灾措施。

以上为“滑坡和泥石流”这节课的教学重点和难点，通过创设相关的问题情境，构建合理的问题链，将灾害的形成条件、形成原因和防治措施有逻辑性地串联起来，由浅入深、层层递进，建立与问题相关的知识结构，激活学生的地理思维，提升课堂教学的有效性。

三、教学设计特点

（一）归纳灾害特征，提升区域认知水平

区域是地理知识的重要载体，基于区域情境的地理原理学习，可以在具体的、生动的情境中设计问题，让学生归纳出自然灾害的形成条件和分布规律。

1. 在区域情境中，分析灾害形成的条件

教学环节	教学过程设计	教学环节设计目的
灾害形成的条件	【展示概念】滑坡、泥石流 【播放四川茂县滑坡泥石流灾害视频】 【问题】滑坡和泥石流的形成，分别需要哪些条件？	以真实的观察体验为背景，在观察的基础上概括形成条件，为探究灾害形成的原因分析提供思路

在这一环节播放“四川茂县滑坡泥石流灾害”视频，设计问题的情境，分析在四川茂县这一特定区域的地质灾害形成的条件，再进一步归纳地质灾害的形成条件。在网友拍摄的视频中，震天动地的巨响、浑浊湍急

的水流、惊险逃生的居民，使学生触景生情。对自然灾害的认识、人地协调观的认识，震撼而深刻。学生观察视频中四川茂县的区域情境，初步获取了当地的地形地势、气候、地质、植被等方面特征的信息，指出与地质灾害形成的相关因素。为后续灾害成因分析的探究提供了一些区域背景的直观材料信息，初步形成了区域的感性认知。另外，西南地区是我国地质灾害频发区，与其气候、地形、地质等自然条件以及不合理的人类活动密切相关。学生对自然灾害的形成、危害、救助有了更深刻的感性认识和理性分析，同时也感受到知识学习的意义。

2.在区域情境中，判断灾害的时空分布

教学环节	教学过程设计	教学环节设计目的
灾害的时空分布	【展示四川茂县图文资料】 【问题】判断我国滑坡和泥石流灾害多发的地区和季节？	扩大空间尺度，由具体到抽象，认识我国滑坡泥石流灾害的时空分布特征

在这一环节展示四川茂县的图文资料，设计问题的情境，分析在四川茂县这一特定区域的地质灾害多发的地区和季节。这一教学过程中，学生观察图文资料中四川茂县的区域情境，获取了当地的地形地势、气候、地质、植被等方面特征的信息，判断四川茂县地质灾害的时空分布特征。选取四川茂县作为综合分析的案例，具有一定的代表性，利于学生进行知识的迁移运用，从四川茂县小尺度地区，推广至更大空间尺度范围，推测其他国家或地区的滑坡泥石流灾害的时空分布特点。这一教学过程，学生对地质灾害的分布特征，既有空间又有时间的认知，同时，在时空的变化和区域的范围对地质灾害（某种自然现象）有了比较清晰的认识。

（二）利用问题驱动，提高综合思维能力

以指向性明确，符合学生认知发展的驱动性问题为教学主线，能激发学生的学习自主性，促进学生思维的发展，引导学生走向深度学习。依托于四川茂县的情境，设置了两个问题：茂县滑坡泥石流灾害多发的原因有哪些？可以采取哪些减轻灾害的措施？问题驱动的教学将课堂教学各个环节有逻辑地串联起来，驱动学生进行思考与探究，使学生的思维由浅入深，体现了地理环境的整体性（要素关联）和空间观念（区域特性）等。

1. 在区域情境中，实现要素的综合

教学环节	教学过程设计	教学环节设计目的
灾害形成的原因	【展示四川茂县图文资料】 【问题】茂县滑坡泥石流灾害多发的原因有哪些？(探究活动一)	综合多个因素分析滑坡泥石流灾害的成因，培养综合性思维。从实践上升到理论，提高归纳能力，学会此类问题的分析方法

这个问题的设置，是根据地理环境分析灾害成因，引导学生综合多个地理要素分析滑坡、泥石流灾害的成因，培养综合思维。灾害形成的原因是多方面的，对各地理要素的综合分析，结合对应地理学研究的综合性特点，是认识地理现象成因最基本的方法。对此问题的综合研究，是多个要素（如地貌、水文、气候、植被与土壤等自然要素和人类活动等）相互关系的综合研究，是中层次的研究，对学生的要求比较高。在探究此问题时，需要学生结合四川茂县的图文资料，分析其自然地理环境的特点，并且与地质灾害发生的条件发生关联。

2. 在区域情境中，实现地方的综合

教学环节	教学过程设计	教学环节设计目的
灾害防治的措施	【展示四川茂县图文资料】 【问题】可以采取哪些减轻滑坡泥石流灾害的措施？(探究活动二) 【展示灾害防御和灾后救援等图】	根据灾害发生的原因，因地制宜提出防灾减灾措施，提高实践应用能力 分析人类活动对灾情的影响，辩证地看待人地关系，深化人地协调意识

这个问题的设置，目的是综合区域特性，引导学生因地制宜提出防灾减灾措施，提高实践应用能力，实现地方的综合。在问题的探究过程中，对地方的综合分析对应了地理学研究的区域性特征。通过对茂县地质灾害防灾减灾措施的提出，获得人类面对自然灾害时独特地域的地方性解释。学生可以结合所给资料从多个角度发散性思考，让个性找到充分表达的空间。学习过程中学生深度参与了自主构建知识，提升了思维品质。

（三）实践活动拓展，深化人地协调观念

地理学是一门实践性很强的学科，地理实践力包括地理实践活动的技能和方法以及在实践活动中表现出来的科学精神。自然灾害也深受人类活动的影响，在分析灾害的形成原因和提出防灾减灾的措施时，要认同人地协调对可持续发展的重要意义，形成尊重自然、和谐发展的态度。

教学环节	教学过程设计	教学环节设计目的
实践拓展	【展示秘鲁滑坡泥石流灾害图文资料】 思考：从自然条件分析秘鲁多地发生泥石流灾害的成因有哪些？秘鲁可采取哪些措施应对山洪泥石流等自然灾害？	迁移运用，提高分析和解决问题的能力

在实践拓展这一环节的教学过程中，要求学生借助所学知识和地图等地理工具，通过观察秘鲁滑坡、泥石流灾害的图文资料，获取当地的地理信息，如秘鲁的地形地势、气候特点、地质地貌等自然条件，尝试分析地质灾害形成的原因，提出灾害防治的措施，解决实际问题。这样，通过实践活动的行为体验，应对现实的问题，内化为一种意识、态度和精神。

人地协调观是地理教育最为核心的价值观念，通过审视人类活动，引导学生正确认识地理环境与人类活动之间的相互关系。以茂县滑坡泥石流灾害为背景，拓展延伸到其他的区域，如秘鲁的地质灾害，研究人类活动对灾情的影响，毁林开荒等不合理的人类活动也会加剧灾害的发生。同时适度的人类活动又能减轻灾害，如进行地质灾害监测预警、加固山体、退耕还林等。并进一步引发思考，如果说人类的一些经济活动会破坏生态平衡，加剧地质灾害，是否还能够进行开发建设？学生从人类活动对地理环境的改善和破坏两个方面进行深入思考，辩证地看待人地关系，分析和解决人地关系矛盾问题。

因此，有关自然灾害的教学，一般的教学内容可以梳理出“自然灾害—原因分析—防灾减灾措施”的线索。以某一区域的背景资料为案例开展研究，通过对这一区域自然地理环境特征的分析，形成该区域的自然地理特征的基本认知；分析自然灾害发生的原因，提升学生多要素综合思维和对区域特性的认识；在对某一区域的背景资料的分析过程中，应用地理工具，获取地理信息，在实践体验的过程中，从行为内化为一种精神，提高学生的地理实践力；在分析自然灾害的原因和提出防灾减灾的措施时，思考人地关系的本质，用可持续发展的观念来解决人地矛盾。从而在解决问题的过程中，提升学生的地理核心素养。在未来的课堂教学过程中，我将继续秉承立德树人的教育理念，将其与高中地理核心素养有机结合，进一步提升课堂教学的有效性，在精准而朴素的课程教学实践中，让学生获得可持续的进步和发展。

（二）精准作业设计

1. 变式训练

通过采集数据，发现学生在学科知识、思维、能力等方面普遍存在的典型问题，并在此基础上通过科学分析，充分发掘这些易错点背后的学科核心知识和核心概念，进行对症下药式的变式训练设计是提高作业有效性的途径之一。简单地、不加改变地呈现错题的原题不仅增加了学生很多无效的课业负担，久而久之，这种机械的重复操练和劳动也将阻碍学生思维的提升和能力的形成。因此，变式训练的关键词是“变”。教师充分发挥想象力和创造力，打破原有题型限制，从提问角度、呈现条件、情境设置等方面入手，设计出基于核心知识和概念的变式训练，达到举一反三的效果。变式训练在操作路径上重在情境的重构，以此来巩固学生基础知识的掌握，培养学生学科知识的灵活迁移、综合运用的能力。

2. 题组构建

针对学生典型错题的题组设计是围绕学科核心知识、指向学科核心素养的综合性精准作业设计。首先，题组构建需要符合阶梯式、层次性的属性。从学生现有的认知水平、能力起点开始设计，分层、递进地架设知识与能力提升的台阶，推动学生突破知识、思维和能力的障碍，培养学生在现有的知识储备与真实生活中的实际问题之间找到联系的能力。此外，题组构建需要满足结构化、系统性的特点。题组设计的过程也是构建学科知识体系的过程。通过比较、分析、归纳，促进学生综合能力的提升。

3.知识梳理

碎片化、点状式的学科知识不仅不利于学生记忆，更不利于学生思维品质的形成，因此需要我们教师通过思维导图、知识归纳表格等途径，帮助学生搭建知识框架，整合分散的学科知识，构建完善的知识体系。知识梳理一要做到及时，即让学生养成“日反思”的学习习惯，先复习、后作业，先整理、后练习。同时，教师也可通过设计课后教材阅读、笔记整理、例题回顾、概念定理推导等方式引导学生及时巩固新授知识。知识梳理二要做到遵循脑科学和认知规律，做到“周总结、月归纳”。抓住学科知识的重点和关键，比对理解易混淆的概念，把分散的知识点连成线，织成网。

附2-3　精准作业设计(变式训练)案例一

搭设答题思维阶梯，关注能力提升

——以培育学生“思维发展与提升”核心素养为目标的变式训练设计

上海市奉贤区曙光中学　徐梦晓

一、引言

近年来，随着上海高考改革，语文现代文的考察方向从以信息筛选、整合为主的能力考查逐渐倾向于学生思维、思辨能力的考察。无论从题型设计还是题干内容，越来越多样化的方式让许多学生感到力不从心甚至无从下手。教师在日常讲评课中，如果只按照“就题论题”的评讲模式，那么也很难不落入“忙于应对，收效甚微”的困局当中。

因此无论是教师还是学生都需要主动出击，剖析题目考察的能力指向，弄清题干真正的表达意图，梳理看似纷繁复杂实则有迹可循的答题思路，最终达成尽可能多得分的目标。由此，学生需要更加关注试卷的错题整理方式，能够根据相同题型或者相同的知识能力归纳整理题目，形成自己的思考与答题方式。

教师需要跳脱出“就题论题”的传统讲评模式，以变式训练的方式巩固、训练、加强学生答题时的思维能力。让学生明白一道题目是如何“翻花样”的，提升学生对于题目设置的元认知，从更高维度看待题目设置。

二、变式训练设计示例

笔者以2020年崇明区高三二模现代文一，王晓华的《对批评的批评：创造“复调”话语》这篇议论文中的一道主观题为例，设计了基础变式训练、中档变式训练以及提高变式训练题组，搭设了答题思维阶梯，帮助学生能够一步步去解决难度较高的开放式主观题以及应用式主观题。

之所以选择这道题作为变式训练的题目，是因为笔者观察到虽然这篇现代文本身的题目设置比较基础，但是在这张试卷的现代文二，《回不去的渡口》中有这样一道题目：《对批评的批评：创造“复调”话语》一文中，作者认为“批评家不应把批评对象放在自己搭建的概念框架中，进行‘强制阐释’”，请结合这一观点对下面这段批评文字加以评析。

评《回不去的渡口》：乡土散文创作“三画”理论认为，乡土散文要表现乡土的风景画、风情画、风俗画，三者不可或缺，它们构成乡土散文的根本。本文通过对特定时期的渡口刻画展现了故乡饶河渡口的风景画，展示了故乡人们的风情、风俗，可谓是符合“三画”理论的力作。

这道题目的难度非常大，它联动了现代文一与现代文二，既要理解现代文一中的观点，又要将其运用到对现代文二的阐释之上。此外，还有对现代文一中观点的思辨能力，以及对题干文字的理解能力，是一道综合性非常强的题目，学生如果没有拆解题目、剖析题干、架构语言等能力，根本无法驾驭这样的题目。而训练这样的思维能力需要拆解背后的知识点，逐步提升题目难度，最终解构难题，驾驭难题。

基于以上考虑，我以现代文一中的一道基础题为起点，逐步训练学生的信息筛选整合能力、思辨能力、语言架构能力，从基础题型慢慢走向难题、综合性题型。

【原题】

题目：概括第⑨段的主要内容。（3分）

原文选段展示：“⑨需要解释的是，按照一般的范畴分类法，对‘批评’的批评会被归类为元批评，但这种命名恐怕并不能完全表征其精神特征：‘元’具有根本和始源之意，而对‘批评’的批评不是为了推出新的权威，而是建立‘善的循环’；它既致力于视野的扩大，又意味着永远的去中心化实践。正因为如此，笔者坚持使用这种略显笨拙的说法，以表达对中国文学批评的期待和祝福。”

【原题解读与知识点】

这类题型属于较基础的题型，以此为出发点，设计不同的变式训练，加入更多思维能力考察的要求，以阶梯式的题目变化让学生逐步提升。

本题重点考查学生整合归纳信息的能力，并要求学生把握作者在文中的观点。解答此类题目，应先审题，明确题干的要求，如本题要求“概括主要内容”，再根据分值进行相应的归纳与整合，形成完整的答案。

【解题思路及参考答案】

第⑨段有三层意思：（此处也照应了3分的分值）

第一层：“需要解释的是，按照一般的范畴分类法，对‘批评’的批评会被归类为元批评，但这种命名恐怕并不能完全表征其精神特征：‘元’具有根本和始源之意，而对‘批评’的批评不是为了推出新的权威，而是建立‘善的循环’。”这句话是在解释“对‘批评’的批评”命名的原因，阐明其别于元批评概念，不在于推出新的权威。第二层：“它既致力于视野的扩大，又意味着永远的去中心化实践。”这句话指出其真正目的是建立“善的循环”，坚持去中心化。第三层：“正因为如此，笔者坚持使用这种略显笨拙的说法，以表达对中国文学批评的期待和祝福”，提出自己的期待和祝福，希望中国文学批评越来越好。

综上，参考答案为：解释“对‘批评’的批评”命名的原因，阐明其别于元批评概念，不在于推出新的权威，其真正目的是建立“善的循环”，坚持去中心化。

【基础变式训练】

题目：概述第9段在全文的作用。

【基础变式解读与知识点】

基础变式训练意在培育学生对题干的审题能力，两道题字面相差不大，但指向的知识点却不尽相同，学生需要注意区分，不能照搬不变。

变式题干问法与原题差异不大，但与原题不同的是，变式对于学生筛选整合信息能力的要求更高，从局部的筛选整合能力扩展到全篇，而对于学生分析归纳内容要点和把握作者在文中的观点态度的能力的考查相应有所削弱。

变式意在对段落在全文中承担的结构与内容作用进行分析，学生不仅需要关注本段内容，更需要关注前后文的信息以及全文的行文逻辑，既有局部观又有整体观念。

【基础变式解题步骤与参考答案】

第一内容作用：通过第9段开头“需要解释的是”这一短语可以推测，第9段是顺应第8段文意，或者深入揭示，或者补充说明。结合第8段大致内容：“通过创造更富涵括性的‘复调’话语，实现批评领域的主体间性，消解特权意识，使批评返本归真。”可以发现，第9段是在对第8段进行补充说明。

第二结构作用：第9段除了有对第8段的补充说明作用，结尾句“正因为如此，笔者坚持使用这种略显笨拙的说法，以表达对中国文学批评的期待和祝福。”显然是对全文的总结与收束，并表达作者的情感倾向。

综上，变式参考答案基本如下：第9段对第8段进行补充说明，解释了“对‘批评’的批评”命名的原因，解释标题，并收束全文，表达了作者对中国文学批评的期待和祝福。

【中档变式训练】

题目：有学者指出，第9段说理存在漏洞，可以删去，你是否同意这一看法，请说明理由。

【中档变式解读与知识点】

从题型而言，该变式属于开放型主观题，答案从理论而言不唯一，所以除却考查基础变式训练中的能力：筛选整合信息、分析归纳内容要点、把握作者在文中的观点态度三项能力之外，加入了对学生思辨能力、整合答案时逻辑说理能力以及对原文的批判意识的思维能力考察。

【中档变式解题步骤与参考答案】

答案的不唯一性并不代表二者分值可以简单设置为一致，从基础变式训练分析可知第9段与前文、全文在结构与内容上一脉相承，使作者的观点更为清晰明了，同时解释了题目命名的原因，所以不可删去的理由更为充足，得分相应也就越高，反之则较低，但不代表无话可说。

参考示例一：该段不能删去，第9段作为最后一段，收束了全文的内容，使作者的观点更加全面，补充说明了为何使用“对批评的批评”而不是直接使用“元批评”的原因，同时表达出作者对于文学批评的拳拳希望。既补充观点又表达情感，所以不能删去。

参考示例二：该段可以删去，这一段从“元批评”这一命名方式的缺憾入手，解释使用“批评的批评”的原因。可以看出，作者是为了彰显对“批评”的元批评不同于一般的元批评而自创的一种命名方式。但沿用作者自身的话语，是一种“略显笨拙”的说法。此段中作者对于“批评的批评”命名原因的解释是重复上文的内容，不必再做议论。而用如此复杂拗口的命名并不如“元批评”浅显易懂，“元批评”就代表着对源头的批评，却并不一定代表着推陈出新，作者议论逻辑存在以偏概全之嫌疑，所以可以删去。

【提高型变式训练题组】

题目1：胡适曾在《红楼梦考证》一书中说：“我们只须根据可靠的版本与可靠的材料，考定这书的著者究竟是谁，著者的事迹家世，著书的时代，这书曾有何种不同的本子，这些本子的来历如何。这些问题乃是《红楼梦》的正当范围。”也就是说在胡适看来研究《红楼梦》这部书最重要的是弄清作者事迹、作者家世、著书时代、著作版本等。

请以胡适对《红楼梦》的批评为例，结合全文，运用第9段观点，谈谈对“批评的批评”的重要性。

题目2：《对批评的批评：创造“复调”话语》一文中，作者认为“批评家不应把批评对象放在自己搭建的概念框架中，进行‘强制阐释’”，请结合这一观点对下面这段批评文字加以评析。

【提高型变式训练解读与知识点】

提高型变式训练设置了题目组，其中题目2正是现代文二《回不去的渡口》中的一道题。该题从表面看与原题的关联度不大，但从思维能力层面却是紧密关联，螺旋上升的。相对于中档变式训练中对原文的思辨能力、批判意识的简单考察，提高型训练在应用式题型的外表下，包含了对多重文本的思辨能力、批判意识的复杂考察。该题组以题目1较为简单的应用型主观题为基础，从对自身文本观点的再分析、再阐释引申到较为复杂的应用型主观题，对多重文本观点整合、分析、思辨与再阐释。

从题型而言，这是一道应用类型的主观题，旨在考查学生对于文本观点的应用能力以及文本的个性化解读能力。其中不仅包含着基础变式中的各项基本解读能力，还包含了个人表述能力、思辨能力、批判意识、对他人观点的转述与化用等高阶能力。此外题目1联系了课内整本书阅读，考察到了学生课内的知识体系。

【提高型变式训练解题步骤与参考答案】

题目1：缺乏对于批评的批评便会落入权威化的窠臼之中，虽然这段对于《红楼梦》的评价出自胡适之口，却存在着一定偏颇，对于《红楼梦》而言，研究的内容止步于成书过程与作者的考究学话，显得过于片面。文中人物描写、情节架构以及作者借此抒发的人生感慨与价值观都值得品读、鉴赏，此外又可以作为博物志研究古人服饰、饮食、礼仪文化等。而对于批评的批评就可以扩大我们的视野，进行去中心化实践，以“互审—对话”模式代替独白模式，敞开二者各自的合理性和局限性，最终创造更富涵括性的“复调”话语，实现批评领域的主体间性。

题目2：参考示例一：《对批评的批评：创造“复调”话语》一文中认为“批评家不应把批评对象放在自己搭建的概念框架中，进行‘强制阐释’”，该评论正存在这样的缺陷，以自己是预设的“三画”理论来生硬地评论本文，缺乏对散文本身内容的深入把握，关注文本的个性化追求。因此，本评论带有“强制阐释”性质，是不足取的。

参考示例二：《对批评的批评：创造“复调”话语》一文中认为“批评家不应把批评对象放在自己搭建的概念框架中，进行‘强制阐释’”，但是，也不可一概而论。批评家搭建的概念框架，往往是在大量文本阅读基础上建构的理论。如本评论中“三画”理论，能够较好地体现乡土散文的特征。就本文而言，也很好地呈现了“三画”理论。因此，我认为本评论很好地运用理论阐释了作品。

三、反思与结语

以上变式训练设计是个人的一点拙见，其题目的难易程度与逻辑关联是否真正合理有效还有待同行的批评指正。笔者只是以一种尝试的姿态去探索在高考改革背景下如何有效培育学生答题时的思维能力，从而让学生在考场上能够应对变化不同的题型，能够有拆解题目、剖析题干的能力。

变式训练的设计于教师而言是一件劳心劳力之事，设计一次有效的变式训练需要教师很大的精力和心血，但我相信付出与回报是成正比的。学生通过变式训练阶梯式、螺旋式题型的夯实，能够从元认知上明白题型的一步步“演变”的过程，以及每一种题型之间相对应的不同知识点与思维能力的考察。

但还留有的疑问在于，变式训练如何成系统地设计？按照思维能力划分还是按照不同文本类型来划分？变式训练设计能否与文本解读能力挂钩？这些问题都有待进一步思考与解决。

附2-4 精准作业设计(变式训练)案例二

高二英语变式训练设计

上海市奉贤区曙光中学 李如玉

变式训练设计一：

【原题】(2019年奉贤区二模 语法填空21题)

There are paintings that portray loneliness, songs that ________ (inspire) by loneliness, and many works of literature that center around this theme.

答案：are inspired

【考察知识点】

1.语法填空中谓语动词和非谓语动词的辨析及运用

（1）学生是否能根据句子成分来判断所填词在句中的成分或功能；（2）学生是否能考虑上下文语境、语义、句子结构，判断动词的时态、语态和主谓一致；（3）学生是否能确定非谓语动词和相关词之间的主被动关系，正确使用动名词、分词和不定式三种非谓语动词。

2.句子结构分析（and并列用法）

当并列连词and连接两项或多项对等成分时，这些被连接的成分必须是同一词性、同一形式。比如说，and前后连接的两个非谓语动词，原则上它们应该是同一形式（同为不定式，或现在分词，或过去分词）；再比如说，and并列多项成分时，前两项若是由定语从句修饰的名词，那么剩余项往往也是由定语从句修饰的名词。

【学生错因分析】

（1）未根据句子成分来判断所填词在句中的功能，常见错误答案为inspired（错误率34.7%）。学生因思维定式，看到by就会填被动，并没有仔细分析所填词在句子当中充当什么成分。此句中，括号中的inspire在that引导的定语从句中充当谓语动词，应考虑谓语动词的时态和主谓一致。

（2）忽略句子结构，并未注意到and并列结构。paintings, songs 和 many works of literature 三个名词并列，其后所跟定语从句也应保持一致，时态为现在时。

【变式训练及参考答案】

1.There are paintings portraying loneliness, songs ____________ (inspire) by loneliness, and many works of literature centering around this theme.

答案：inspired

【设计说明】此题由原题演变而来，旨在帮助学生与原题进行比较区分。此句中所填词根据句子成分判断为非谓语动词，inspire与songs为被动关系，songs (that are) inspired by loneliness，且and并列三项由分词修饰的名词，故此处为过去分词作定语，答案为inspired。

2.They found people who shared a diary of their daily lives with friends and followers ____________ (stimulate) and inspired by positive feedback that they lost some pounds and kept them off.

答案：were stimulated

【设计说明】此题旨在训练学生辨析谓语动词和非谓语动词，并灵活识别and并列结构。通过句子成分分析，得出They found (that)… 宾语从句中省略连接词that；宾语从句中people是从句主语，who…followers是修饰people的定语从句，可判断所填词是宾语从句中的谓语动词。结合上下文，考虑谓语动词时态、语态和主谓一致，答案为were inspired。另外，在and并列结构中，并列项为两个谓语动词过去式的被动语态，句子实为people were stimulated and (were) inspired by positive feedback，共用were，若学生没有正确判断句子结构，十分容易受inspired干扰，填stimulated。

3. Electronic payments offer consumers convenience, __________ (provide) profits for banks, credit card companies and payment processors and offer merchants improved cash flow and convenience.

答案：provide

【设计说明】此题旨在训练学生辨析谓语动词和非谓语动词，并灵活识别and并列结构。通过句子结构分析，我们提炼出的是由offer, provide, offer三个谓语动词原形并列的结构，故所填词是并列结构中的谓语动词，答案为provide。产生干扰的第一个and实则为banks, credit card companies, payment processors三个利益方的名词并列。

4.Every minute we can save our students from having to search for the information online is another minute that ____________ (commit) to their education.

答案：is committed

Every minute we can save our students from having to search for the information online is another minute ____________ (commit) to their education.

答案：committed

【设计说明】此题组旨在训练学生辨析谓语动词和非谓语动词。第一句所填词是that引导的定语从句中的谓语动词，第二句所填词是作定语成分的非谓语动词。根据commit的用法，sb. commit another minute to sth. 某人把另外一分钟投入某事，可分别推出答案is committed 和committed。

变式训练设计二：

【原题】（2018年 奉贤区二模 翻译74题）

智能手机给人们带来了许多便捷，但其负面影响不容小觑。（despite）

答案：Despite the great convenience smart phones have brought about to people's life,its side effects can't be ignored.

【考察知识点】

despite作为介词的用法。

【学生错因分析】

（1）混淆despite和although / though的用法，直接加句子。常见错误答案为：Despite smartphones have brought many convenience to people,but its side effects can't be ignored. Although / though和despite意思相同，表示“尽管、虽然”，都引导让步的成分，但由于词性不同，用法差异很大，学生在语法填空和翻译句子中十分容易混淆。despite词性为介词，只能跟名词结构，而although / though是连接词，后面可以跟句子。

（2）受中式思维（虽然……但是……）影响，导致despite与but连用。but作为并列连词，连接两个句子，但despite作为介词跟上名词短语，已经构成让步状语成分，起修饰主句的作用，不需要再添一个连接词but。故despite,but在本句翻译中不能同时使用。

【变式训练及参考答案】

（1）翻译：智能手机给人们带来了许多便捷，但其负面影响不容小觑。（though）

答案：Though smart phones have brought about great convenience to people's life, its side effects can't be ignored.

【设计说明】此题由原题演变而来，旨在帮助学生与原题进行比较区分。另外需注意，此句翻译though和but也不能连用。

（2）翻译：尽管成本高昂，这些机器人缓解了该工厂人手不足的压力。（despite）

答案：Despite the high cost，these robots have relieved the factory’s pressure of lacking workers.

【设计说明】此题为同类型翻译，旨在帮助学生巩固despite的用法。

（3）语法填空：Besides，it is increasingly hard for me to understand my students ________ the constant efforts I make.

答案：despite

Besides，it is increasingly hard for me to understand my students ________ I have made constant efforts.

答案：though

【设计说明】此题组旨在考察学生是否能在语法填空中正确使用despite和though。根据句意，两句所填词都需要表达“虽然、尽管”的含义，但第一句所填词之后为定语从句（that）I make修饰的名词短语，而第二句所填词之后是句子，可分别得出答案despite和though。

变式训练设计三

【原题】（2018年静安区一模 完型填空）

The sights, sounds, and smells of the modern marketplace are rarely accidental. More likely they are tools of an evolving strategy of psychological marketing called “sensory marketing’ to create an emotional association to a(n) ___41___ product or brand.

By relating to people in a far more ___42___ way through everyone’s own senses, sensory marketing is able to affect people in a way that traditional mass marketing cannot.

Traditional marketing believes that consumers will systematically consider ___43___ product factors like price, features, and utility. Sensory marketing, by contrast, seeks to resort to the consumer’s life experiences and feelings. Sensory marketing believes that people, the consumers, will act according to their emotional urge more than to their ____44____ reasoning. By this way, an effective sensory marketing effort can result in consumers choosing to buy a lovely but expensive product, rather than a plain but cheap ____45____ .

In the past, communications with customers were mainly monologues——companies just "talked at" consumers. Then they evolved into dialogues, with customers providing ____46____ . Now they're becoming multidimensional conversations, with products finding their won voices and consumers responding ____47____ to them.

Based on the implied messages received through five sense, consumers, without noticing the trend to apply human-like personalities to brands, leading to intimate relationship and, hopeful for the brands, persistent ____48____ . And that's the very thing brands are dying to fostering customers rather than instant trend or profits. And that's the very thing brands are dying to foster customers rather than instant trend or profits. Most brands are considered to have either "sincere" or "exciting" personalities.

"Sincere" brands like IBM and Boeing tend to be regarded as conservative and relative while "exciting" brands like Apple, and Ferrari are imaginative and ____49____ . In general, the consumers tend to form ____50____ relationships with sincere brands than with exciting ones, this explains the relatively enduring history of the "Sincere Brands".

Certainly, with the eyes containing two-thirds of all the ____51____ cells in a person's body, sight is considered the most important of all human senses. Sensory marketing uses sight to create a memorable " sight experience" of the product for consumers which extends to packaging, store interiors, and printed advertising to form a (n) ____52____ image for the brand.

In other words, no aspects of a product design is left to ____53____ anymore, especially color. Brand acceptance is linked closely with the appropriateness of the colors on the brand —— does the color ___54___ the product at all? If not, customers, though not realizing it themselves, will ___55___ the brands in all possible ways-sales, reputations, etc. Therefore, brands, isn't it time now to study the new field of marketing?

41. A. specific B. qualified C. average D. adequate
42. A. economic B. personal C. artificial D. mechanic
43. A. obvious B. potential C. accessible D. concrete
44. A. imaginable B. objective C. psychological D. gradual
45. A. alternative B. reward C. sample D. exhibit
46. A. compliment B. fund C. prospect D. feedback
47. A. temporarily B. subconsciously C. occasionally D. attentively
48. A. loyalty B. philosophy C. endurance D. regulation
49. A. mild B. daring C. steady D. classic
50. A. far-fetched B. hard-won C. long-lasting D. easy-going
51. A. individual B. sensory C. present D. general
52. A. overall B. ambitious C. dramatic D. additional
53. A. chance B. maintenance C. progress D. leadership
54. A. accept B. overlook C. fit D. treat
55. A. shape B. punish C. signify D. exploit

【考察知识点】

完型填空的文章是一个意义相关联的语篇，围绕一个话题论述或者以说明一个对象贯穿全文，因此在行文中，词语的重复、替代、复现或意译的出现才能使得语篇中的句子相互衔接和连贯，从而构成语义完整的整体。根据此原则，本语篇多空考察学生是否能联系上下文寻找相关线索，把握说明对象特征，关注到词语的指代词、同义词、反义词和概括词等。

【学生错因分析】

学生未能根据上下文的提示正确把握感官营销的特点、原理及其应用。全文多个空，如41、42、46、47、51、52、53题都围绕着感官营销展开，有词语的重复、替代、复现或意译出现。学生高错误率分布：41题正答率50%，43题正答率32%，47题正答案率53%，52题正答案率56%，53题正确率22%。

41题根据“The sights, sounds, and smells of the modern marketplace are rarely accidental.”可知，现代市场的景象、声音和气味很少是偶然的，那么“感官营销”作为营销策略，一定是用来建立与某一特定产品或品牌的情感联系，故A项specific正确。从第一段我们就能清楚知道感官营销的特点：精心设计、建立情感联系。同时，53题考察的正是“rarely accidental”的同义词复现，“no aspect is left to chance”任何方面都不是偶然。

42题根据空后“through everyone's own senses”的提示，得知感官营销通过每个人自己的感官，以一种更加个人化的方式与人建立联系，故B项personal正确。该空考察的是词组的意译。

44题根据空前“act according to their emotional urge more than to…”感官营销下的消费者更多地根据情感冲动而不是客观推理，故B项objective正确。该空考察的是词组的反义词。

46、47题围绕着感官营销的应用：消费者与产品如何建立情感联系。销售人员与消费者的交流由独白演变成对话，由消费者提供反馈，再由对话变成多维度的对话，产品找到自己的声音，消费者下意识地做出反应。“feedback”和“responding subconsciously”都是顾客与产品建立了情感联系的体现。该空考察的是词语的意译。

51题根据空后“sight is considered the most important of all human senses”视觉被认为是人类所有感官中最重要的，因此眼睛含有人体三分之二的感官（sensory）细胞，故B项sensory正确。该空考察的是同义词的复现。

52题根据空前的“create a memorable 'sight experience' of the product for consumers which extends to packaging, store interiors, and printed advertising”可知，这种“视觉体验”延伸到包装、商店内部和印刷广告（方方面面）以形成品牌的整体形象，故A项overall正确。该空考察的是多个词的概括词。

而43题则是围绕传统营销的特点，根据空后“product factors like

price, features, and utility"价格、特点和效用都是具体的产品因素，故D项concrete正确。该空考察的是多个词的概括词。

【变式训练及参考答案】

熟读Cloze，完成填空。

将下列词填入相应的横线上：

considering concrete product factors; caring about consumer's life experiences and feelings; emotional urge; objective reasoning; personal and subjective

Traditional marketing　　　　　　Sensory marketing

答案：

Traditional marketing

considering concrete product factors; objective reasoning

Sensory marketing

caring about consumer's life experiences and feelings; emotional urge; personal and subjective

【设计说明】此题旨在考察学生读完语篇之后是否真正体会到上下文提示，并了解两种营销特点。

附2-5 精准作业设计(题组构建)案例三

利用基于数据的题组构建精准化培养学生数学核心素养

上海市奉贤区曙光中学 狄建兵

新课程标准提出："教育应该面向全体学生，让每个孩子都成为对社会有用的人才。"因此，在现代教学过程中，教师要根据学生个性差异因材施教，促进学生个性发展，尊重学生个性地进行精准化教学。"变式训练"究其核心就是要尊重学生个性差异，运用各种方法，创设各种情境引导学生自主探究和创造学习。美国成功学奠基人奥里森·斯韦特·马登博士提出的"现象图式学"，鉴别与差异就是其两大核心概念，基于该理论的高中数学"变式训练"教学模式能够更好地发展学生的数学核心素养，便于培养出能够更好地应对未来复杂化社会的未来人。

问题提出：已知实数x，y满足$x^2+(y-2)^2=4$，则$\frac{\sqrt{3}x+y}{2}$的取值范围是__________.

【考察知识点】

此题出自2020学年第一学期闵行中学数学期末试卷，重点考查学生对直线与圆的位置关系这一知识点的综合掌握程度。作为一道圆锥曲线的中档题，既考查学生对直线与圆锥曲线位置关系的判断和应用，又考查圆锥曲线对学生要求的转化与化归、数形结合等重要的数学思想方法，更渗透了数学抽象、逻辑推理、直观想象与数学运算等数学核心素养。

【常规解题方法】

解法一：数形结合法通过将$\frac{\sqrt{3}x+y}{2}$设为变量t，利用直线与圆有公共点列不等式求解.

设$\frac{\sqrt{3}x+y}{2}=t$即$\sqrt{3}x+y-2t=0$，因为实数x，y满足$x^2+(y-2)^2=4$，所以直线$\sqrt{3}x+y-2t=0$与圆$x^2+(y-2)^2=4$有公共点，又因为圆$x^2+(y-2)^2=4$的圆心为（0，2），半径为2，所以$\frac{\left|\sqrt{3}\times 0+2-2t\right|}{\sqrt{3+1}}\leqslant 2$，

解得$-1\leqslant t\leqslant 3$

解法二：参数方程法直接把圆的直角坐标方程转换为参数方程，进一步利用三角函数关系式的变换把函数的关系式，变形成正弦型函数，继而求出函数的值域。

解：把圆$x^2+(y-2)^2=4$的方程转换为$\begin{cases}x=2\cos\theta\\ y=2+2\sin\theta\end{cases}$（θ为参数），

所以

$$\frac{\sqrt{3}x+y}{2}=\frac{2\sqrt{3}\cos\theta+2\sin\theta+2}{2}=\frac{4\sin(\theta+\frac{\pi}{3})+2}{2}.$$

由于$\sin(\theta+\frac{\pi}{3})\in[-1,1]$时，$\frac{\sqrt{3}x+y}{2}$的取值范围为$[-1,3]$

【学生错因分析】

错因1：未能理解题目实际意义。学生无法将题干中的条件转化为有意义的解题推论，甚至有部分基础较差的同学根本无法理解题中$\frac{\sqrt{3}x+y}{2}$所代表的具体内涵，导致解题时无从下手。

错因2：未能掌握直线与圆位置关系的判断方法。不少学生会把直线与曲线方程通过曲直联立的方法进行求解，而忽略了圆的几何性质，遗忘了使用圆心到直线的距离与圆半径的比较来判断直线与圆的位置关系的方法。

错因3：三角知识点掌握不充分。此题既可以用数形结合的方法，将题中所涉及的代数式转化为直线与坐标轴的截距问题进行求解，也可以通过圆的参数方程转化为三角函数式利用三角函数的有界性进行求解，但学生对三角知识的掌握不充分也使得解题时方法单一，造成解题错误。

错因4：数学运算能力薄弱。学生数学能力的薄弱也是导致题目出错的原因之一，比如解法一分式化整式以及绝对值不等式的化简都是学生易错点，解法二三角辅助角公式化简时特殊角的三角比不熟练也会造成三角式化简过程中出现错误。

【变式题组设计】

根据以上几种学生常见错误原因，设计了以下四个层次相关配套训练，实施分层训练原则，做到有针对性的进行个性化、精准化反馈辅导：

题组1：已知$p(x,y)$为圆$(x-2)^2+y^2=1$上的动点，则$3x+4y-4$的最大值为________.

题组2：已知点$p(x,y)$是圆$(x-2)^2+y^2=1$上的动点，则$\frac{y}{x}$的最大值为__________.

题组3：已知点$p(-1,\ 0)$，圆$(x-1)^2+y^2=9$上的两个点$A(x_1,\ y_1)$、

$B(x_2, y_2)$满足$\overline{AP} = \lambda\overline{PB}$（$\lambda \in R$），则$\frac{|3x_1 + 4y_1 - 25|}{5} + \frac{|3x_2 + 4y_2 - 25|}{5}$的最大值为__________.

题组4：已知实数x，y满足$x^2 + (y - 6)^2 = 9$，则$\frac{x + \sqrt{3}y}{\sqrt{x^2 + y^2}}$的取值范围是__________.

【设计说明】

题组1：对原题简单的变式，对学生的考查点仍是将代数式转化为直线的截距或转化为三角函数式求解，适合基础较薄弱的同学。

题组2：对原题题干中的代数式的进一步变形，将原先的直线型问题转化为斜率型问题，对学生直线与圆的位置关系考查问题更加深入。

题组3：对原题的题干进行更大的修整，考查更多的数学知识点和数学思想方法，进一步提升学生的综合应用能力。

题组4：对原题中所考查的思想方法进一步深入，要解决此题学生除了需要具备扎实的数学知识内容，更需要具备创新能力，将题中代数式提炼为不同的几何形式进行求解，渗透数学抽象、逻辑推理等高层次的数学核心素养。

附：题组训练参考答案：

题组1解：把圆$(x - 2)^2 + y^2 = 1$的方程转换为$\begin{cases} x = 2 + \cos\theta \\ y = \sin\theta \end{cases}$（θ为参数），所以$3x + 4y - 4 = 3\cos\theta + 4\sin\theta + 2 = 5\sin(\theta + \alpha) + 2$.

当$\sin(\theta + \alpha) = 1$时，$3x + 4y - 4$的最大值为7.

题组2解：设$\frac{y}{x} = t$即$tx - y = 0$，其中t表示动直线$tx - y = 0$的斜率，因为$p(x, y)$在圆上，也在动直线$tx - y = 0$上，故圆心到直线$tx - y = 0$的距离小于或等于半径。

故$\frac{|2t|}{\sqrt{t^2 + 1}} \leqslant 1$，解得$-\frac{\sqrt{3}}{3} \leqslant t \leqslant \frac{\sqrt{3}}{3}$，当$x = \frac{3}{2}$，$y = \frac{\sqrt{3}}{2}$时，$t = \frac{\sqrt{3}}{2}$，

故$\dfrac{y}{x}$的最大值为$\dfrac{\sqrt{3}}{3}$.

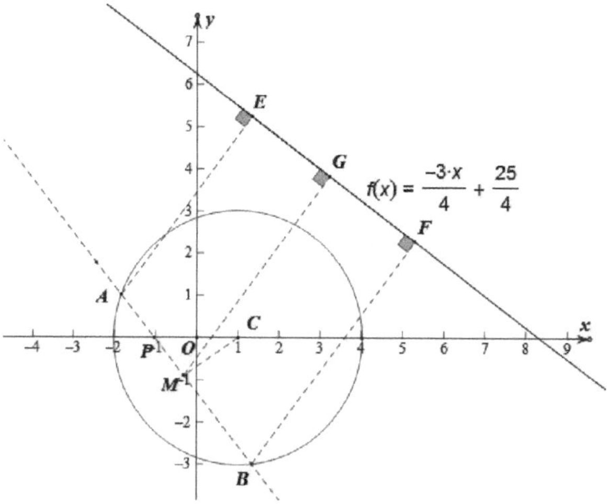

图1

题组3解：如图1所示，设圆的圆心为C，因为$\overline{AP} = \lambda \overline{PB}$（$\lambda \in R$），所以$A$、$P$、$B$三点共线，设AB的中点为$M$，分别过$A$、$M$、$B$作直线$3x + 4y - 25 = 0$的垂线$AE$、$MG$、$BF$，

则$AE = \dfrac{|3x_1 + 4y_1 - 25|}{5}$，$BF = \dfrac{|3x_2 + 4y_2 - 25|}{5}$，则$2MG = AE + BF$，

所以，$\dfrac{|3x_1 + 4y_1 - 25|}{5} + \dfrac{|3x_2 + 4y_2 - 25|}{5} = 2MG$，

因为M是AB的中点，所以$MP \perp MC$，所以M在以PC为直径的圆上，且$PC=2$，即半径为1，圆心为坐标原点O，点O到$3x + 4y - 25 = 0$的距离$d = \dfrac{|25|}{\sqrt{3^2 + 5^2}} = 5$，

所以$(MG)_{\max} = 5 + 1 = 6$

所以$\dfrac{|3x_1 + 4y_1 - 25|}{5} + \dfrac{|3x_2 + 4y_2 - 25|}{5}$的最大值为12.

题组4 如图2所示：

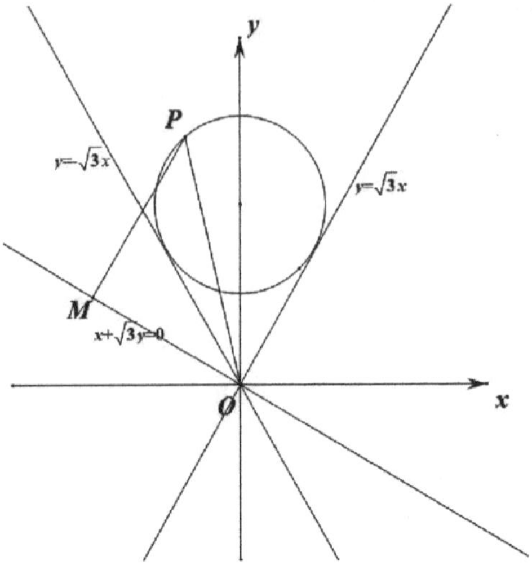

图2

设 $p(x,y)$ 为圆 $x^2+(y-6)^2=9$ 上任意一点，

点P到直线 $x+\sqrt{3}y=0$ 的距离为 $PM=\dfrac{x+\sqrt{3}y}{2}$，

点P到原点的距离为 $PO=\sqrt{x^2+y^2}$，

所以 $\dfrac{x+\sqrt{3}y}{\sqrt{x^2+y^2}}=\dfrac{2PM}{PO}=2\sin\angle POM$，

当圆 $x^2+(y-6)^2=9$ 与直线 $y=kx$ 相切时，

$\dfrac{6}{\sqrt{1+k^2}}$，解得 $k=\pm\sqrt{3}$，所以 $\angle POM$ 最小值为 $30°$，最大值为 $90°$，所以 $\dfrac{1}{2}\leqslant\sin\angle POM\leqslant 1$，即 $1\leqslant 2\sin\angle POM\leqslant 2$，$\dfrac{x+\sqrt{3}y}{\sqrt{x^2+y^2}}$ 的取值范围是 $[1,2]$。

【结束语】

变式训练通常从“概念变式”“题型变式”“方法变式”“思维变式”等几个基本途径入手，使得变式教学既适用于数学概念的掌握和数学活动经验的增长，更能帮助发展和提升学生数学核心素养。作为高中数学教学中一种非常有效的教学反馈模式，变式训练能够更好地让学生掌握新的知识技巧，也能激发学生思考的积极性，提高数学教学质量。如果能够针对不同层次的学生进行系统分析，设计不同层次的反馈训练，相信必将能够引导学生更加深入理解所学的知识内容，提升教学实效，将全面提高学生数学核心素养落实到位，实现“把立德树人作为教育的根本任务，培养德智体美劳全面发展的社会主义建设者和接班人”的终极教育目标。

附2-6 精准作业设计(知识梳理)案例四

基于历史核心素养的思维导图作业设计

上海市奉贤区曙光中学 郑优瑕

法国学者马克·布洛赫曾言“历史学以人类的活动为特定的对象，它思接千载，视通万里，千姿百态，令人销魂，因此它比其他学科更能激发人们的想象力”。由此可知，历史并非死板的史实而构，它包含着人间悲欢以及内在自有的演变逻辑。故而历史学习并不代表着史实的基本记诵，它需要寻找埋藏在浩繁的历史中的主线，把握重大史事的节点、彼此间的连接点，继而寻觅历史演变的内在机理，最终形成逻辑自洽的历史叙述，在此过程中蕴含着学生大量的思维活动。那么，如何构建基本史实的脉络联系？如何将隐性的思维活动再现为可见的思维轨迹？我们不妨引入“思维导图”作为思维再现、验证成效的途径。

一、思维导图的内涵、理论基础、特征

（一）思维导图的内涵

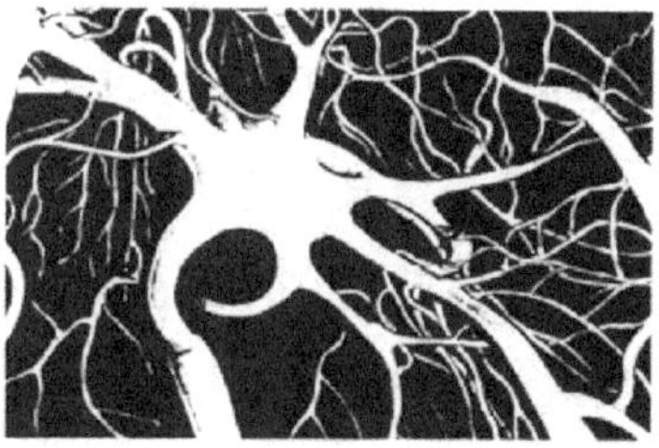

图1.1 脑神经细胞结构

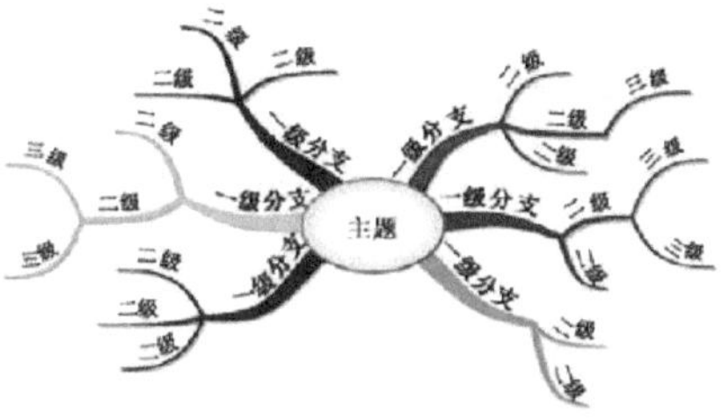

图1.2 思维导图模型

思维导图通常被叫作心智图、脑图等。早在1970年，由英国心理学家、教育学家托尼·巴赞提出。他在《思维导图》一书指出“人类的思维是一种庞大的联想模型，具有无限数据节点，各个节点又可以衍生出无限的思维线条，经过分类与关联的方式把信息储存在脑神经树突上，以此为基础进行联想，联想的序列是无穷无尽的”。在课程学习中，思维导图的本质内涵便是将自己的思维用图画表现出来，以自己所学的概念、主题等为核心，据此放射出诸多分线，枝线连接子概念、知识点，这些子概念、知识点又衍生出其他知识点射线，以此类推无穷扩大，最终以图文网状形态将个人的知识结构与逻辑思维形态具象呈现。思维导图的网状结构与脑神经元网状结构从特征上可以说有很大的相似之处（图1.1，1.2）。

（二）思维导图的理论基础

1.脑科学理论

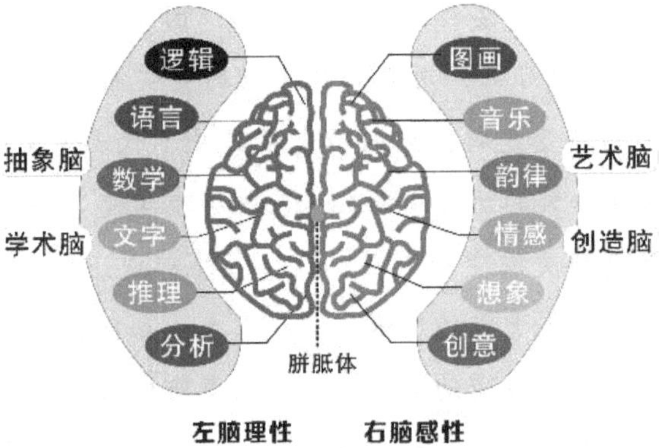

图2　左右脑理论

脑科学是认知科学与神经科学相结合的产物，其目的是揭示人类认知活动的脑基础。20世纪60年代，美国神经生理学家R.W.斯佩里通过实验研究，指出左右脑的不对称性，形成了著名的左右脑理论。如图2所示，左半球擅长语言、计算、数学运算、逻辑等总体而言是抽象分析为主，比较理性；右脑是形象思维，比如图形、颜色、创意等内容比较感性。

思维导图便是基于核心概念、主题，学生将左脑的逻辑、数字、文字等和右脑的图像、颜色、想象、空间等进行协调、整合，最后有机地连结，建构自己的知识网、逻辑链、思维轨迹。

2.建构主义理论

建构主义是瑞士著名儿童心理学家让·皮亚杰提出的一种关于知识与学习的教学理论，从认知心理学派中发展出来。

建构主义理论的内容非常丰富，但它的核心是“以学生为核心，强调学生学习的主动性”，认为“学习不是由教师简单地把知识单向传递给学生，而是由学生基于原有的知识经验，对知识建构、理解的一种过程，学习不是简单被动地接受知识与信息，而是主动地构建知识与信息的意义”。也就是说，学习过程中，教师与学生都当在现场，但是其所扮演的角色不一样。教师在场需要做一个引导者、组织者、辅助者，起着多方面作用，比如成为学生学习兴趣的激发者；创设学习情境，提示学习核心；组织学生讨论，设置引导性问题等。学生扮演的角色是主动的学习者，依据旧有的知识，在教师的辅导之下，能够将新旧知识进行对比、类比、删选、辨析，最后构建出属于自己的知识体系。

那么，思维导图的设计应当从两个维度着眼：教师和学生两个主体。教师是思维导图的设计者，提供核心主题、概念等进行引导。学生是思维导图的绘制者，基于教师的引导，对历史知识进行筛选，寻找联系，整理思维，构建自己认知水平的知识框架。

3.信息加工学习理论

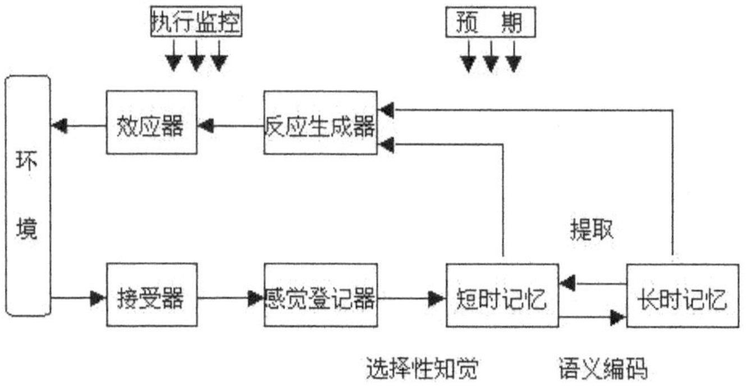

图3　信息加工模式

20世纪60年代，美国教育心理学家加涅认为学习者的学习过程呈现出信息加工的过程。“人类的心理活动与计算机的运算过程相类似，人类的思维相当于计算机的程序。人的大脑好像计算机运行一样，对信息进行接收、存贮、编码、转换、回收和传递。”他提出了一个比较完整和系统的学习信息加工模型（图3）。

从信息加工模型我们可以了解到，学生通过接收器接收到外部环境信息的刺激后，这些信息被转换进入感觉登记器，首先变成的是短时记忆。在这个过程中，除了特别注意的、选择的信息，很大部分的信息会被遗忘。所以，短时记忆保存的信息时间非常短，容量也较少。

从短时记忆进入长时记忆需要经过编码，其实就是利用各种方式把信息组织起来，储存在长时记忆中。要使用信息的时候，需要检索信息库，直接通向反应生成器，对外部环境进行反应；也可以回到短时记忆，对被提出的信息的适切性做进一步考虑。信息加工的水平和深度明显影响记忆效果。信息加工的层次越深，历史知识在学生头脑保持的时间也就越长。

思维导图可以说是信息加工的一种手段，但是对思维导图制作的长短并不意味着记忆成效的好坏，即制作思维导图越长并不一定能达到记忆越好，所以教师需要对思维导图进行一定的教学设计、情境创设，推动学生顺利完成思维导图的制作。同时，思维导图也是检验记忆成效的载体，可以检视学生对历史知识的掌握停留在短时抑或是长时维度。

（三）思维导图的特征

基于思维导图的理论基础，思维导图呈现出以下特征。

（1）梳理性。如果把人的大脑比作信息库，随着时间的流逝，信息储量越来越多，越来越庞杂，以至于头脑的信息长期处于一种无序状态。这可能对新信息接收、处理会产生一定的消极影响，也有可能降低信息回应。我们有必要借助一些工具将杂乱无序的信息进行有效梳理归类，才能应对一闪而过的需求。思维导图便具有这样的效能，将信息系统化，有序化。

（2）记忆性。正如信息加工学习理论所涉，思维导图同样是一种信息加工的工具。用思维导图加工学习信息是多种记忆方法之一。将数据、文字转换为多彩的符号、核心词，有组织的图形，以逻辑线连接起来，使人能够容易地记住信息，将短时记忆转换为长时记忆。

（3）创造性。脑科学理论说明思维导图强调左右大脑的协调，通过协调，开拓人们的思路，发掘创造潜能，促进人们无限联系与创造的天赋。

（4）灵活性。思维导图的制作非常具有个人色彩。每个人的大脑发育、元认知、信息加工能力皆不相同。思维导图提供了个人主观发挥的空间。

二、思维导图的绘制原则

（1）中央图形设置主题、核心概念，突出重点，使人一目了然。

（2）以主题、核心概念为中心，分支呈辐射状发散，可以不断增分支，层次分明有序。

（3）分支中的概念或者知识点可以与主干中的概念、知识点、关键词构架逻辑联系。

三、核心素养与思维导图

尽管思维导图具有诸多优势，但是我们仍然面临着如何有效使用它的困境。高中历史核心素养的提出则为思维导图的运用提供了方向。

《普通高中历史课程标准（2017年版）》提出“唯物史观、时空观念、史料实证、历史解释、家国情怀”五大核心素养。

唯物史观揭示了人类社会发展的客观规律，是认识历史的方法，是看待历史现象背后纷繁复杂的实质的理论依据。比如，它包含了经济基础决定上层建筑，揭示生产力与生产关系，人民群众是历史的创造者，等等。

时空观念是指“对事物与特定时间及空间的联系进行观察、分析的观念”。“任何历史事物都是在特定的、具体的历史时间和地理条件下发生的。只有将史事置于历史进程的时空框架当中，才可能对史事有准确的理解”。“时空观念”旨在促进学生形成史事认识能力，其能力的形成基于准确的时空定位。时空定位包括：（1）时空点，即具体的时间点和空间点，空间主要指地理空间。时空点必定有其对应的客观史事，具有一度性，如甲午战争，发生的时间和空间不可逆，客观存在却又无法重现。（2）时空段，其中的时间包含“中”和“长”时间段。“中时段是一种社会时间，具有局势性的特点，如人口增长、利率波动等；长时间段是一般以百年为段的地质学时间，在相当时间内起到作用的一些因素，如地理格局、气候变迁等”，可以以朝代、古今等作为观察历史的时间单位。空间则不局限于地理，它还具有社会性，包括政治、经济、社会、文化空间，等等。这一时空定位超越“点”的孤立性，而强调时空的流变性、时效性，形成“过去、现在、将来”的时空跨度。

史料实证不仅仅是核心素养的内容，也被认为是“诸素养得以达成的必要途径”。“史料实证”的重要性在于历史的特殊性。由于历史的一度性、不可再现性，人们不得不依靠现存的史料去无限逼近历史真相，它成为现在对话过去的媒介。基于史料的重要性，课标强调史料需“求实”，方能“证史”。史料“求实”包括：集证——通过不同的途径与方法，收集不同类型的史料；辨据——整理和辨析史料，如判断史料的真伪，分析史料的观点，甄别史料在时空上的差异，把握不同史料的联系等。

在时空观与史料实证的基础上，形成不同层次的历史解释：（1）通过时空点的掌握，构建人、事、物的联系，并将史事置于时空点下进行认知，达成“了解之同情”。（2）时空段，在不同的时空框架下，理解历史的变化与延续、统一与多样、局部与整体，最终形成历史评价。值得注意的是历史评价有两大范畴：对史事“过去意义”和“现实价值”的评价。所谓“过去意义”，是历史时代的人所切身感受而发出的意见，是“历史意见”，“现实价值”则是指后人依据自己所处环境和需要评价历史，是“时代意见”。

核心素养的提出旨在发展学生必备的学科能力，培养必备品格。针对前点的学科能力，课标制定了五大核心素养的水平要求，它既是教师教学过程的指针也是学业检测的指挥棒（如下表）。

<table>
<tr><td rowspan="4">唯物史观</td><td>水平1</td><td rowspan="2">能够了解和掌握唯物史观的基本观点和方法，理解唯物史观是科学的历史观</td></tr>
<tr><td>水平2</td></tr>
<tr><td>水平3</td><td rowspan="2">能够将唯物史观运用于历史学习、探究中，并将其作为认识和解决现实问题的指导思想</td></tr>
<tr><td>水平4</td></tr>
<tr><td>时空观念</td><td>水平1</td><td>能够辨识历史叙述中不同的时间与空间表达方式；能够理解它们的意义；在叙述个别史事时能够运用恰当的时间和空间表达方式</td></tr>
</table>

续　表

时空观念	水平2	能够将某一史事定位在特定的时间和空间框架下；能够利用历史年表、历史地图等方式对相关史事加以描述；能够认识事物发生的来龙去脉，理解空间和环境因素对认识历史与现实的重要性
	水平3	能够把握相关史事的时间、空间联系，并用特定的时间和空间术语对较长时段的史事加以概括和说明
	水平4	在对历史和现实问题进行独立探究的过程中，能将其置于具体的时空框架下能够选择恰当的时空尺度对其进行分析、综合、比较，在此基础上做出合理的论述
史料实证	水平1	能够区分史料的不同类型；在解答某一历史问题时，能够尝试从多种渠道获取与该问题相关的史料；能够从获得的材料中提取相关信息
	水平2	能够认识不同类型的史料所具有的不同价值；明了史料在历史叙述中的基础作用；在对史事与现实问题进行论述的过程中，能够尝试运用史料作为证据论证自己的观点
	水平3	在探究特定历史问题时，能够对史料进行整理和辨析；能够利用不同类型史料，对所研究的问题进行互证，形成对该问题更全面的解释
	水平4	能够比较、分析不同来源、不同观点的史料；能够在辨别史料作者意图的基础上利用史料；在对历史和现实问题进行独立探究的过程中，能够恰当地运用史料对所探究问题进行论述
历史解释	水平1	能够辨别教科书和教学中的历史解释；能够发现这些历史解释与以往所知历史解释的异同；能够对所学内容中的历史结论加以分析
	水平2	能够选择、组织和运用相关材料并使用相关历史术语，对个别或系列史事提出自己的解释；能够在历史叙述中将史实描述与历史解释结合起来；能够尝试从历史的角度解释现实问题
	水平3	能够分辨不同的历史解释；尝试从来源、性质和目的等多方面，说明导致这些不同解释的原因并加以评析
	水平4	在独立探究历史问题时，能够在尽可能占有史料的基础上，尝试验证以往的假说或提出新的解释
家国情怀	水平	略

四、历史思维导图作业的设计与实践

历史核心素养的提出及其水平的划分意味着思维导图作业的设计绝非信马由缰毫无依据。历史核心素养的提出使得思维导图作业超越了“知识梳理”这一层次。基于核心素养的思维导图设计，不仅能够促进学生唯物史观、时空观念、史料实证、历史解释思维的形成，也可以窥得学生的思维水平。

（一）基于唯物史观的思维导图设计

华东师范版本高中历史第四分册第二单元《早期资产阶级革命》包含《英国革命》《美国独立战争》《法国大革命》《启蒙运动》四课。对整个单元进行整体把握会发现本单元有一核心课，即《启蒙运动》，由此构架出单元各课的内在联系“启蒙运动高扬理性大旗，引导人们向现代社会前进，为近现代世界各国的变革提供了锐利的思想武器。英国通过内战、‘光荣革命’，建立君主立宪制，使政治分权学说在理论上日臻完善，在实践中得到论证；独立后的美国将‘三权分立’付诸实践；法国大革命给整个欧洲封建统治沉重打击，使自由、民主与平等思想广泛传播”。基于各课内在逻辑的梳理，提供学生一个核心主题“启蒙运动与早期资产阶级革命”，据此学生进行思维导图的制作，制作结果主要呈现两种面相（见图4.1、图4.2）：

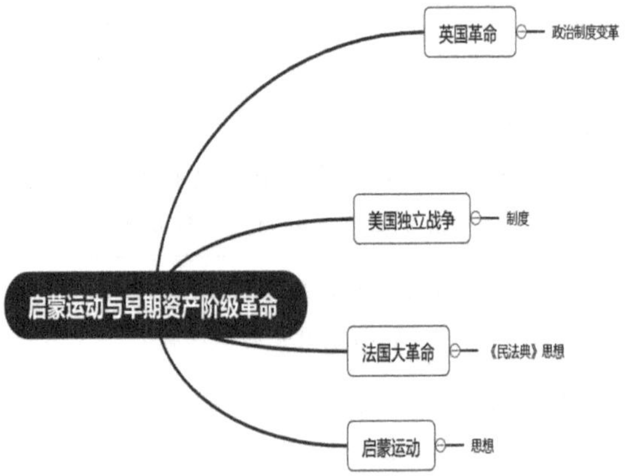

图4.1　A同学

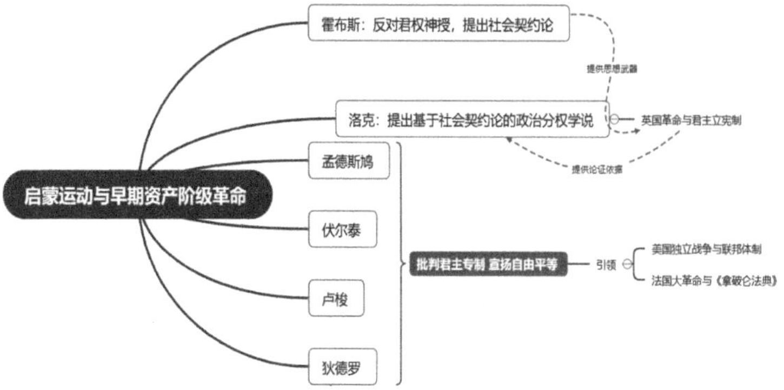

图 4.2 B同学

本次思维导图作业所提供的核心主题“启蒙运动与早期资产阶级革命”，其中“与”字内含着“思想”与“革命”之间的关系——“思想是时代的产物，又反作用于时代”，这是唯物史观的一种。由此可知，学生拿到这个核心主题，在制作思维导图之前首先需要审题，然后再是结合自己所学，围绕主题进行绘制。从两种思维导图绘制的结果来看，A同学仅仅罗列单元的二级目录，进行知识点的衍生；B同学则是抓住核心，构建联系。但并不能因此评判A同学的思维导图是错误的，只是相较B同学的结果，A同学仅仅停留在知道基本史实这一层次，B同学达到了唯物史观3–4的水平要求。思维水平孰高孰低一目了然。这样的差异性也为后续差异性教学提供了有力的证据。

（二）基于时空观念的思维导图设计

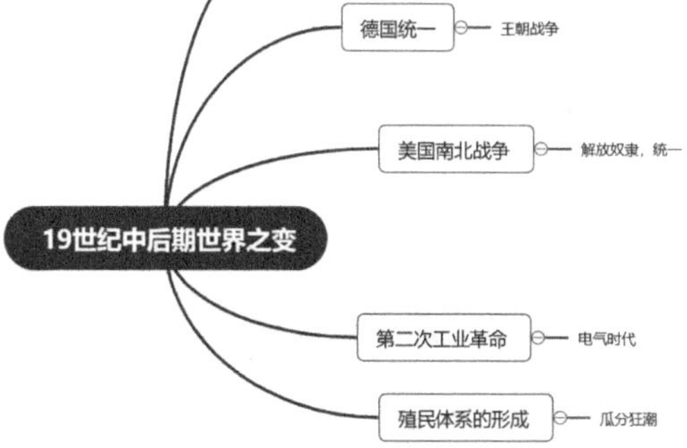

图 5.1 A同学

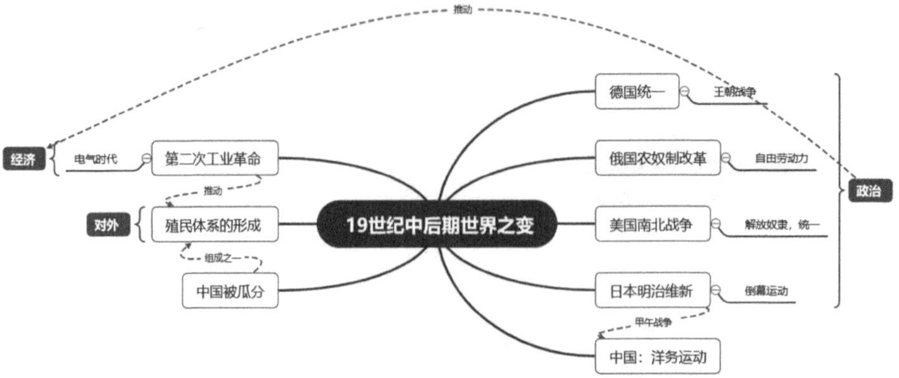

图5.2　B同学

正如前文所提，时空包含着“时空点”和“时空段”，这意味着基于时空观的思维导图的设计具有两个基点。在人类发展历史的长河中，当时的人往往不知道历史发展的趋势，所谓重要时间点与时空段皆是后人回望之后的划分。其中在中外历史发展史上19世纪中后期被认为是整个世界政治、经济等各个维度大变的时代。由此给出思维导图制作的核心主题“19世纪中后期世界之变”。

在“19世纪中后期世界之变”的思维导图设计中，我们同样可以看到不同的思维呈现结果。实质上“19世纪中后期世界之变”这一主题饱含着时空的两个维度：时间——19世纪中后期；空间——世界。这一时空定位让我们整体把握世界之变：政治上，美国南北战争结束，废除奴隶制，维护了国家统一，巩固资本主义制度；德国通过王朝战争实现德意志地区的统一；俄国农奴制改革提供大量自由劳动力；日本通过倒幕运动，政归天皇，开始明治维新；同一时期的中国进行着轰轰烈烈的洋务运动，这是个革命的时代也是个改革的时代。政局日趋稳定为工业革命的深入发展提供了政治条件，70年代欧美日国家先后进行第二次工业革命。伴随着第二次工业革命，为了获得更多的原料场地与市场，以及交通运输医药等领域的突破，令列强掀起瓜分狂潮，建立殖民体系。最终19世纪末，资本主义世界体系建立，世界市场确立，中国为代表的亚非拉国家彻底沦为列强的附庸。这样的时空定位意味着学生需要突破单元的范围，而将视野放得更为宏观。A同学仅仅关注了欧美日列强的变化，B同学则是看到了空间涵盖东方与西方，通过政治、经济、对外的角度建模，同时试图寻找到各个模型之间的逻辑联系，达到了时空观念水平3的层次。

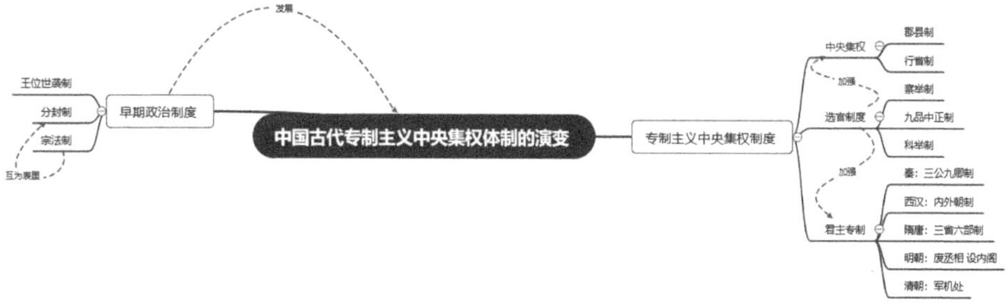

图6

19世纪中后期虽然是一个时间段，但是放在长时段来看，它依旧是时间点。如果在放宽视野的话，我们可以将整个中国古代史作为时间的尺度，将历代王朝作为空间的点位，不妨设立“中国古代专制主义中央集权制度的演变”（图6）、“中国古代对外交往”“中国古代文化交流”等核心主题，令学生尝试思维导图的绘制。

（三）基于史料实证的思维导图设计

华东师范版本第二分册中国古代史第一单元《从史前到殷商社会》包含《中华文明的摇篮》《文献与考古中的夏文化》《商朝与青铜文化》三课。除了基本史实以外，其实传达着如何认识历史即史学思想方法。本单元揭示了神话传说、传世典籍、考古遗迹、遗址的史学意义、证据价值。把握证据链的构建，意识到孤证不立，达成二重证据法的渗透。故而本次思维导图设立的核心主题是“如何认识史前时期到殷商时期的历史”。学生结合自己所学，在整体把握单元内容的基础上绘制如下思维导图（图7）。

图7

在此，学生基本上能够梳理出认识历史的途径，不过在这张思维导图当中只看到了直观的路径，而没有构建出路径之间的关系。比如得出：史料要具有信度和效度，或者增添“互证”一词，那么将会更好。值得注意的是，由于“史料实证”的特殊性，在思维导图很难深入践行，目前只能落实到水平1的层次。

（四）基于历史解释的思维导图设计

相较“史料实证”，“历史解释”反而能够在思维导图的绘制中得到充分的落实。比如图4.1“启蒙运动与早期资产阶级革命”，图5.1“19世纪中后期世界之变”，学生思维导图的绘制只是罗列了单元核心概念，呈现出思维水平较低的情况，大致停留在水平1—2的层次，但是即使是这种平铺直叙也是一种历史解释，反映了部分学生对这段历史的看法与解释。图4.2“启蒙运动与早期资产阶级革命”，部分学生试图构建思想与革命之间的互动关系；图5.2“19世纪中后期世界之变”部分学生试图在政治、经济、对外方面建立全球变化的内在联系,这些关系的构建就蕴含学生更高层次的历史理解与解释。所以，我们看到，在思维导图绘制过程中，已然呈现出或者也在推进着不同层次的历史解释水平。

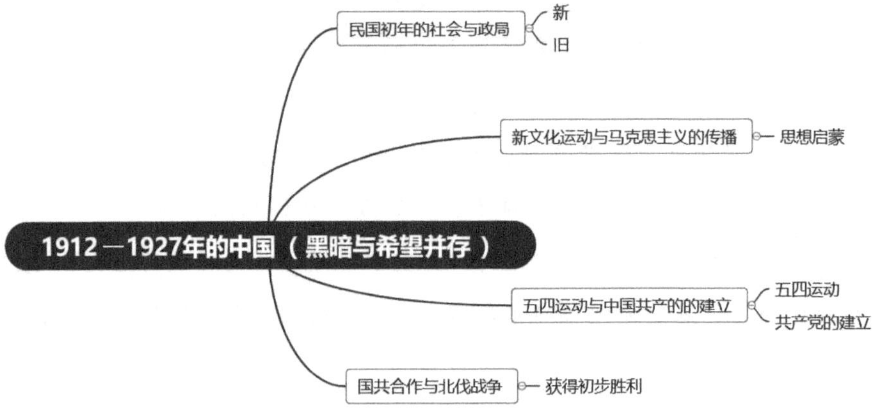

图8.1

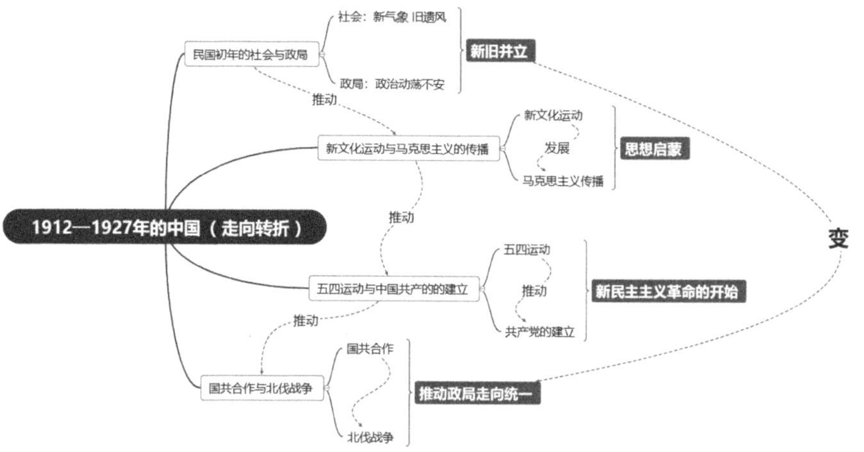

图 8.2

不过，值得注意的是，这些思维导图作业的设计呈现出同一模式，即由教师给予核心主题概念，再由学生由此出发，发散思维进行绘制。这个过程可能出现“结论先行”的缺憾，因为“核心主题概念”本质是教师对历史的理解与解释。那么，这一缺憾如何解决呢？如何更有效地落实历史解释呢？我们可以尝试设计新的思维导图的范式。如华东师范版高中历史第五分册第六单元《中国民主革命的转折》包含《民国初年的社会与政局》《新文化运动与马克思主义的传播》《五四运动与中国共产党的建立》《国共合作与北伐》，教师给与的核心主题概念是“1912—1927年的中国”，在此仅仅确定了时空范畴并不包含评价词，留白并要求学生填入对这段历史的评价。

两位学生对单课中的子目，单元下辖的课与课之间的梳理，出现了不同的情况。图8.1选择对每一课的历史影响、结果进行评价总结；图8.2再下沉一个维度：首先梳理单课当中各子目（各史事）的关系——是并立还是因果、推导；其次对每个阶段的历史大事的结果、影响做出总结与评价；再次把握课与课之间的关系，得出从民国初年的政局乱象到北伐战争，已经发生了变化；最终得出，中国革命进入转折时期。我们发现相较图8.1，图8.2进行了不同维度、不同层次的史事评价，由此图8.1对1912—1927年历史的把握，仅仅基于这15年；图8.1能够做到瞻前以及顾后，把握到中国革命发展的趋势，更为深刻。

在思维导图作业设计中，呈现出两种模式：（1）给予核心主题概念，学生以此为基点发散思维绘制思维导图。（2）留白核心主题概念，学生以知识梳理为基础，进行核心概念的填充。不论是何种方式，都是因为要落实的核心素养不同，所采取的方式不同罢了。从绘制者学生的角度来看，对思维导图的绘制往往会因为诸多变量呈现出不同的结果。由此教师得以窥得低阶层面的——学生知识掌握情况；高阶层面的——核心素养的达成水平。据此教师可以做出多方面的自省：了解学生思维水平（在历史学习中，高阶思维还是低阶思维的学生占主导），制定符合学情的教学目标，采取适切的教学方式；及时检视教学目标的达成状况，进行教学反思，调整教学目标、内容、方式；精准定位薄弱内容，按需查缺补漏。

（三）精准课后辅导

1.定员反馈

课堂教学与课后辅导作为不同的教学活动环节，在精准教学中起到了重要的作用。课后辅导是课堂教学的延伸和补充。课堂教学更多的是面向学生群体的大多数，注重课堂效率，聚焦核心知识、易错点和难点，关注学生的思路和方法，往往过滤掉学生“不讲也懂的”“讲了也不懂的”知识与内容。而课后辅导针对学生个体。课后辅导不是课堂教学简单的课后重现，教师不应该将课堂上的教学内容在课后向个体学生进行重复讲授，而应该充分激活学生的个体身份。在课后辅导环节中，教师应多听少讲，让学生个体将课堂教学内容进行反馈，让学生对解题思路进行表达，然后共同找出学生思维的熔断点、知识的空白点，并共同探讨出问题解决的方案。此外，课后辅导也是课堂教学的依据和参考。教师对学生进行个性化的课后辅导的过程也是采集学生知识掌握、思维能力等方面信息的过程，也是收集关于课堂教学有效性的第一手资料的过程：课堂教学目标是否达成、课堂教学内容是否合理、教学环节设计和课堂组织是否有效等。通过对学生的精准辅导，教师可以找到课堂教学存在的不足，特别是预设的教学环节和活动存在的瑕疵和纰漏，并在此基础上反思自己的课堂教学设计，改进自己的课堂教学。

2. 自主辅导

精准课后辅导不仅需要“过关式”定员反馈，也需要“门诊式”自主辅导。所谓“门诊式”自主辅导指的是学生自主提问，教师个性辅导，其为学生发展提供尊重差异、满足个性的有力支撑。“门诊式”自主辅导首先能够激发学生自主学习的动力。通过设定不同层次的知识、能力目标，设计满足学生个性和习惯的方法和路径，培养不同学力学生的学习兴趣，最终促进学生在各自的起点上提升学习能力。“门诊式”自主辅导同时也能够促进师生情感交流。个性化辅导让学生相关的知识、技能、能力得到提升，通过点对点近距离的深度交流既有利于学生心理疏导，也有利于学生正确的情感、态度、价值观的形成。对于教师来说，自主辅导的过程既是和学生交心的过程，也是增强职业价值认同、职业归属感的过程。

附2-7　精准课后辅导案例

以个性化答疑促进学生英语学科能力提升

上海市奉贤区曙光中学　沈雨薇

一、引言

虽然新课程改革已有些时日，但我们仍可以深切感受到在课堂教学存在很多无效或者低效的教学行为：教师教得辛苦，效果不佳；学生学得辛苦，收获甚少。这一问题除了教师对当堂课的教学内容和环节预先设置和实施存在问题之外，还有一个客观性因素存在，那就是每一个学生的学习能力、语言水平、认知结构、性格特征是具有差异的，因而通过一节课面向所有学生进行有效教学的目标难以达成。

“以生为本，因材施教”的教学理念得到了越来越多的教学工作者的一致认可，立足培养学生个性发展的个性化教学也应运而生，运用到了高中英语课堂教学中。但是，在有限的课堂教学的时间里，能设置并落实分层性教学辅导是很难实现的，所以有效地利用个性化课后辅导能更好地促进“因材施教”的理念在高中英语教学中的实现。

二、个性化课后辅导的意义

由于个体学生在知识技能基础、理解能力、思维能力、学习方法、学习兴趣等方面存在着差异，所以40分钟内获取知识的程度也就不同。以往的教学模式中，教师往往关注和强调学生的课前预习和课中学习的表现，但没有关注到课堂之后与课堂之外学生真实的习得，因而无法保证学生真实英语能力的夯实与提升。

因而，教师进行课后辅导对课堂教学进行延伸、辅助、补充课堂教学，是弥补个体差异的有效方式，更是教学系统运行的重要环节之一。除此之外，个性化的课后辅导不仅能让老师更了解学生个体的真实学习情况，利于后续的课堂教学和作业的预设与安排，因材施教；又能沟通师生感情，了解学生真正的学习心理感受，及时帮助学生重拾英语学习的兴趣和信心。这一点也应和了英语学科能力中强调除了英语学习的方法策略外，还要关注英语学习的正确认识和持续兴趣。

三、个性化课后辅导的形式和策略

一般情况下，课后辅导重点在于解决差异性较大的学生群体的学习要求，大致分为“辅优”与“基础提升”两方面。主要内容有：解难答疑、堵漏补差、扩展提高、学法指导等。

因而，个性化课后辅导的主要形式是师生“一对一”个别辅导，利用不同时段对个别学生加以指导、引领或梳理；或者“一对多”的过关形式，将拥有同一类问题的学生组合在一起形成一个学习小组，可以在效率上提高。另外，通过组织学生之间的互助小组的合作形式来促进学生的自主学习和解决问题的能力，必须要事先制定好辅导的重难点和对象，所以我们需要接入数据采集和分析，避免因盲目而造成的无用之功。因为是针对每节课或每一阶段的任务进行的课后辅导，所以课后辅导必须要有时效性，必须做到精准扎实，有的放矢。

不论采取师生或生生的过关或合作形式，都需要教师遵循几个基本策略，使得个性化课后辅导发挥效用。

（一）分层分类，尊重学生个体差异

每个学生都是独特的个体，教育的作用不是消除差异，而是承认并尊重差异。因材施教的核心要求就是具体问题具体分析，因而要对每个学生的现有水平通过诊断性测试和准确的数据搜集来进行判断，并相应地设置切实可行的教学目标。

在每天的常规默写中，我们通过中午的午自习时间会给学生默写的反馈，而学生会相应根据默写的错误个数得知自己的订正和重默的结果。利用平时对学生默写的反馈情况，可大致将学生分为两类，一类是记忆能力强，认真踏实；一类是记忆能力比较差的同学，这类同学的默写反映的问题主要是单词拼写的错序以及完全默不出，通过个别的沟通，也发现他们的集中问题是记忆单词与词组时，本身记忆能力差；记忆方法差，逐字背诵不读单词，不联系原文出处的语境。

因此针对后一类学生的情况在重默的环节中，教师需要与他们沟通挖掘其记忆难点是什么，并结合相应的根源确定后续的重默方式。比如，原先利用逐字记忆的同学，应当引导其采取一对一的口头过关方式，给学生一定时间朗读每个单词，并且在有问题的部分进行纠音，并引导学生关注词汇中的音节部分，在口头朗读时有意识地把音节分开慢读，可以帮助学生对单词的读音和拼写有更明显感知，之后针对较长的单词，以英语读音的方式让学生辨识，再回到中译英的识记。

（二）多听少讲，发现学生知识熔断点

除了一些知识记忆型的课后辅导外，针对学生英语阅读和语法练习的课后辅导，不管是口头的还是书面的，都更侧重于学生的讲述。英语学科每周都会有以阅读为主的一些练习测试，我们会依据学校的极课大数据，在课前获取学生准确的详细数据，并针对所有同学的高错题在课中进行具体讲解。

针对平均分下的同学来进行门诊式讲评过关，主要是分为两类情况的学生：一类学生的问题主要是围绕课堂的高错题，所以课后主要通过学生对课堂内容的复述和原因的推演，检验学生的课堂记录内容的多少和消化理解程度；另一类学生还会出现一些低错题，那么就需要对他们的要求是对做题过程进行复盘，尤其阅读中很重要的对文本主旨的解读和题目信息的文本定位与解读，由过程的复盘，大部分同学可以发现自己的做题过程中的失误或者对个别信息的错误理解，同时能强化学生对这类题目的做题方法和要求的印象。

阅读的过关式个性化辅导是主要集中在课间和午自修的时间段，但是时间是有限的，所以在针对语法类内容课后辅导时，我主要利用的是学生的语法错题本的检查。学生需要通过对语法错题细致的圈画和详尽的句子翻译和原因分析，用严密的逻辑来解释这里出现的语法现象，并举一反三。当学生对某一语法点的解释是错误的或者是无法进行而做出标记时，我会再和学生约定时间进行一对一的详细分析。

（三）架设台阶，培养学生学科思维

在教学过程中，我们经常会发现学生在听讲解的过程中听得很明白，但是到自己解题的时候，就无从入手。当上述的情况在阅读或者语法题讲解中出现时，说明学生并没有真正找到解决问题的切入点和思维转折点。所以为了学生能够真正地解决问题，让他们具有一个完备的思维模式，就要让他们自己对一些复杂或同类型的问题提出自己的疑问和并通过观察、思考和分析一步步获得自己的答案。

例如，在高中语法从句讲解部分，每一个从句解读的时候学生都学得很清楚，但是在做综合性从句训练时，很多学生就被that的用法迷了眼。that既可以是定语从句的关系代词，又可以是同位语从句的引导词，这个时候老师直接的教授并不能加深学生对这一知识点的深刻理解，不如让这些对该知识点模糊的同学通过实际的语境例句去发现句子之间的异同，再回归定义本身让学生去进行最后的判断，通过自己的思考解决的问题将会帮助他们解决许多同类型的问题。

比如通过两句例句的呈现：I heard the news that he told her. I heard the news that he got the first in the race. 学生会发现两句话的that前主句部分是一

致的，而前句 that 之后是一个缺成分的类似句子的结构，he told her 的应该根据句意理解是 the news，那么意味着 that 在这里充当了 news 的代词的功能同时引导了一句从句。这些信息的获取通过学生的观察和老师的不断设问，接下来学生可以很快通过回忆起关系代词的定义判断这是一句定语从句。而另一句话通过句子的解释可以发现 he got the first in the race 是 the news 的具体内容，所以根据定义这是一句同位语从句。通过例句的解读和异同比较的方式，可以让学生举一反三，列举在课文中碰到的定语从句和同位语从句，甚至根据学生实际情况可以进行个性化造句。

英语是一门语言性学科，实践性非常强，只有让学生在语言交流实践中才能提高学生综合运用语言的水平。所以除了一对一搭设桥梁的门诊过关式课外辅导外，还可以通过合作交流学习，实现更紧密的师生和生生互动，学生可以在交互交流中运用语言知识、促进语言知识的学习。老师要充分发挥引导者的作用，在交流合作的前期引导学生进行主题、内容和形式进行设计，发挥学生主观能动性，并在交流中放手让学生进行合作交流，教会学生积极表达自己的观点、善于总结和归纳。

教师需要注意，根据不同学情加强或者削弱自身的“存在感”，例如在高一时学生基础知识并不牢固，无法形成良好的“生生互动”，教师则需要搭设更多结构框架辅助学生完成内容交流。而到了高三，教师则不需要过多参与，因为高三时学生的英语结构和语言能力已经比较扎实，所以针对学生答疑中反复出现的错题难题，让学生去解答学生的问题，提高自主性，提高举一反三的能力。它不仅可以方便学生之间互相交流和协作，还可以及时地把自己的想法和他人进行沟通。对大家不理解的知识点进行问题讨论，可以集思广益，想到更多、更好地解决思路和方案，学习到更多的知识，而且对于知识的了解也会更加透彻，开阔视野，拓宽知识结构。这样学生的学习能动性会比较高，学习效率自然就高了。

（四）注重激励评价，提升学生学科自信

注重教学形成性评价，关注学生英语学习需求，运用激励的方式丰富教学，能有效增强学生英语学习的自我效能感，能更多体现教师的教学智慧，帮助学生保持高涨的学习激情和热情。

很多需要进行一对一答疑课后辅导的学生身上共有的特点就是对英语学习的兴趣和自信心非常低，其根源在于其原先英语学习基础的薄弱，以及在课堂中难以紧跟课程或是作业完成上的挫败感，所以利用课后辅导的时间段，除了解决学生学科能力和学法指导以外的问题，还要对他们的过程性评价有更多元的维度。

例如，围绕学生的自觉主动性和情感态度来进行评价。很多学生在初期过关式往往是需要老师点名道姓，但是在过程中他逐渐产生兴趣，在答疑过关的频率和自觉性上提高，展现出了他们英语学习的积极情感态度。这时，教师需要敏锐地发现学生的改变并及时给予正面评价。另外，多评价学生在团队协作中的表现和沟通或与老师主动交流自己想法的表现等，都可以作为一个维度的评价标准。比如，有的学生对文本阅读的主旨和作者的写作意图这类具有主观评价的类型题，可以通过文本依据和个人理解，对题目做合理的推断以及有逻辑的解释，那么这就是他们真正英语学习自主性的开始，老师应鼓励学生的这样的想法和行动，但这要通过探讨和沟通的方式达成最后统一的正确认知。

四、结语

随着因材施教理念的不断深化影响着英语教学，教师应该立足于学生的具体情况，结合教学大纲的要求，实施分层教学与个性化教学，促进每一个学生都学有所成。除了传统教学中对于课前和课中的设计和关注之外，更要关注课后的内容延伸和辅导，通过这些形式以及策略的个性化课后辅导，可以更精准地了解学生课堂上的吸收能力和对重点问题的理解，增加对学生的过程性评价。这也可以帮助老师课后对课堂有更精准深入的反思，并在未来同类型课程的预设和安排上更有针对性，从而让学生课堂的学习效率更高。此外，我们会更切实地了解到学生的学习生活和他们对学习的态度和观感，进而更有针对性地提升学生的英语学科能力。

高中英语教学向来具有知识体系庞大复杂、单词容量高等特点，因此许多学生面对英语产生了畏难的情绪，教师如果不懂得在教学形式上积极改变，以适应学情特点的方式有效激发学生学习英语的热情，提升学生学科能力，那么必然会落入教师与学生双难的困境与窠臼，而多样化的课后辅导则是打破这一困境的有效途径之一。

第三章　一核双驱三融合课堂教学设计

步入新时代以来，社会发展愈发日新月异，多元信息蜂拥而至，文化价值包罗万象。如何培育出肩扛历史使命的时代新人，关乎国家的希望、民族的未来。对此，学校教育承担着艰巨的责任，而课堂教学作为学校教育最重要、最基本的构成部分，是学校育人的主阵地、主赛场、主跑道。为了进一步优化课堂教学结构、满足新时代对于人才培养的需求，我校积极探索“一核双驱三融合”的课堂教学实践与研究。

一、一核双驱三融合课堂概念

（一）一核

课堂教学目标设计围绕立德树人根本任务，指向各相关学科的学科核心素养以及中学生发展核心素养。课堂教学目标设定体现国家意志，严格遵守国家课程标准，且符合学校的学生实际；课堂教学目标设定基于各相关学科的知识与技能，凸显过程与方法，有利于学生正确的情感、态度、价值观的形成。

（二）双驱

课堂教学环节设计以核心问题或关键任务促使教与学方式的改变。其中，问题驱动（或问题链驱动）体现课堂教学设计的思维导向，任务驱动体现“做中学”的学生主体参与。问题和任务的设计需聚焦学科核心概念，具备挑战性、探究性等特点。

	教师	学生
问题(任务)设计	1.研读教材内容 2.收集学情信息	
问题(任务)实施	发挥主导作用	1.通过讨论、交流、探究等方式发挥主体参与 2.运用所学知识建立联系 3.提出解决方案、个性化表达、成果展示
问题(任务)评价	教师评价	自评、小组互评

（三）三融合

课堂教学实施中体现学生主体与教师主导相融合。一方面，能够唤醒学生学习动机中的主体意识，发挥学生的能动性、创造性；另一方面，教师能够充分履行学生学习组织者、引领者、协同者、促进者的角色。

课堂教学实施中体现夯实“三基”、培育思维以及提升能力相融合。夯实“三基”指的是：教师在课前充分采集学情数据，课堂教学组织精准有效，课堂知识结构合理，重点难点突出，课堂语言精准精炼，板书设计合理、演示到位。培育思维指的是：有效联系学生生活实际和社会实际，以驱动型问题或任务培育学生综合、评价和创新等高阶思维。提升能力指的是：创设有助于师生对话、沟通的教学情境，营造和谐、互助的学习氛围，激发学生学习兴趣；组织形式多样的讨论、交流、评价、探究活动，培养学生发掘问题、解决问题、知识迁移、应用和创新的能力。

课堂教学实施中体现自主、合作、探究相融合。在学生的课堂参与态度上体现自主性，即学生主动学习意识明确，并且能够有学习行动的跟进。在学生课堂参与广度上体现合作性，即不同学力及基础的学生参与学习的全过程，有充分的时间、空间的保障和有效的合作。在学生课堂参与深度上体现探究性，即学习体验和任务设计层次清晰、由浅入深，学生思维品质和能力有所提升。

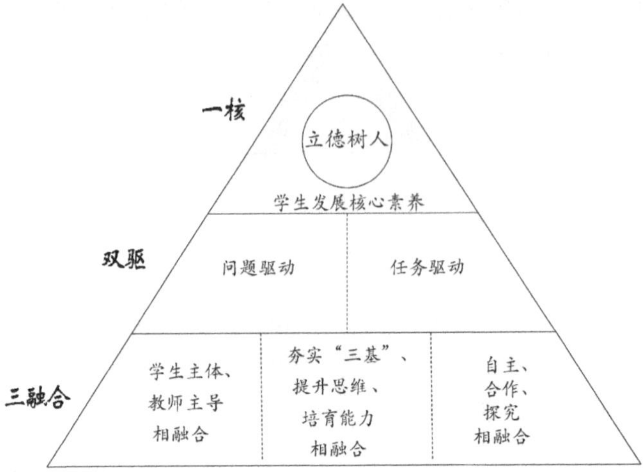

图3-1　一核双驱三融合内容

二、核心素养指向下的课堂教学设计

所谓核心素养（中国学生发展核心素养）指的是“学生应具备的适应终身发展和社会发展需要的必备品格和关键能力”，包含了人与自我、人与他人（社会）、人与事物关系中的自律、公德、责任等人性及行为，以及阅读、思考、表达等基础能力。具体凝练为文化基础、自主发展、社会参与三个方面，人文底蕴、科学精神、学会学习、健康生活、责任担当、实践创新等六大素养。核心素养是党和国家的教育方针的具化，是承接宏观教育理念、育人目标与具体的教育教学工作的中间环节，在中观层面有效推动国家立德树人根本任务的落实落地。各学科核心素养的提出既是对中国学生发展核心素养的细化和延展，也是中国学生发展核心素养达成的铺垫和阶段性目标。学科核心素养是中国学生发展核心素养在各个学科中的具体化，是学生学习某门学科或领域过程中形成的具有学科属性的必备品格和关键能力。因此，在日常学科教学中以学科核心素养为指向进行教学设计，在微观上具有很强的可操作性，在中观上可以对接中国学生发展核心素养，在宏观上有利于国家立德树人根本任务的有效落实。

核心素养指向下的课堂教学设计关注的不仅是学生知识、技能、能力的获取，更聚焦情感、态度、价值观的形成以及思维、思想、精神、人格的塑造。为了促进教与学方式的变革以及教学目标和育人目标的有效落地，我校通过任务驱动型课堂教学设计和问题驱动型课堂教学设计（双驱），积极开展核心素养导向下的教学设计实践与研究。

（一）任务驱动型课堂教学设计

任务驱动型课堂教学的起点是教师设计任务、创设情境。其中，任务的创造性预设不仅是教师专业能动性的集中体现，也是整堂课能否达到教学目标的关键。任务的设计需要建立在吃透教材内容，掌握学生学情（包括知识、能力水平及学习态度等）的基础之上，能够遵循学生认知规律、面向学生全体并尊重学生认知差异，激发学生学习兴趣，调动学生学习主动性。情境的创设是任务设计的重要环节。所设计的情境既要符合学科属性又要基于真实情境或模拟真实情境。一方面，学科属性可以挖掘任务的深度、提升任务的高度；另一方面，真实情境可以增加任务的带入感，提高学生的参与度。任务驱动型课堂教学的着力点是合作学习、自主探究。在任务实施的过程中，传统的教师和学生的角色得以转换。教师不再单一地充当知识的传授者、灌输者，而是成为学生学习活动的组织者、引导者甚至合作者。学生的主体参与和体验得以重视，学生学习的过程（包括失败的经历）也得以尊重。任务驱动型课堂教学的落脚点是成果展示、评价总结。任务驱动型课堂评价采取学生自评、小组互评、教师评价等方式，不仅注重结果性评价（任务成果），更关注过程性评价（关注学生学习的过程）。

（二）问题驱动型课堂教学设计

问题驱动型课堂教学设计遵循人们对事物认知的普遍规律，即“发现问题、分析问题、解决问题”，将学生的学习过程同问题相结合，通过问题的探索来激发学生学习的兴趣、提升和培养学生思维能力。问题驱动型课堂教学设计围绕问题的设计展开。首先，问题的设计需要体现思维导向。教师需找到学生思维发展的起点，并以此为基础预设思维的逻辑终点（高点）。其次，问题的设计需要符合学科属性。教师需根据教学内容提炼学科核心概念，并以此为基础设计一堂课的核心问题，推动教学活动的展开以及学生在教学过程中的深度参与。此外，问题的设计需要具有逻辑性和层次性。在确立核心问题的前提下，教师需充分考虑学科知识内部的逻辑顺序，设计层次清晰、层层递进的子问题，形成基于核心问题的问题链，始终抓牢学生学习的兴趣，推动学生持续学习。

附3-1　核心素养指向下的课堂教学设计课例一

《鸿门宴》教学设计

上海市奉贤区曙光中学　罗依芸

教学说明

叶圣陶先生曾说过："语文是工具，是人生日用不可缺少的工具。"实际上，语文课堂就是将语文学科这一工具性和人文性的学科特征展现和表达的载体，而语文学科核心素养则为学生发展核心素养和课程教学之间的桥梁。根据最新的《普通高中语文课程标准（2020年修订）》，语文学科核心素养被凝练和明确为四个方面——语言的建构与运用、思维的发展与提升、审美的鉴赏与创造和文化的传承与理解。

实际上，这四个核心素养的培育不是一堂课的教学所能实现的，也不是几堂课的教学所能实现的，它们作为语文课程的内核，应该被贯穿在整个高中的语文教学中。因此，作为语文教师，我们需要思考：如何在大视野的视域下，以立德树人为总目标，在高中阶段的语文教学中通过一篇篇的文本教学来实现对学生四大核心素养的培育。由此，课堂生成之前的备课工作就尤为重要了。不管是教材分析、学情分析，还是教学目标的设定，都需要围绕着这个重要问题来反复打磨。如我对本学期第三课《鸿门宴》一文的备课，就是我由这个核心问题出发而进行的一些思考。

《鸿门宴》是部编版高一第二学期第一单元的第三课。本单元的其他课文分别是第一课的《子路、曾皙、冉有、公西华侍坐》和《齐桓晋文之事》，以及第二课的《庖丁解牛》和《烛之武退秦师》。这一单元的主要篇目均选自诸子学说及经典典籍。单元学习任务即希望学生通过阅读这些作品，了解中华文化的一些重要理念，领会其中包含的人文精神，深化对文化传统的认识，增强文化自信。

《鸿门宴》选自司马迁的《史记》，属于史传类文学作品。在沪教版教材中位于第五册，即高三第一学期的课文，而部编版将其放于必修下册，即高一第二学期的第一单元中。高一的学生目前的知识储备和知识容量不大，但《鸿门宴》这一选篇却并不简单，学生学情的不同意味着教学任务及教学目标的改变。事实上，正如本单元的单元导语中所说，“学习本单元，要在理解文意的基础上，整体把握经典选篇的思想内涵”，“阅读史传文，要关注其叙事曲折有序、写人生动传神的特点，尝试理性评价历史叙述中体现的思想、观念，认识历史人物和历史事件”。基于课文本身内容、学生学情及单元学习任务，我将本课的总教学目标定为：第一，积累文言词句，理解文章大致内容；第二，了解项羽、刘邦等人的个性特征，认识鸿门宴这场斗争中刘、项胜败的原因，探究司马迁的创作意图；第三，学习史传文叙事曲折有序、写人生动传神的写法特点。

由于文章篇幅较长，且涉及的文言重点字词较多，在理解文意上对于学生来说有难度，因此，结合对空中课堂的观摩之后，我预设了三个课时来完成这篇课文的教学目标。第一课时主要通过以时间为线索划分故事情节找出《鸿门宴》中的人物并划分阵营两大主任务来进行文章大意的梳理。在这一课时中，学生能够通过重点实词虚词的落实、古今异义词的整理、特殊句式的变换来找到每个大情节之下的故事片段。由此，尽可能在课堂上真正落实第一个教学目标，并通过课后作业进行复习巩固。第二课时则以第二个教学目标为主，主要探究两大阵营的人物形象特点，客观评价这一历史事件，并以此探求司马迁的创作意图。在这一课时中，我以

“鸿门宴上刘邦是如何全身而退的”作为主问题，希望学生了解到刘邦虚心纳言、决策果断的性格优势及项羽其人轻信寡断、刚愎自用的性格弱点。以“刘胜项败的原因到底是天意还是性格”为主任务，引起学生的探究兴趣。第三课时则主要通过具体的词句分析《鸿门宴》中叙事曲折有序、写人生动传神的写法特点，让学生尝试着为自己喜欢的人物写一个人物小传。

我的预设是由这三个课时落实这篇文本的三个教学目标，但是实际的课堂不会也不可能完全按照我的预设生成。我深知，在以学生为主体的课堂中，学生的反应才是最重要的。通过学生在每个部分、每个环节的不同反应来调整课堂、课时的安排，这是备完课之后去真正落实时的教学机制，亦是我接下来的努力方向。

《鸿门宴》第二课时教案

【教学目标】

（1）积累文言字词句，了解项羽、刘邦等人的个性特征。

（2）认识鸿门宴中刘、项胜败的原因，探究司马迁的创作意图。

【教学重点】

了解项羽、刘邦等人的个性特征。

【教学难点】

认识鸿门宴中刘、项胜败的原因，探究司马迁的创作意图。

【教学过程】

一、导入

巨鹿之战（BC207）“膝行而前，莫敢仰视”（项羽）

垓下之战（BC202）“左右皆泣，莫能仰视”（项羽）

教师：在短短的五年时间内，项羽的命运发生了翻天覆地的变化，从左右“莫敢仰视”到“莫能仰视”，其中一个重要的转折点就是鸿门宴，项羽是如何失败的？刘邦又是为何最终取得了胜利？今天我们就一起来看一看这个秦末历史转折最关键的一幕——鸿门宴。

设计意图：通过历史中已学过的两次著名战役导入，引起学生对项羽命运巨变的探究兴趣。

二、主要人物形象分析

【主问题】鸿门宴中刘邦是如何全身而退的?

设计意图：通过这一主问题，将文章主要人物的形象进行逐个分析，由此对项羽、刘邦、范增、樊哙等人的形象特征进行具体而翔实的了解。

{刘邦参加鸿门宴的导火索}——“急击勿失!”

（1）曹无伤（刘邦阵营）告密：“沛公欲王关中，使子婴为相，珍宝尽有之。”

（2）范增（项羽阵营）警示：“财物无所取，妇女无所幸，此其志不在小。”

刘邦确有统一天下之志，然当时实力却不敌项羽，由此，双方矛盾一触即发。

{转机1}——项伯

（1）项伯与张良有故，“夜驰之沛公军”——提前预知危险。

（2）刘邦两次“为之奈何”。

（3）刘邦与项伯当即约为儿女亲家，希望项伯对项羽求情。

（4）项伯对项羽：“沛公不先破关中，公岂敢入乎？今人有大功而击之，不义也。不如善遇之。”项王许诺。

由此可观，刘邦虚心纳言，而项羽则任人唯亲、骄傲狂妄。

{转机2}——刘邦宴中表现

（1）称呼。称项羽“将军”，自称“臣”，言辞恳切，使项羽信任。

（2）座次。“项王、项伯东向坐；亚父南向坐”，“沛公北向坐，张良西向侍”。刘邦坐臣位。

由于刘邦与项伯之间的亲家关系及言谈举止的谦卑，刘邦轻易地取得了项羽的信任，双方主公之间的矛盾趋于缓和。由此可见，刘邦能屈能伸，而项羽轻信寡断、刚愎自用。

{转机3}——樊哙

（1）樊哙是与项羽相似的勇将，在鸿门宴上表现得光彩夺目，课文从哪几方面刻画樊哙这一人物?

——语言描写:“此迫矣!臣请入,与之同命”。语句短促急迫,紧张的形势、急迫的心态、忠勇的性格跃然纸上。“窃为大王不取也”,义正词严、粗中有细。

——行动描写:“带剑拥盾入军门”“侧其盾以撞,卫士仆地”“立而饮之”“拔剑切而啖之”,无所顾忌,无所畏惧,何等英武。

——外貌描写:“瞋目视项王”“头发上指,目眦尽裂”,着墨不多,却极为传神。

(2)樊哙的出场其实是刘邦准备撤退的掩藏,为何樊哙会让项羽放松警惕,直至“未有以应”。

预设:樊哙是项羽最为欣赏的那一类勇士;樊哙的话处处紧扣“义”,正中沽名钓誉的项羽的要害。

由此看出,刘邦阵营上下一心,为主公进行了不断地掩护和谋划,而项羽阵营却在这一次鸿门宴中逐渐上下离心。

【总结】刘邦能够在鸿门宴中全身而退其实离不开他和项羽不同的性格特征。

刘邦:虚心纳言、决策果断、随机应变——上下一心

项羽:任人唯亲、轻信寡断、刚愎自用——上下离心

三、深入探究

【主任务】小组讨论:从《鸿门宴》《史记·项羽本纪(节选)》《史记·高祖本纪(节选)》看,最终导致刘邦胜项羽败的主要原因是什么?从中如何体现出司马迁“究天人之际,通古今之变,成一家之言”的创作意图?

设计意图:通过这一主任务,收束课堂,同时通过课外补充资料,对司马迁“究天人之际、通古今之变”的思想进行理解。

小组讨论:四人为一小组,其中一人主要负责记录发言,一人主要负责整理,一人负责主持,一人负责讨论结束后总结并代表发言。

(ppt)项羽:然今卒困于此,此天亡我也,非战之罪也。……令诸君知

天亡我，非战之罪也。……天之亡我，我何渡为！——《史记·项羽本纪》

（ppt）刘邦：夫运筹帷幄之中，决胜千里之外，吾不如子房；镇国家，抚百姓，给饷馈，不绝粮道，吾不如萧何；连百万之众，战必胜，攻必取，吾不如韩信。三者皆人杰，吾能用之，此吾所以取天下者也。项羽有一范增而不能用，此所以为我擒也。——《史记·高祖本纪》

【预设】刘胜项败最重要的原因就是两方主公的性格大不相同（“究天人之际”）。论作战能力、双方阵营中的人才数量、双方的军事实力，刘邦都是大大弱于项羽的，但正是因为刘邦知道自己的实力，认清自己，任人唯贤，虚心纳谏，才让他最终取得了天下。鸿门宴尽管只是刘邦和项羽生命中的一次宴会，却能从中窥见出双方未来局势的强弱变化（“通古今之变”）。可以说，鸿门宴拉开了刘邦真正称霸天下的序幕。

四、总结

太史公记述鸿门宴的过程跌宕起伏，同时也引人入胜。正是通过这种对双方矛盾和斗争的生动再现，成功地揭示了不同的人物性格，将个人的创作意图融入对具体事件和人物的描写中。在鸿门宴上，刘邦有志，故而能隐忍，能用人，知变动；项羽自大而轻敌，刚愎自用，终使刘邦在重重险境中全身而退。探究刘邦脱身的原因，不仅让我们领略了这一场具有重大意义的鸿门之会，也让我们对人物的性格有了初步的了解。

设计意图：对整个课堂的内容进行一个完整的总结，让学生能“一课一得”。

五、作业

（1）阅读课外补充资料，结合课堂课外所学所知，思考鸿门宴上项羽不杀刘邦，除了因为项羽的性格之外，是否还有其他原因？（200字左右）

设计意图：通过课外有关项羽的评论性文章的补充，让学生对课堂上的问题进行延伸思考与探究，有助于思辨能力的培养。

（2）有人说，司马迁常常在叙事中寄寓自己的论断，结合《鸿门宴》，谈谈你的看法。

设计意图：为第三课时探究《鸿门宴》选篇叙事曲折有序、写人生动传神的写法特点作铺垫。

六、板书设计

鸿门宴

司马迁

大志　刘邦——虚心纳言、决策果断、随机应变→上下一心

大骄　项羽——任人唯亲、轻信寡断、刚愎自用→上下离心

附3-2　核心素养指向下的课堂教学设计课例二

“六步法”初探数学建模——以“停车距离”为例

上海市奉贤区曙光中学　王玥

教学说明：

《停车距离问题》是《普通高中数学课程标准（2017年版2020年修订）》第116页的教学与评价案例之案例7《停车距离问题》，属于新教材中一节数学建模活动课。数学建模是对现实问题进行数学抽象，用数学语言表达问题、用数学方法建构模型解决问题的素养。数学建模过程主要包括：在实际情景中从数学的视角发现问题、提出问题，分析问题、建立模型，确定参数、计算求解，检验结果、改进模型，最终解决实际问题。数学建模活动是基于数学思维，运用数学知识与方法，建立数学模型，解决实际问题的一类综合实践活动，并非在一堂课上就能解决问题；往往需要学生的前期准备，课堂活动，小组活动，课后报告，交流展示，师生点评等。笔者将停车距离的数学建模课的课型设置为数学活动课，课时设置为二个课时，本文为第一课时的教学设计。

学情分析：

所执教班级为一所特色高中的二年级普通班级学生，就知识方面而言，学生学习过函数知识，会辨别变量与参数，会对函数模型进行比较；

学生有一定的物理知识，能区分匀速运动和匀减速运动；信息技术方面，学生具备一定的计算机操作能力，能够使用office办公软件对数据进行处理。总的来说，学生具有一定的分析问题、解决问题的能力，但这之前并未接触过数学建模活动课，缺乏数学建模的经验，缺乏将现实问题抽象到数学问题。因此，需要教师在课堂上建立起数学建模活动的框架，让学生以小组活动的形式，在“框架”上自由地分析、探究、假设、求解、改进等。另外，本校以“红色精神”为育人内涵，学生长期浸润在红色文化下，具有利他品格、社会责任意识等，因此对《停车距离》的探讨可以上升到社会法律法规、尊重生命等更高层次。

教学流程：

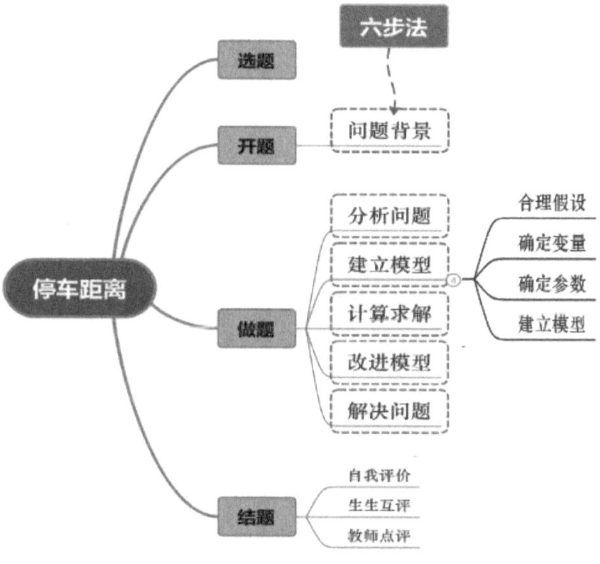

教学目标

（1）通过“停车距离”的案例学习，经历完整的数学建模过程，学会使用“六步法”的进行数学建模，并体会其合理性与优越性。

（2）了解数学建模报告的环节，通过小组合作，能完成数学建模报告，并展示成果。

（3）通过数学建模活动，发展数学抽象、数学运算、数学建模、数据分析等数学核心素养。

教学重点：

（1）掌握数学建模的基本步骤。

（2）小组合作完成数学建模报告。

教学难点：

理解掌握步骤3—建立模型（包括合理假设、确定变量、确定参数、建立模型）。

教学过程

（选题）略。

（开题）前期准备：布置课前作业，请学生收集与交通安全有关的资料（如交通安全海报、交通法规、交通意外等），内容不限，形式不限（如文字、图片、视频等），并思考影响停车距离的因素有哪些？

（做题）

课堂活动

1.停车距离案例

步骤	学生活动	教师活动	设计意图
一、问题背景	课前，学生积极主动收集资料，利用现代信息技术，主动学习，自主探究 课上，学生展示收集到的资料、视频等 停车距离=反应距离+制动距离，即匀速运动+匀减速运动	师：《停车距离》与交通安全密不可分，课前老师已经布置了作业，下面有请部分同学来给我们展示一下 师：据同学们搜集的资料显示：超速、酒驾、注意力不集中等都会引起交通事故，造成生命和财产的损失，那么在行车过程中是否有安全距离呢？这个安全距离是什么呢？	教师指导学生搜集资料、主动学习，从各方面了解交通安全的重要性，为问题背景提供素材 生生分享，合作学习，自然地引出课题并定义：停车距离。通过这一环节，学生的归纳信息、展示表达能力都能得到提高

续　表

步骤	学生活动	教师活动	设计意图
二、分析问题	影响停车距离的因素有： 生 1：汽车质量、刹车系统、轮胎。 生 2：天气、路面、车速。 生 3、反应能力、驾驶员身体状况。 生：我认为影响停车距离的主要因素有：车速、反应能力	师：当你开着一辆车，突然发现离你 100m 处有一障碍物时，你踩下刹车，此时会有危险吗？安全的停车距离都与哪些因素有关呢？ 师：确实，车速对应了生活中的超速行驶，是十分危险的；而反应能力对应了酒驾、疲劳驾驶，也是危害交通安全的行为	学生以头脑风暴的形式给出影响因素，着重培养学生分析问题的能力，思维的严密性得以提升；思考“哪些是主要因素？”学生学会抓住主要因素，从而达到简化模型的作用，有利于模型的建立和求解，并将其与实际生活相联系，无形中告诉学生数学无处不在
三、建立模型	生 1：假设小轿车未超重、刹车系统良好。 生 2：假设天气晴朗，地面为公路。 生 3：我们确定行车速度 v 为自变量，停车距离 d 为应变量。 生 5：我们还需要反应时间 t，汽车均减速的加速度 a。 驾驶员看到障碍物，大脑发出刹车指令，到脚踩刹车的这段时间内，汽车以原速度 v 做匀速运动行驶的路程 d_1；以及脚踩刹车后，汽车开始制动的匀减速运动行驶的路程 d_2 的和即 $d=d_1+d_2$. 根据物理知识，反应距离 d_1 为匀速运动，$d_1=vt$,（t 为反应时间，假设反应时间为定值）	它们之间又有怎样的数量关系呢？我们如何建立模型呢？ 我们要合理假设，那么我们该如何假设呢？ 1. 合理假设： 师：假设未超重的小型轿车在高速公路上笔直行驶，刹车系统良好且天气晴朗。 2. 确定变量 停车距离 d（单位：km）、行车速度 v（单位：km/s） 3. 设立参数 反应时间 t 接下来，请大家小组谈论，合作探究，根据停车距离的定义，建立起行车速度 v 与停车距离 d 之间的关系	建立模型是用数学语言、符号描述对象的内在规律，确定常量变量及其单位，设立参数，建立关系并化繁为简。 建立模型是数学建模步骤中最为重要的一个步骤，能检验学生分析的问题是否合理、学生能否区分变量与参数、能否自主地建立起模型，这些都充分地体现了对学生是否具有数学核心素养，也考验教师对数学核心素养的培育。 其中，合理假设是建立模型必不可少的一个部分，它决定了一个模型的合格与优秀程度

续　表

步骤	学生活动	教师活动	设计意图
三、建立模型	匀减速运动有公式$v_t^2-v_0^2=2as$，初速度v_0为汽车行驶的原速度，即$v_0=v$，我们知道最后当汽车停下时，末速度为0，即$v_t=0$，S为停车距离d_2，因此满足$v^2=2ad_2$，即$d_2=\frac{v^2}{2a}$，因此$d=vt+\frac{v^2}{2a}$，停车距离是关于汽车行驶速度v的二次函数	4. 建立模型 （学生活动） 教师投影展示某组学生的建模过程，并点评。 $d=vt+\frac{v^2}{2a}$，停车距离是关于汽车行驶速度v的二次函数，这里的反应时间t，与$2a$的倒数均为参数，因此不妨设$t=\alpha$，$\frac{1}{2a}=\beta$	为了简化模型，教师引导学生不妨设$t=\alpha$，$\frac{1}{2a}=\beta$，得到停车距离的最简模型$d=\alpha v+\beta v^2$，体现了数学的简洁美 停车距离与车速、驾驶员反应能力有关。通过合理假设，将模型理想化处理，达到简化模型，使求解模型更简便，得到的结果准确
四、计算求解	预设1：选择两组数据即可求解，α、β（学生处理数据缺乏合理性）。 预设2：较合理地选择数据，如：一头一尾，多组取平均值等（直接利用信息技术）。预设3：利用excel做出散点图，直接生成二次函数解析式 生：$d=0.21v+0.006v^2$ 当$v=120$km/h，$d=112$m	师：请大家小组合作，继续探究，根据教材给出的数据，选择合理的计算方法，给出α、β的值，并估计当车速为120km/h时的停车距离 利用计算机之间拟合出最优函数，此时可以介绍R，让同学们课后上网查找资料，思考R表示什么？作用是什么？	这部分着重培育学生的数据分析能力，通过从繁杂的数据中抽取出可用的数据进行计算求解，并对车速为120km/h的停车距离进行推算，也为下面第六步解决问题埋下伏笔。 这部分主要通过学生的展示向同学们输出，既锻炼了一部分学生的表达能力，也让另一部分学生学会向他人学习

续　表

步骤	学生活动	教师活动	设计意图
五、改进模型	学生展示计算过程与计算方法。根据同学的计算方法,改进自己的计算方法。 生1:我们小组在收集数据时,发现大货车出车祸的频率会高一点,所以我们想研究,大货车的安全停车距离。 生2:我们发现雨天容易发生交通事故,我们想知道地面湿滑的情况下的停车距离	投影不同组学生的计算过程,邀请学生展示计算过程,说清计算方法。 师:统计大师George Box曾说:"所有的模型都是错的,但是有一些很有用",改进模型是一个螺旋上升的过程,没有最好,只有更好,就像你们,要成为更好的自己!老师与你们共勉!	改进模型这一步,引导学生从别的角度改进模型,如汽车的质量、路况等,既是课的开始交通安全资料分享的回应,也为第六步解决问题做铺垫;再用统计大师George Box的话告诉学生改进模型的意义,同时赞美学生身上的闪光点——利他品格,社会责任、生命安全等意识
六、解决问题	生:在上一步,我们推断出,当v=120km/h,时需要112米才能停下,安全起见,适当放宽距离	教师展示《中华人民共和国道路交通安全法》第五节高速公路的特别规定 师:为什么警告标志要设置在150以外呢?	让学生感悟数学在生活的方方面面,学数学很有用。教师在潜移默化中渗透了数学学科的育人价值,也增强学生遵守法规、尊重生命的社会意识

2.课堂小结

师：请谈一谈本节课的收获与体会。

（1）知识与内容。数学建模历经四大环节：选题、开题、做题、结题。做题分为六大步骤：问题背景—分析问题—建立模型—计算求解—改进模型—解决问题。建立模型分为四小步：合理假设、确定变量、确定参数、建立模型。

（2）情感与态度。模型不是一蹴而就，建模需要一步步完善，没有最好，只有更好。停车距离看似数学问题，实则生命安全问题，通过停车距离的探究，更加懂得要安全行驶、遵纪守法、尊重生命、安全高于一切。

3.作业布置

（1）梳理数学建模的基本方法，小组合作，完成数学建模报告。

（2）（结题）下节课，我们将举行模型展示活动，届时向你的同学展示开题、做题、结题的过程。（可以是重点步骤解析、解决问题的历程、成长故事分享等）

（3）对自己与同学的模型进行点评。（赞美值得学习的地方，提出自己的困惑，指出可以改进的地方）

4.板书设计

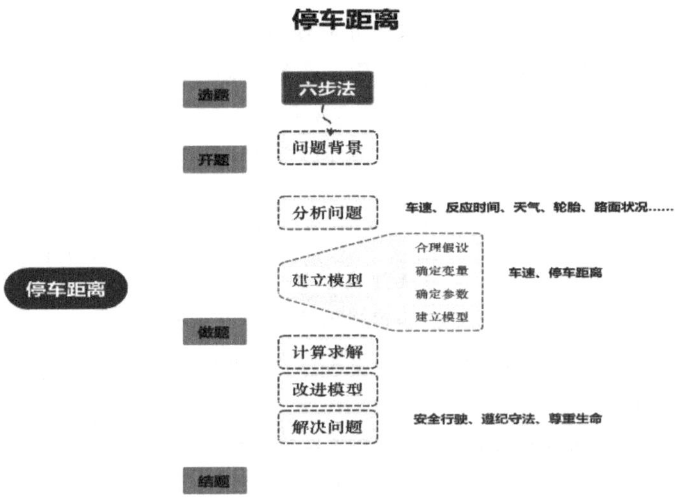

教学反思：

数学建模活动课，是在“双新”背景下的第一次尝试，在前期，我阅读了大量的资料，查阅了大量的文献，终于对数学建模课有了新的认识、新的理解；也是基于“双新”活动，得以在各种教研活动中与前辈学习请教，才产生了用“四环节—六大步—四小步—三评价”这样一种新的模式开展本节课。贯穿全局的一根暗线，也是本节课最想表达的：数学是有用的！我们要善于用发现的眼睛去研究生活中的数学密码。新课标要求“学生发展为本，立德树人，提升素养”，因此本节课教师仅仅只是搭起了数学建模的框架，然后就是放手，让学生自己探究、展示、质疑、评价；同时在内容的选择上渗透本校特色“红色精神”，于潜移默化中培育学生的安全意识、社会责任、利他品格，从而达到发展学生数学核心素养的目的。数学建模的框架有两条线，一是数学建模过程经历的四大环节：选题、开题、做题、结题；一条是“六步法”数学建模，学生沿着教师搭起的框架，以完成数学建模报告为任务，不断深入探究、积极探索；同时教师设计好问题串：“什么是停车距离?”“影响停车距离的因素有哪些?”“哪些是主要影响因素?”“如何合理假设?”“如何建立模型?”“如何改进模型?”等等，带领学生在数学建模的世界中不断前进。在课堂活动的设计方面，以合作学习，小组活动为主，培育学生各方面的核心素养。

我是第一次尝试这种形式的课，做了充分的准备，了解了停车距离的方方面面，才敢放手，因此在以后的教学中，还是要博学广识，以应对富有想象力与创造力的学生。另外，单元设计的意识有所欠缺，高中数学建模活动未成体系，对于学生建模报告的评价也缺少评价方案。因此，还需要我们继续努力，不断完善数学建模教学。

附3-3 核心素养指向下的课堂教学设计课例三

《高中英语（上外版）》必修一

Unit 4 Customs and Traditions Reading A 教学设计

上海市奉贤区曙光中学 王颖婷

此教学设计基于教材本身已有的成人礼语境，从课文的文本内容本身出发，遵循以立德树人为核心素养，以“世界成人礼的活动内容及其背后意义”这个探究型问题和任务为驱动，鼓励学生自主、合作、探究相融合，描述世界成人礼的形式和习俗；理解各文化和习俗所传达的文化意义；并总结和对比不同文化成人礼的差异，夯实三基、提升思维、培育能力。本课的核心知识聚焦于成人礼的文化传统和文化背景相关的词汇与表达。例如 coming-of-age ceremonies，adulthood，shoulder responsibilities 等。而核心技能则是关注学生对于描述礼仪习俗的四要素的掌握以及自主组织、自主探究、收集信息的能力。本课的驱动型问题为学生创设情境：学校要为高三学生举办成人礼活动，为呈现出世界文化的多元性，从而需要了解各国之间仪式的信息，由此引发学生思考该如何着手实现这一想法。

教学设计与说明

1. 教学目标

本单元主题语境是“人与社会”，单元主题是“传统节日与习俗”，本课为本单元的Reading A: Growing Worldwide 的第一课时。本课以学校要为高三学生举办成人礼活动，为呈现出世界文化的多元性，从而需要了解各国之间仪式的信息为背景，设计本课的任务：探究世界成人礼的活动内容及其背后意义。通过阅读活动，学生掌握核心知识和技能世界各地的主要成人礼仪式和意义的表达；认识世界各国成人礼的形式和习俗传达的文化含义；总结和对比不同文化成人礼的文化差异；基于本课所学设计海报，为高三学生介绍各国成人礼的信息和意义。

2. 教材分析

本文的语篇类型为报刊类说明文。语篇内容为德国、拉丁美洲和印度的成人礼的传统和庆祝活动介绍，反映了不同民族对儿童迈入成年的这一转变所独有的看法和期待。成年标志着人生新阶段的开始，也意味着要承担社会责任和义务，在不同文化中成年的意义不尽相同。语篇结构为总分模式，第一段引出成年的意义，第二段到第六段举例介绍三种文化的成人礼习俗和意义，最后一段以成人礼在不同文化的异同收尾。语言特征是以连系动词和相关成人礼活动的行为动词建构了“世界各地的成人礼”为话题的词汇语义网，并以被动语态和现在时态的语言形式呈现，体现了说明文的语言特点。主题意义在于引发学生思考：成人礼对于即将成年的青年人有什么意义？不同文化对成年人有什么样的期待？通过对不同文化成人礼活动的对比引发学生对文化差异的思考，加深对不同文化的理解。

3. 学情分析

本次授课的对象为曙光中学高一（10）班的学生，已经完成将近三个月的英语学习任务，学生的基础水平尚可，能够在教师的引导下完成听说读写等方面的基本学习要求，能够听懂基本的英语指令，并且在平时愿意沟通和交流，具备课堂表现欲。但是由于学生对于基本语言知识的掌握仍有欠缺，所学的词汇量仍比较有限，因此在进行表达输出的时候难免会出现语法错误、停顿和无法表达的现象。因此，在授课过程中要注重带领学生夯实所学内容，掌握好表达所需要的一些词汇和相关表达，从而为之后的输出做好铺垫，确保学生不会出现无法自主完成的现象。

4. 教学设计思路

本节课在开始之初，教师首先检查学生的预习情况：文章主题是什么？文章的主要内容是什么？"coming-of-age"的含义是什么？通过三个问题，了解学生的预习情况，引出本课主题：成人礼，并呈现本课任务：学习成人礼的形式和意义，理解长大成人的深刻内涵。

略读环节中，教师引导学生阅读第一段找出作者对于成人礼的观点，随后学生们带着问题初次阅读，找出文中所涉及的三个文化和其所在段落以及相对应的成人礼，梳理文章结构，完成语篇层次划分。在学生理解文章大意，清楚文本结构的基础上，教师带领他们二次阅读，深入挖掘文章内容，理解每种文化的成人礼的形式、对象、举行原因。教师搭建支架，第一种文化成人礼的表格设计以填词为主，帮助学生由点到面梳理线索；第二种文化成人礼的表格设计划分层次，教师在旁引导，再次帮助学生明晰阅读方法；最后一种文化成人礼的表格设计要求学生自主完成阅读与分析，随后进行交流。在逐一分析细节和成人礼意义后，请学生比较各个文化成人礼之间的异同，更进一步理解成人礼的深意。之后，请学生回顾全文，分享最令他们印象深刻的成人礼，再一次加强介绍节日庆典时所涉及的四个要素。

最后，读后活动，学生进行小组活动，描述其他文化中的成人礼，促使学生提炼各文化成人礼的形式和意义，加强学生对介绍四要素的掌握。

Lesson Plan

Learning Objectives: By the end of the lesson, students will be able to:

1. learn some key words, such as coming-of-age, symbolize, multiculturalism, take on, shoulder, transition, etc.;

2. analyse the elements of the coming-of-age ceremonies and the coming-of-age traditions in different cultures;

3. realize the meaning and importance of the coming-of-age ceremonies and develop an awareness of adulthood.

Learning Key Points:

1. Students are able to command the expressions about coming-of-age ceremonies;

2.Students are able to identify the coming-of-age ceremonies in the three cultures.

Learning Difficult Points:

1. Students are able to realize that the ceremony differs from culture to culture;

2. Students are able to describe a coming-of-age ceremony in a certain culture including four basic elements.

Learning Procedures:

Activity 1: Pre-reading

1. Invite the students to recall the topic and main idea of the topic.

2. Ask students the meaning of coming-of-age and their understanding of entering adulthood.

Guided Questions:

1. Yesterday you have previewed a text, can you tell me what the topic is?

2. What does this passage mainly talk about?

3. So do you know what the meaning of coming-of-age is?

4. What does entering adulthood mean to you?

Purposes:

1. Since the students have previewed the text, the process is designed to lead in the topic and check students' understanding degree of the text.

Activity 2:While-Reading

Skimming:

1. Ask students to read Para.1 to find out the writer's opinion on the coming-of-age ceremony.

2. Ask students to read from Para 2 to 7 to complete the first task on the worksheet.

Paragraph	Culture	Ceremony	Target population

Guided Questions:

So what's the meaning of coming-of-age ceremony?

Do you know what the meaning of "symbolize" is?

Which cultures are mentioned in the text?

What's the name of the ceremony?Who is the target population?

Which paragraphs talk about the same ceremony?

Purposes:

1. Help students understand the meaning of coming-of-age ceremony.

2. Help students figure out the three cultures in the text and their corresponding ceremony, target population and paragraph.

Scanning:

1. Ask students to read from Para.2 to 3 to find out the details of Jugendfeier in Germany and complete the blanks.

2. Ask students to think about why the coming-of-age ceremony in Germany is described as more serious than fun.

3. Ask students to read from Para.4 to 5 to compare the changes of Quinceanera in Latin America over time and complete the blanks.

4. Ask students to think about what has led to the change in Latin America.

5. Ask students to read from Para.6 to 7 to find out the details of the Sacred

Thread Ceremony in India and complete the blanks.

6. Ask students to compare the three coming-of-age ceremonies and figure out the similarities and differences.

7. Ask students to read the writer's conclusion.

An Introduction to Coming-of-age Ceremonies			
Ceremony &Culture	Target Population	How	Why
Germany Jugendfeier	14-year-olds	1. go to school 2. prepare for the occasion 3. study important topics: multiculturalism and social responsibilities 4. listen to a speech about values	to take on values: 1. have respect for others 2. have a sense of duty 3. respect different cultures 5. take social responsibilities
Latin America Quinceanera	15-year-old girls	In the past: 1. be ready for household tasks 2. dance with father Now: an individual celebration	to be prepared for upcoming marriage to be responsible for themselves
India Sacred Thread Ceremony	Boys	1. make three promises: to respect knowledge, to respect his parents and to respect society 2. learn knowledge	1. to develop a sense of responsibilities 2. to respect knowledge, his parents and society 3. to mark a new life ---- intellectual birth

Guided Questions:

How do they celebrate the coming-of-age ceremony in Germany?

Why do they do these activities?

Why is the coming-of-age ceremony in Germany described as more serious than fun?

In Latin America, how did they celebrate it in the past? How about now?

Why did they celebrate in this way in the past?

What has led to the change?

How do they celebrate it in India?Why do they do these events?

Have you found any different or similar point among the three coming-of-age ceremonies?

What are they?

Purposes:

1. Help students be familiar with the details of each ceremony in Germany, Latin America and India.

2. Help students know about form, expectations and reasons of coming-of-age ceremonies in the three cultures.

3. Help students be aware of the significance of coming-of-age ceremony in Germany.

4. Help students be aware that the ceremony in a certain culture may change over time due to specific reasons.

5. Help students recognize that different cultures have different activities and reasons for coming-of-age celebration and their expectations to the up-coming adults differ as well.

Activity 3: Post-reading

1. Ask students to describe one of the coming-of-age ceremony that has impressed them most.

2. Ask students to work in groups to choose one of the most interesting coming-of-age traditions in other cultures.

Guided Questions:

Which ceremony has impressed you most?

Which ceremony interests you most? Why?

What does the former group describe?

Purposes:

1. Help students retell the coming-of-age ceremony with four elements: Culture & Ceremony, Target Population, How and Why.

2. Help students practice what they have learned into practice.

An Introduction to Coming-of-age Ceremonies			
Ceremony &Culture	Target Population	How	Why
Seijin Shiki/ Seijin No Hi (Japan)	20	1.women wear Kimonos 2. men wear a Hakama (a darker-colored Kimono) 3. attend speeches made by the government officials	1. have right to drink, smoke and vote legally(合法的) 2. receive gifts
Sweet 16 (United States)	16-year-old girls	1. similar to birthdays 2. receive gifts (a car in wealthy families) 3. throw a house party	mark the start of the adulthood of girls
"Ji Li/Guan Li" (China)	Guan Li: boys Ji Li: girls	1. read from ancient scrolls (卷轴) 2.receive a "style name" For girls only: 1.take part in a hairpin ceremony: wash, comb(梳), and style hair 2. decorate hair with pins made of gold, jade(翡翠), or wood.	pass down old-time Confucian practices

Homework:

1. Surf the internet to find out more information about more other cultures of coming-of-age ceremonies;

2. Describe and design a post to recommend a coming-of-age ceremony which you are most interested in.

附3-4　核心素养指向下的课堂教学设计课例四

《共价分子空间结构的预测》教学设计

上海市奉贤区曙光中学　钱宇蝶

一、教学背景

本节内容来自上海高中化学新教材选择性必修2《物质结构与性质》第二章第一节，该章节从原子、分子水平上认识物质构成的规律，注重结构模型的发展过程和研究方法，进一步丰富物质结构知识，提高分析问题和解决问题的能力。这部分内容是新教材中新增内容，比较抽象，教学难度较高，尤其对学生的空间想象力有着非常高的要求。另外，教学内容很少出现在学生的生活中，与学生的日常生活关系紧密性较差，学生积累的知识和生活经验缺少对这部分内容的存储，导致学生在学习时常常不知所措。

根据新教材的编排顺序，学生在这一节内容之前，已经累积了电子式的书写、共价键的本质与特点、杂化轨道理论等知识，知道价层和价层电子的概念、σ键特征以及简单的共价分子如甲烷、水、氨气的空间结构，能运用杂化电子轨道理论解释已知分子空间结构，但面对未知结构或者复杂的分子学生不知道该如何判断其分子结构。因此，本节课学生要在教师的引导下，建立判断AB_n型分子结构的VSEPR模型，分析价层电子对与分子空间结构的关系，运用VSEPR模型预测共价分子的空间结构。

二、教学目标

（1）知道形形色色的分子有不同的结构，知道物质的空间结构可以借助某些实验手段测定。

（2）知道价层电子对互斥理论的基本观点，利用VSEPR理论推测2–4对价层电子对的空间结构，构建2–4对价层电子对的VSEPR模型。

（3）掌握中心原子价层电子对数目的计算方法，通过实物模型理解孤电子对对分子空间结构的影响，并运用VSEPR模型预测并解释分子的空间结构与键角大小。

三、教学重难点

重点：价层电子对数的计算、利用VSEPR模型预测AB_n型分子的空间结构。

难点：理解VSEPR模型与分子空间结构的关系、孤电子对数的计算。

四、教学设计与基本思路

本节内容主要利用VSEPR理论预测分子的空间结构，使学生对于分子结构的认识从“识记”向“理解–预测”发展。教学内容将着重构建并应用VSEPR模型，基本思路如图1所示。

第一步，通过情境创设，从学生熟悉的三原子分子二氧化碳分子与水分子结构切入，提出“如何预测分子结构”这一核心问题，确立建立模型的目标。

第二步，引导学生运用VSEPR理论推理2–4对价层电子对的空间结构，构建2–4对价层电子对的VSEPR模型。

第三步，介绍中心原子价层电子对数的计算方法，通过典型分子理解计算规则。

第四步，应用VSEPR模型结合结构模型推测分子的空间结构，认识电子对互斥作用强弱对分子键角的影响。

第五步，通过课堂练习，巩固对分子的空间结构判断。梳理不同价层电子对数和孤电子对数时分子空间结构的情况。

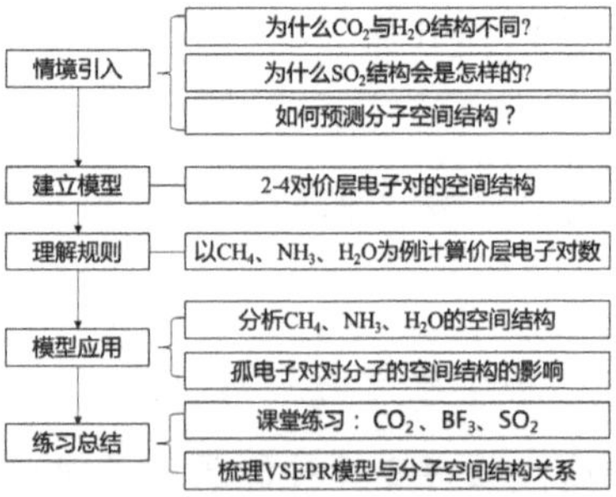

图1　教学基本流程

五、教学过程

教学环节	教师活动	设计意图
情境引入	生活中我们能够接触到各式各样的物质，许多物质是由分子构成的，那这些构成物质的分子它的结构是怎样的呢？ 【PPT展示不同分子的空间结构】 通过X射线衍射、红外光谱测定分子结构，可以发现分子的空间结构是多变的。为什么同为三原子分子，CO_2与H_2O的空间结构不同呢？三原子分子的SO_2会是怎样的结构呢？ 我们已经学习了杂化轨道理论，它只能解释已知几何构型的简单共价分子的几何结构，而不能推测其几何结构。科学家们为了预测分子的空间结构提出了很多理论，今天我们就来学习其中的一种——价层电子对互斥理论。	认识分子存在各种各样的结构，知道分子结构可以通过实验测定，激发学习兴趣
建立模型	我们知道价电子都带负电，电子之间由于带同种电荷而互相排斥，价层中的电子对会采取斥力最小的方式进行排布，怎样斥力最小呢？电子对之间距离尽可能远。 这就是价层电子对互斥理论，也称为VSEPR理论。 那么当中心原子价层有多对电子时，电子对该如何排布呢？同学们不妨思考一下，从最简单的情况入手。 【提问】 1. 如果中心原子价层电子对数为2时，电子对如何分布斥力最小？ 2. 价层电子对数为3时，如何分布斥力最小？ 3. 价层电子对数为4时，如何分布斥力最小？ 有同学认为有4对价层电子对时，应呈正四边形排列。但实际上这样并不是斥力最小的情况，因为电子对之间的距离并不相等，电子对之间的斥力有大有小，并不是最小的。所以有4对价层电子对时，平面图形不能满足斥力最小的要求，电子对应围绕中心原子呈正四面体排布。 所以价层电子对数目不同，对应的空间结构不同。 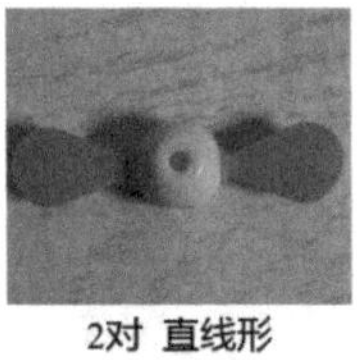 2对 直线形 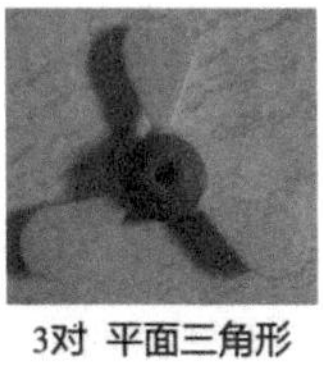 3对 平面三角形  4对 正四面体形	根据价层电子对互斥理论，将数学中的几何思维迁移到价层电子对的空间排布上，构建价层电子对的空间结构模型

续 表

<table>
<tr><th>教学环节</th><th>教师活动</th><th>设计意图</th></tr>
<tr><td>理解规则</td><td>
那么关键的中心原子的价层电子对数目如何计算呢？这里我们以AB_n型分子为例。
中心原子A的价层电子对数目=成键电子对数+孤电子对数。
分子空间结构主要取决于中心原子A与成键原子B之间形成的σ键，因此中心原子的成键电子对数仅指σ键电子对数，数值上等于B原子个数n。
孤对电子数=$\frac{\text{A的价电子数}-\text{n个B的单电子总数}}{2}$
【练习】计算下列分子中的价层电子对数
<table>
<tr><th>分子</th><th>A的价电子数</th><th>n</th><th>B的单电子数</th><th>孤电子对数</th><th>价层电子对数</th></tr>
<tr><td>CH_4</td><td>4</td><td>4</td><td>1</td><td>0</td><td>4</td></tr>
<tr><td>NH_3</td><td>5</td><td>3</td><td>1</td><td>1</td><td>4</td></tr>
<tr><td>H_2O</td><td>6</td><td>2</td><td>1</td><td>2</td><td>4</td></tr>
</table>
</td><td>将中心原子价层电子对数计算式分解，通过练习帮助学生理解与巩固</td></tr>
<tr><td>模型应用</td><td>
从这几个分子的价层电子对数目中可以发现，有些分子中有孤电子对，有些没有。那么这些孤电子对数目的差异对分子的空间结构有何影响呢？
若中心原子的价电子层没有孤电子对，那么分子的空间结构与价层电子的空间结构一致。
如甲烷，价层电子对数为4，无孤电子对，因此为正四面体形。
VSEPR模型结构
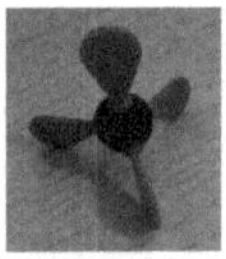
正四面体形
分子结构

正四面体形
当存在孤电子对时，这对电子属于中心原子，并不是原子之间的共用电子对，所以推测分子的空间结构，必须略去价层电子对空间结构中的孤电子对。
以氨气为例，其价层电子对空间结构为正四面体，但其中有一对是孤电子对，在判断其分子结构时，要略去这对孤电子对，因此氨气的空间结构为三角锥形。
</td><td></td></tr>
</table>

续　表

<table>
<tr><th>教学环节</th><th>教师活动</th><th>设计意图</th></tr>
<tr><td>模型应用</td><td>
VSEPR模型结构　　分子结构

正四面体形　　三角锥形
水分子是自四面体基础上，略去2对孤电子对，剩下一个V字形，也叫角形。
VSEPR模型结构　　分子结构

正四面体形　　角形
</td><td>利用价层电子对空间结构模型，分析具体分子的空间结构，结合实物模型，认识孤电子对对分子空间结构的影响</td></tr>
<tr><td>练习与总结</td><td>
<table>
<tr><th>分子</th><th>成键电子对数</th><th>孤电子对数</th><th>价层电子对数</th><th>价层电子对的空间结构</th><th>分子的空间结构</th></tr>
<tr><td>CH_4</td><td>4</td><td>0</td><td>4</td><td>正四面体</td><td>正四面体</td></tr>
<tr><td>NH_3</td><td>3</td><td>1</td><td>4</td><td>正四面体</td><td>三角锥形</td></tr>
<tr><td>H_2O</td><td>2</td><td>2</td><td>4</td><td>正四面体</td><td>角形</td></tr>
</table>
由此可以发现，在预测分子结构时，要考虑孤电子对对空间结构的影响。当存在孤电子对时，孤电子对也要占据中心原子的空间，推测分子的空间结构时，必须略去价层电子对空间结构中的孤电子对。
【比较】CH_4、NH_3、H_2O键角的大小及原因
【引导】①三者在价层电子对有什么区别？②孤电子对与成键电子对谁离中心原子根近？③孤电子对离中心原子更近，那么孤电子对之间的排斥力与成键电子对之间的排斥力谁更强？
【分析】由于孤电子对比成键电子对更靠近中心原子的原子核，故价层电子对之间静电排斥作用的强弱顺序为：孤电子对—孤电子对>孤电子对—成键电子对>成键电子对—成键电子对。
</td><td></td></tr>
</table>

续 表

<table>
<tr><th>教学环节</th><th>教师活动</th><th>设计意图</th></tr>
<tr><td>练习与总结</td><td>【练一练】
利用VSEPR理论判断分子的空间结构① $CO_2$② $BF_3$③ SO_2
判断分子空间结构步骤:(1)确定中心原子的价层电子对数目;(2)确定VSEPR模型;(3)再次确定价层中孤电子对数;(4)略去孤电子对得到分子空间构型。
<table>
<tr><th>价层电子对数</th><th>价层电子对的空间结构</th><th>孤电子对数</th><th>分子的空间结构</th></tr>
<tr><td>2</td><td>直线形</td><td>0</td><td>直线形</td></tr>
<tr><td rowspan="2">3</td><td rowspan="2">平面三角形</td><td>0</td><td>平面三角形</td></tr>
<tr><td>1</td><td>角形</td></tr>
<tr><td rowspan="3">4</td><td rowspan="3">正四面体</td><td>0</td><td>正四面体</td></tr>
<tr><td>1</td><td>三角锥形</td></tr>
<tr><td>2</td><td>角形</td></tr>
</table>
课后思考:
当中心原子的价层有5对电子对时,其空间结构会是什么样的呢?</td><td>总结分子空间结构的预测方法,梳理价层电子对数-价层电子对空间结构-孤电子对数-分子空间结构四者关系</td></tr>
</table>

五、板书设计

共价分子空间结构的预测

1.价层电子对互斥理论

2.AB_n型分子价层电子对数目计算

中心原子A的价层电子对数目=成键电子对数(n)+孤电子对数

$$孤对电子数=\frac{A的价电子数 - n个B的单电子总数}{2}$$

3.VSEPR模型与分子结构

价层电子对数	价层电子对的空间结构	孤电子对数	分子的空间结构
2	直线形	0	直线形

续　表

价层电子对数	价层电子对的空间结构	孤电子对数	分子的空间结构
3	平面三角形	0	平面三角形
		1	角形
4	正四面体	0	正四面体
		1	三角锥形
		2	角形

六、教学思考

利用VSEPR理论判断由短周期元素所形成的一些分子的空间结构确实比较简单和方便，并且该方法几乎与用杂化轨道理论判断分子空间结构所得结果完全吻合，因此当学生熟练掌握VSEPR理论后，可以试着将VSEPR理论得到的构型与杂化轨道理论结合，有利于学生将各种判断分子空间结构的方法关联，形成较为完整的知识框架。但要告知学生VSEPR理论并不适用于所有分子，它考虑了价层电子对相互排斥这一主要因素，忽略了许多次要因素，一些分子的结构与实验结果常有出入，仍需要依赖价键理论和分子轨道理论。要检验预测的分子是否真实，还需要实际测量，常采用的方法有红外光谱、X射线衍射等现代物理化学测量方法。

对于孤电子对数目的计算，比如水分子，通过共价键的学习，学生能熟练写出其电子式，通过电子式就能得到孤电子对数目。因此，面对一些学生熟悉电子式的分子，不必拘泥于利用价层电子对数计算式去计算孤电子对数，在教学过程中要提醒学生注意灵活变通。

三、单元整体视域下的课堂教学设计

传统的教学设计都是以课时为单位进行的，这种设计模式在实际操作过程中过分强调和凸显“课时”，而忽视了“单元”。一方面，课时和课时之间缺乏坡度，这导致了教学组织方式相对单一，教学活动不够丰富，学生思维趋于低阶；另一方面，课时和课时之间缺乏关联和衔接，这导致了学生的知识习得趋于碎片化，知识体系无法系统构建。单元整体视域下的课堂教学设计是推动课堂转型的有效抓手。不仅可以更好指向学科核心素养，对标学科课程目标，还可以理清课时和课时之间的逻辑关系，衔接课时间的教学内容，设置课时间的教学坡度。

（一）单元的规划

从学科整体高度出发，分析课程标准中的相关内容和要求、学业要求以及教材编排，通过调整和整合，规划和构建一个主题聚焦、符合学科基本属性的教学单元，形成相互关联、层次清晰、坡度明显的知识整体。并在单元规划的基础上，进行各课时的科学划分。单元规划着重处理好单元与课标、单元与单元以及单元与课时之间的逻辑关系。

（二）单元教学目标的设计

单元教学目标的设计要符合科学性，即充分了解学生所处的学习阶段，分析学生知识储备、学习能力、情感态度等方面的起点，科学预设学生经过本单元学习后的学习结果和发展水平。单元教学目标的设计要符合整体性。作为承上启下的中间环节，单元教学目标需指向整体的课程目标，并牵引单元内各课时的具体目标，使得课程目标、单元目标、课时目标成为一个有机的整体。单元教学目标的设计要符合综合性。单元教学目标不是各课时目标的简单重复和累加，而是学生在知识、技能、能力以及思维、态度、价值等方面的综合考量。

（三）单元教学内容和活动的设计与细化

以单元为单位的教学设计在时间和空间上为教学内容提供了广度和高度的支撑，为教学活动提供了厚度和深度的保障。单元设计可以充分整合各课时资源，发挥各课时合力效能。

在教学内容设计上，灵活调动、整合、解构、重构单元内各课时教学内容，按照层层递进、有序排列的逻辑方式串联学科核心内容。

在教学活动设计上，综合使用小组合作、自主探究等方式，解锁课堂课时的限制与禁锢，全面调动校内、校外资源，充分利用课内、课外时空，有效促进教学目标的达成。

（四）单元教学评价的设计

单元教学评价的设计关注过程性评价，将评价有机融入教学过程中。教师在参与教学活动开展的过程中，及时收集和获取学生在学习过程中的相关信息，给予学生及时的反馈和指导，推动教学活动的高效推进。单元教学评价的设计立足多元评价，将评价合理分配到各课时中。单一课时的教学评价在很大程度上受限于课时以及教学内容的制约，为了提高评价质效，在实际操作上，往往以教师评价、作业评价等单一方式取代综合评价。在单元教学评价中，评价主体得以多元，即学习者和指导者均可以充当评价者；评价方式得以多元，即在一个单元教学中，可以科学设计和分布诊断性评价、形成性评价和终结性评价。

附3-5 单元整体视域下的课堂教学设计案例一

高中英语 上外版 必修三

第二单元 Art and Artists 单元设计

上海市奉贤区曙光中学 朱瑨怡

一、单元概述

本单元的主题语境为“人与自我”“人与社会”，主题群为“生活与学习”“做人与做事”“艺术与文学”，单元主题是Art and Artists。通过阅读关于齐白石的人物生平介绍，了解齐白石作为“人民艺术家”的艺术生涯，理解他的绘画作品中传递出的对幸福的追求以及对和平的向往；通过阅读诺贝尔文学奖获得者、美国著名音乐人Bob Dylan的获奖感言，归纳出演讲致辞的语篇结构特点，发现并欣赏作者对艺术、文学独到见解以及他在艺术道路上孜孜以求的创作与探索精神；聚焦语篇中出现的不定式在句中作宾语、补语、状语、定语的语法功能和表意功能，并能在适当的情境下准确运用；通过“看”和“听”，能获取视听材料的主题、关键信息和其他细节，能概括出梵高的性格、艺术风格以及梵高对后世的影响。通过“说”，引导同伴开展“猜艺术家”比赛，借助重音强调关键词语和信息，描述人物特征；通过“写”，介绍一位艺术家，运用“总—分”模式形成80—100词的语段；能够根据提示，整合本单元各语篇中的主要信息，对比和分析信息，从而获得对艺术家和艺术更深层次的理解；能通过研究性学习进行一次艺术馆参访考察，形成报告并自信地与同伴分享所见所想；能评价与反思本单元的学习情况。

二、单元规划建议

（一）分解课程目标

分解维度	☑语言知识　☑语言技能 ☑学习策略　☑思维能力 ☑文化理解　☑语言意识
分解精度	□按学年划分　☑按学期划分 □按1/2学期划分　□按1/4学期划分

（二）梳理教材内容

梳理维度	☑语言知识　☑语言技能 ☑主题语境　☑学习活动 ☑学习策略　☑文化理解
梳理精度	□有年级梯度　☑有学期梯度 □复现巩固率较高　□复现巩固率较低

（三）分析学习特点

分析维度	☑知识起点　☑技能起点 ☑学习风格　☑学习策略 ☑文化理解

续 表

分析精度	☑通过测试　□通过问卷 ☑依据经验

（四）检视单元内涵

知识技能分布	☑课程目标　☑教材内容　☑学习特点
策略思维层级	☑课程目标　☑教材内容　☑学习特点

（五）规划单元构成

单元依据	☑课程标准 ☑《教学基本要求》 □教材 □其他	单元性质	☑知识 □能力 □综合 □其他
总单元数	4	单元名称	Road to Success Art and Artists Healthy Lifestyle Life and Technology

三、教材教法分析

（一）分析教材内容

分析教材内容	单元学习内容	阅读语篇 People's Artist 及 Banquet Speech；听力语篇 Vincent van Gogh
	主题语境	人与自我、人与社会——生活与学习、做人与做事、艺术与文学
	语篇类型	阅读语篇 A——People's Artist 为人物生平介绍类的记叙文 阅读语篇 B——Banquet Speech 为演讲致辞听力语篇——Vincent van Gogh 为人物生平介绍类的记叙文

续 表

分析教材内容	语言知识	语音：能借助重音、语调、节奏变化等表达信息、意义、意图和情感 词汇：能归纳出 with 和 of 在不同“verb +with / of”词组中的意义及用法 语法：能归纳不定式做宾语、补语、状语、定语的基本语法规则并恰当运用不定式 语篇：能归纳人物介绍类记叙文和演讲语篇的语篇成分和结构；能辨析“总—分”的语篇结构 语用：能判断语篇目的、对象、作者的观点、意向与理念等；能运用功能语言和得体的语言形式表达态度、意图与个人观点
	语言技能	听：能依据听力语篇内容推理预测相关信息；能通过听的活动获取有关艺术家及其作品的相关细节，并形成自己的艺术观点 说：能口头描述艺术家的作品风格及其代表作 读：能归纳阅读语篇的“总—分”结构，概括主要内容 写：能运用“总—分”结构写出 80—100 词的语段来介绍一位艺术家
	文化知识	能对艺术家的生平、艺术创作特点、艺术代表作以及中西方传统绘画表现手法和特点等有深入的认识

（二）厘清教材结构

本单元以毕加索的名言“Art washed away from the soul the dust of everyday life.”引领教师和学生探索“做人与做事”“艺术与文学”主题群之下的“人与自我”“人与社会”主题语境。以阅读语篇 People’s Artist 为载体提供语篇理解、词汇聚焦和语法使用等方面的活动，运用视听语篇引导教师展开多层次的教学活动，拓展本单元的艺术维度至西方绘画，开阔学生的视野和思考艺术的角度。基于多模态输入和学生各项学习体验，指向多技能输出的说写融合型活动。最后的思辨训练和项目探究则是帮助教师组织综合性教学活动的板块，培养学生的理解、分析、整合和比较信息的能力，促进学生自主、合作学习，既有利于学生的学习内容的消化，也有利于教师教学反思，提高教学成效。

（三）优化教学结构

本单元第一课时的关于齐白石及其绘画风格和代表作的学习与第四课时的听说板块中关于梵高其人其画的学习在体裁、主题和内容上联系紧密，能打开学生视角并形成相互对照之势，但对于梵高及其作品对后世的影响和意义并未有更多的涉及。故在实际教学中，为了让学生对梵高有更全面的认识，为了突出介绍人物生平这类记叙文的结构，为了积累更丰富的输入信息，教师将第四课时的视听环节——Bob Dylan 的歌曲 Blowin' in the Wind 的歌词替换为精心挑选的关于后人对梵高的评价的视听素材，并增加了主题挖掘、细节辨析等活动，深化学生对主题内涵的理解，帮助学生为下一课时全面到位地介绍一位艺术家作充分的铺垫。

三、单元教学目标设计

（一）确定预期的单元学习成果

本单元的主题是“人与自我”“人与社会”，所属主题群为“生活与学习”“做人与做事”“艺术与文学”。并通过以下三个语篇呈现主要内容。语篇类型分别为介绍人物生平事迹的记叙文及演讲致辞。

整个单元主要由阅读理解、词汇聚焦、语法使用、视听实践、扩展阅读等板块组成，每一个板块都兼顾语言的理解性技能和表达性技能的协调发展，将听、说、读、看、写等各项学习任务融入其中。板块之间内在联系紧密，在各环节的阅读能力和任务设计上兼具螺旋式上升之势。

本单元的主题——艺术是学生比较熟悉的，其中的一些艺术家以及他们家喻户晓的代表作更是学生可能接触并了解过的，故在理解内容主旨上学生比较易于把握。而如何深入理解艺术家身上的特质及其艺术作品所隐含的象征意义和传递的文化信息，如何通过分析与比较，形成自己独到的艺术鉴赏力则是笔者期待学生在本单元的学习后能够达成的。

（二）明确单元重难点及单元目标

单元目标：（1）能谈论并分享一些艺术家以及他们的艺术作品；（2）能发掘艺术作品中隐含的象征意义和传递的文化信息；（3）从艺术作品中

分析和比较艺术家的社会影响；（4）在写作中运用“总—分”结构，能从听力语篇中获取细节信息，能在口头表达中强调重点关键词。

单元重难点：能整合本单元各语篇所介绍的艺术家及其作品等信息，比较和分析艺术家及其作品，采用恰当的语篇结构形成书面表达，最终形成更深层次的艺术理解。

四、单元教学目标分解及内容设计

	内容	要求
语言知识	语音	能借助重音、语调、节奏变化等表达信息、意义、意图和情感
	词汇	能归纳出 *with* 和 *of* 在不同“verb + with/of”词组中的意义及用法
	语法	●能归纳不定式做宾语、补语、状语、定语的基本语法规则 ●能根据表达的需要正确、恰当地运用不定式
	语篇	●能归纳人物介绍类记叙文的必选成分和可选成分 ●能分享演讲语篇的文体特点及语篇成分 ●能判断语篇中的句子、句群和段落之间的逻辑语义关系 ●能辨析“总—分”的语篇结构
	语用	●能判断语篇的目的、对象、作者的观点、意向与理念等 ●能运用功能语言和得体的语言形式表达兴趣、态度与个人观点 ●能根据交际具体情境，正确理解他人的态度、情感和观点，并运用得体的语言形式进行表达
文化知识	语篇文化元素、文化链接、项目探究	●能列举语篇中隐含的文化元素，如艺术家的创作特点、艺术品欣赏、艺术价值分析、中国传统绘画表现手法等 ●能简述艺术家的生平、艺术特点及艺术代表作等
语言技能	听	能依据听力语篇内容推理预测相关信息 能通过听与看的活动获取有关艺术家及其作品的相关细节，并形成自己的艺术观点
	说	能口头描述艺术家的作品风格及代表作等
	读	能归纳出主阅读语篇的“总—分”结构，概括语篇主要内容，包括艺术家的主要经历、艺术成就及社会影响等

续　表

	看	能通过观看视频，分析、获取关于梵高及其社会影响的相关信息
	写	能运用“总—分”结构写出80—100词的语段来介绍一位艺术家

六、单元学习活动设计

<table>
<tr><td></td><td>单元</td><td colspan="3">Art and Artists</td></tr>
<tr><td rowspan="3">设定单元活动目标</td><td>教学目标</td><td colspan="3">● 能通过对本地艺术馆的参访与考察，描述一位艺术家、艺术作品及艺术创作特点等，并形成考察报告
● 能运用得体的语言表达兴趣、态度与个人观点</td></tr>
<tr><td>活动目标</td><td colspan="3">● 能根据参观笔记、照片描述一位艺术家或其艺术作品，撰写考察报告
● 能借助幻灯片等辅助手段介绍一位艺术家及其作品等
● 能运用得体的语言表达个人对艺术家及艺术作品的喜爱</td></tr>
<tr><td>活动名称</td><td colspan="3">Taking a field trip to a local art museum（艺术博物馆之旅）</td></tr>
<tr><td rowspan="8">设计活动方案</td><td>活动形式</td><td colspan="3">☐个人活动　☐对子活动　☑小组活动（2~4人）</td></tr>
<tr><td rowspan="2">活动内容</td><td>活动内容和要求</td><td colspan="2">● 规划考察。登录各大艺术博物馆官网，查看各个博物馆即将展出的艺术品。
● 参观艺术博物馆。在参观期间记笔记。
● 撰写考察报告。上课期间进行终期汇报。</td></tr>
<tr><td>语言内容和要求</td><td colspan="2">下列为考察报告推荐涉及的内容：
Where I went:
When I went:
Who I went with:
What I discovered:
My favorite artwork:
What I brought home:</td></tr>
<tr><td rowspan="4">活动时间</td><td>活动时间跨度</td><td colspan="2">一周</td></tr>
<tr><td>课堂活动时间</td><td colspan="2">40分钟</td></tr>
<tr><td>时间节点</td><td>任务描述</td><td>呈现形式</td></tr>
<tr><td>初期</td><td>确定考察地点、时间、人员及艺术品等</td><td>完成考察具体方案</td></tr>
</table>

续 表

<table>
<tr><td rowspan="2"></td><td rowspan="2"></td><td>中期</td><td>组织组员参观艺术博物馆，同时记录重点信息</td><td>完成考察并保留过程性资料</td></tr>
<tr><td>终期</td><td>撰写考察报告并在班中汇报</td><td>考察报告班级汇报展示</td></tr>
<tr><td rowspan="13">设定评价方案</td><td>评价名称</td><td colspan="3">A report on a field trip to a local art museum（艺术博物馆考察报告）</td></tr>
<tr><td>评价目的</td><td colspan="3">规范考察报告评价指标，保证评价结果的公平公正</td></tr>
<tr><td>评价主体</td><td colspan="3">□教师评价　□学生评价　□小组自评　☑小组互评</td></tr>
<tr><td>评价类型</td><td colspan="3">□形成性评价　☑终结性评价</td></tr>
<tr><td>评价项目</td><td colspan="3">指标具体描述</td></tr>
<tr><td rowspan="3">考察报告</td><td colspan="2">涵盖考察报告应包含的要素，如地点、时间、人物、重点介绍的艺术品及理由等</td><td>达成度</td></tr>
<tr><td colspan="2">报告中无语法或科学性错误</td><td>☆☆☆☆☆</td></tr>
<tr><td colspan="2">报告结构清晰，重点突出</td><td>☆☆☆☆☆</td></tr>
<tr><td rowspan="3">汇报呈现</td><td colspan="2">汇报者语速、语调、动作恰当得体</td><td>☆☆☆☆☆</td></tr>
<tr><td colspan="2">幻灯片制作能突出重点并有效服务于主题</td><td>☆☆☆☆☆</td></tr>
<tr><td colspan="2">对观众现场提问做有效、积极的回应</td><td>☆☆☆☆☆</td></tr>
<tr><td>总评</td><td colspan="3">☆☆☆☆☆</td></tr>
<tr><td>检视设计品质</td><td colspan="4">☑合理性　☑关联性　☑情境化　☑可操作性</td></tr>
</table>

合理性。本单元聚焦于艺术与艺术家这一话题，两篇阅读语篇及两篇视听素材涵盖了三位中外艺术家及对其艺术作品的介绍，对我校的高一学生来说是既熟悉又陌生的话题：熟悉在于学生必定对著名的艺术家及其作品略知一二；陌生在于学生对艺术家身上的特质、艺术作品的深层意义、艺术家及其作品的社会影响等缺乏深入的认识。通过本单元环环相扣的学

习，学生对艺术家及艺术作品等有了体系化的认识及深入的了解。在介绍艺术家及其作品、口头及书面表达中恰当使用不定式以及运用“总—分”结构进行书面表达等的活动中，都表现出了显著的提升。通过本单元活动——A report on a field trip to a local art museum（艺术博物馆之旅考察报告）让学生运用所学，对喜爱的艺术家及其作品做充分全面的阐述。

关联性。本单元活动围绕一次艺术博物馆之旅展开，与本单元各课时学习内容息息相关，引导学生对艺术这一主题进行深入探索，考察的报告中对艺术品的选择、介绍及喜爱原因都与课内阅读及视听素材紧密相关。

情境化。打破单一维度的课堂学习模式，将课堂搬进艺术博物馆，让学生产生一种沉浸式的学习体验。置身于艺术的世界，能够激活学生课内所学的艺术知识，提升艺术敏锐度和感知力。在考察报告的撰写中，充分给予学生发挥空间。在整个活动过程中，学生有充分的自主权，决定各自不同的分工，确定各自的岗位职责，汇报过程更是将角色设定演绎到最后，作为汇报方和评价方，充分带动学生的学习热情和积极性。

可操作性。该单元活动对学生有较高的挑战性，要高质量地完成这项任务，需要学生紧密合作。在开头环节中，记录和拍照是同学们都可以完成的一项基础任务；在撰写报告的过程中，教师给出清晰具体的脚手架式的问题链，可保证学生按部就班完成任务，也便于开展监督与步骤跟踪。此外，评价描述简单明确，易于学生理解并执行，具有指导意义。

综上所述，本次活动设计完全符合合理性、关联性、情境化、可操作性原则。

达成活动目标	目标1	能根据参观笔记、照片描述一位艺术家或其艺术作品，撰写考察报告	☑达成 □基本达成 □未达成
	目标2	能借助幻灯片等辅助手段介绍一位艺术家及其作品等	☑达成 □基本达成 □未达成

	目标3	能运用得体的语言表达个人对艺术家及艺术作品的喜爱或态度	☑达成 □基本达成 □未达成
	存在问题	无	
	调整方案	无	

七、单元作业设计

（一）设定单元作业目标

	单元	Art and Artists
设定目标	教学目标	●能够通过复述课文掌握目标词汇; ●能够在语境中归纳常见介词 *with* 和 *of* 的多种意义; ●能够运用所学核心词汇,以“总—分”的结构,介绍梵高及其艺术作品。
	作业目标	●能够复述课文,同时掌握目标词汇; ●能在语境中归纳常见介词 *with* 和 *of* 的多种意义; ●能运用所学核心词汇,以“总—分”的结构,介绍梵高及其艺术作品。

（二）编选作业内容

编选内容	作业1	
	作业目的	学前—回顾、导学
	作业要求	Reflect on your speech about Qi Baishi.
	作业类型、题型	视听
	作业时限	2分钟
编选内容	作业2	
	作业目的	学中—操练巩固
	作业要求	Complete the Key Vocabulary with the words and expressions learnt in the lesson.
	作业类型、题型	阅读—词汇填空
	作业时限	3分钟

续　表

编选内容	作业3	
	作业目的	学中—整合
	作业要求	Fill in the blanks of the mind map and introduce Qi Baishi and his artworks.
	作业类型、题型	综合—复述
	作业时限	5分钟
编选内容	作业4	
	作业目的	学中—巩固
	作业要求	Find out the meaning of the prepositions "with" and "of" in the "verb + with/of " collocations.
	作业类型、题型	综合—归纳
	作业时限	8分钟
编选内容	作业5	
	作业目的	学后—巩固、应用
	作业要求	Introduce Vincent van Gogh and his artworks using the "verb + with/of" collocations properly in a general-specific pattern.
	作业类型、题型	综合—演讲
	作业时限	8分钟

（三）检视设计品质

检视设计品质	目标一致	形式多样
	分层递进	反馈有效

（四）反思调整方案

学生的作业目标达成度比较理想，回顾本单元的作业，发现学生在完成作业5——介绍梵高的活动中，内容空洞匮乏。出现这个情况的主要原因是教师在两个课时的作业设计中存在空档，未及时安排衔接式的作业，使学生缺乏更多的输入素材，未能做好内容和情感上的准备。

八、单元评价设计

（一）设定单元评价目标

单元	Art and Artists
单元评价目标	
●The learner can analyze and predict the key information in listening. ●The learner can get the main idea, the structure and the detailed information of a passage. ●The learner can introduce an artist and his/her artworks confidently and find out the significance of the artist and his/her artworks. ●The learner is able to use some art-related words and expressions learned in the text in different contexts in writing.	

（二）评价指标具体描述

单元	Art and Artists
评价指标具体描述	
●The learner can read the text accurately and fluently. ●The learner can give a clear and accurate pronunciation of each word or expression. ●The learner can use the words learnt in the unit in different contexts in a written work. ●The learner can introduce the artists and their artworks involved in the unit. ●The learner can use the infinitives as objects, attributives, complements and adverbials properly in writing.	

（三）设计评价活动

结果分析与反馈						
评价活动	考查内容与要求			考查技能	活动描述	素材来源
	知道	理解	运用			
评价活动一 Match		√		□听 □说 ☑读 □看 □写	Match the infinitives in Column B with the incomplete sentences in Column A to make the sentences complete and meaningful.	自编

续 表

评价活动二 Read and fill		√		□听 □说 ☑读 □看 □写	Read the passage about a photographer's special works and fill in the blanks to make it coherent and grammatically correct.	自编
评价活动三 Fill		√		□听 □说 ☑读 □看 □写	Fill in the blanks in the following sentences with the appropriate form of the "verb + of/with" collocations given in the box.	自编
评价活动四 Listen and choose		√		☑听 □说 □读 □看 □写	Listen to the conversations and choose the best answer to each of the questions.	参考书
评价活动五 Read and answer		√	√	□听 □说 ☑读 □看 □写	Read the article and complete the chart of Charlie Chaplin's life.	参考书
评价活动六 Speak		√	√	□听 ☑说 □读 □看 □写	Read aloud the following paragraph.	参考书
评价活动七 Translate		√	√	□听 □说 □读 □看 ☑写	Translate the sentences into English, using the words given in the brackets.	自编

续表

评价活动八 Guided writing		√	√	□听 □说 □读 □看 ☑写	Suppose you are Lin Ling, a Senior One high school student. You have received an e-mail from your friend Andy in Britain, asking about your school's annual art festival.	参考书

九、分析与反馈

A.评价活动一和二得分高，说明学生在艺术相关的主题上的感受加深，核心词汇的掌握到位。

B.评价活动三要求学生根据上下文语境，用“verb + of/with”搭配进行语段填空，学生答题得分率稍显欠缺，说明学生对介词with和of的意义的掌握还尚需操练和巩固。

C.评价活动四的得分率比较高，说明在一些艺术相关的主题和核心词汇上掌握到位。

D.评价活动五的阅读部分，学生表现没有惊喜，对一些阅读技巧和定位答案方面仍需更多的针对性指导。

E.评价活动六学生表现尚可，说明课堂中的口头操练都比较有效，在组织语言以及表达仪态方面，都有了不同程度的提升。

F.评价活动七和八得分率相对较低，主要集中在内容匮乏，语言生涩等问题上，综合应用能力还有待提升。

课时教案

第一课时　Reading A: People's Artist

上海市奉贤区曙光中学 沈雨薇

1.课时学习目标

本单元的主题语境为“人与自我”“人与社会”，主题群为“生活与学习”“做人与做事”“艺术与文学”，单元主题是Art and Artists。本课为Reading A: People's Artist的第一课时。本语篇主要介绍中国“人民艺术家”齐白石其人其画，通过梳理文本结构让学生了解文章大意。通过发掘齐白石艺术作品中隐含的象征意义，在此基础上让学生理解与欣赏画作所表达的意义。列举语篇中隐含的文化元素，如齐白石的创作特点和中国水墨画的表现手法，让学生理解齐白石被称之为“人民艺术家”的原因。通过课堂输入，学生可以简单介绍齐白石。

2. 教学设计思路

基于学生对齐白石最熟悉的画——《虾》引出齐白石的人生轨迹，并提出为什么齐白石被称之为“人民艺术家”。然后让学生通过略读技巧浏览全文，了解文章大意。紧接着，通过阅读第二部分（即第二段至第六段），了解他的三幅画作的核心元素：主题、风格和形式，并引导学生理解每幅画的象征意义，通过追问的方式引导学生发现齐白石的画作特点：平易近人且能传达大众的心声。通过阅读文章第三部分（即第七段至第九段），让学生了解齐白石的个人品质。从他的艺术作品和个人品质两个维度引导学生理解齐白石是当之无愧的“人民艺术家”。通过最后的读后活动将本课所输入的内容运用到真实语言环境中。

3. 教学重难点

通过阅读对齐白石人物和作品的介绍，让学生理解齐白石被称之为“人民艺术家”的原因。通过分析齐白石的艺术作品和个人品质，结合本课时所学内容，学生可以从多个维度介绍齐白石。

4. 教学设计

Teaching objectives:

By the end of this period, students are expected to

1. grasp the main idea by skimming the whole text.

2. know about the elements of Qi's artworks and his qualities by scanning.

3. analyze and understand the reasons why Qi is honored with the title “People's Artist”.

Teaching Procedures:

Lead-in

Warm-up Activity: Answer the questions about Qi Baishi and his works of painting.

Teacher: show students two pictures of his paintings

Students: look at the paintings and figure out the subjects of the paintings.

Purpose: to arouse students' interest in the topic.

Guiding question:

What is painted?

I. While-reading

Task 1: Read Para 1 and answer the questions.

Teacher: get students to read Para 1 for its main idea and ask students three questions.

Students: read Para 1 and answer the questions.

Purpose: to help students get the general information about Qi.

Guiding questions:

What is Para 1 mainly about?

What is the genre of the text?

What can you learn about the course of his life in Para 1?

Task 2: Sort out the structure of the text

Teacher: get students to predict the structure of the text and sequence the main ideas of each paragraph based on the genre; get students to read the whole text and match each paragraph to its main idea; get students to think over and divide the whole text into several parts.

Students: predict structure of the text and sequence the main ideas of each paragraph based on the genre; read the whole text and match each paragraph to its main idea; think over and find out how many parts the whole text can be divided into.

Purpose: to guide students to sort out the structure of the whole text.

Guiding questions:

How many parts can the whole text be divided into?

What is the main idea of each part?

Task 3: Fill in the blanks in the chart.

Teacher: get students to scan Para 2-6 to figure out the basic elements of Qi's artworks; guide the students to get the features of the elements of Qi's artworks by asking the questions.

Students: read Para 2-6 and fill in the blanks; think about and answer the questions.

Purpose: to help students get to appreciate the artworks by focusing on the subjects, style and messages.

Guiding questions:

Where can you see these subjects?

What painting technique does Qi use in his painting?

Are you familiar with these art forms?

Task 4: Make the information card.

Teacher: guide the students to finish the information card of the painting of shrimps; get students to finish information card of another painting.

Students: read and complete the information card; work with the partner to complete another information card based on the example.

Purpose: to help students know about the features of Qi's artworks; to improve students' ability to appreciate artworks

Guiding questions:

What is the subject of the painting?

What is the artistic style of the painting?

What message is conveyed in Qi's painting?

Task 5: Find out Qi's qualities.

Teacher: get students to read Part three and find information about Qi's qualities.

Students: read Part three and find information about Qi's qualities.

Purpose: to help students discover the qualities of Qi.

Guiding questions:

What qualities dose Qi have?

II. Post-reading

Task 6: Discuss in groups and make a speech about Qi Baishi.

Teacher: get students to discuss in groups why Qi was honored with the title "People's Artist"; ask students to make a speech about Qi's artworks and qualities based on their discussion.

Students: discuss with the group members why Qi was honored with the title "People's Artist"; prepare the speech about Qi based on their discussion.

Purpose: to guide students to deduce why Qi was honored with the title "People's Artist"; to get students to put what they have learned into practice; to give students a chance to orally introduce Qi as a "People's Artist."

Guiding questions:

Why was Qi honored with the title "People's Artist"?

III. Assignments

1. Read the passage aloud at least three times and pay attention to the stress, pause and tones.

2. Revise your speech about Qi Baishi and upload your video of speech in time.

3. Sort out the words or expressions related to artworks and write them down in your word bank.

Word Bank		
Category	Mastered	To be mastered
Subject		
Artistic Style		
Art form		

第二课时　Reading A: People's Artist (Vocabulary Focus)

上海市奉贤区曙光中学　朱瑨怡

1. 课时学习目标

本单元的主题语境是“人与自我”“人与社会”，主题群为“生活与学习”“做人与做事”“艺术与文学”，单元主题是Art and Artists。本课为本单元第二课时——Vocabulary Focus。本节课的教学目标是学生能够在第一课时对课文中人民艺术家齐白石其人其画及社会影响理解的基础上，掌握核心词汇的意义并在表达中恰当运用课文核心词汇；能够通过上下文，归纳常见介词，即“with”和“of”的多种意义；能够在不同语境中运用、迁移所学核心词汇及“verb + with/of”短语，以“总—分”结构介绍梵高其人、其画及其社会影响。

2. 教学设计思路

词汇的学习不是单纯的词语记忆，也不是独立的词语操练。词汇学习不应该游离于文本之外、脱离语境，它是结合具体主题，在特定语境下开展的综合性语言实践活动。因此，积极创设理想的语境，通过听、说、读等方式，帮助学生构建相关主题的词汇语义网，强化语感，迁移词语运用能力是本课的核心思路。

学生已经通过第一课时的课文理解，了解了齐白石的生平、艺术作品、艺术风格及其社会影响，这为第二课时课文中核心词汇的学习创设了绝佳的语境。

首先，引入环节。先通过师生互动问答，回顾文章大意，锁定课文关键词。在充分的热身回顾之后，鼓励学生利用关键词汇复述课文，通过不断的复现，在问答中有意识地引出“verb + with/of”短语。

其次，输入环节。学生在引入环节的热身之后，根据首字母的提示，完成Key Vocabulary的段落填空，巩固核心词汇的运用，同时，加深其对齐白石其人其画及其社会影响的理解。在教学中，也应当注重文本的二度开发，分为两条路径：其一，以该语篇为脚手架，引导学生搭建思维导图，梳理、组织上述语篇的关键信息，并启发学生学习运用“总—分”结构介绍艺术家齐白石；其二，对导图中couple、honor、remind等关键词挖空，引导学生发现这些目标词汇与介词with和of搭配，启发学生理解介词with和of在不同上下文语境中的不同含义。

请学生结合之前的讨论及课本右边列出的介词词义提示，分组讨论并解释Word Partners 中六处“verb + with/of”搭配中介词with 和of 的意义。引导学生一同梳理并总结介词with和of在不同搭配中的意义。

最后，输出环节。教师重构课本中Word Partners练习2的语篇，将其中的信息碎片化，并给出六个“verb + with/of”短语：cure…of, remind…of, connect…with, fill…with, struggle…with 以及 associate…with, 引导学生运用碎片信息及“verb + with/of”搭配，以“总—分”框架结构介绍艺术家梵高。基于之前的语篇结构、词汇知识的学习，邀请学生对同伴的介绍进行评价反馈。通过这个环节，鼓励并引导学生在同样的主题引领下，将所学的“总—分”结构及词汇知识进行应用实践、迁移创新，也为第四课时的听力环节——Vincent van Gogh（Mini-lecture）做铺垫，体现出单元整体视角下教学板块间的协同整合，互为关联。

3. 教学重难点

引导学生围绕本单元第一课时语篇的内容，学习、操练和运用重点词汇；引导学生通过上下文，理解并归纳常见介词的多种意义；引导学生运用“总—分”结构，及本课所学词汇知识介绍梵高其人其画其影响。

4. 教学设计

Learning Objectives:

By the end of this period, students are expected to

1.grasp the target vocabulary by retelling the text based on some key words and expressions;

2.figure out the different meanings of with and of in “verb + with” and “verb + of” collocations in context;

3.introduce Vincent van Gogh based on the general-specific pattern by using the target vocabulary and “verb + with/of” collocations learnt;

4.arouse great appreciation for artists like Qi Baishi and Vincent van Gogh.

Teaching Procedures:

I.Lead-in

Activity 1: Retell the text.

※ Teacher: Get the students to review the main idea of the text through textual interaction and retell the text based on the key words and expressions highlighted.

※ Students: Review the main idea of the text through textual interaction and retell the text based on the key words and expressions highlighted.

※ Purpose: To help students go over the main idea of the text and elicit the target vocabulary and the "verb + with/of" collocations.

Guiding Questions:

1.What are the subjects of Qi's artworks that have often been on display?

2.What are the characteristics of Qi's artworks?

3.Why is Qi honored with the title "People's Artist"?

II.Input

Activity 2: Fill in the blanks.

※ Teacher: Get the students to read the passage and fill in each blank with the appropriate form of a word from the text according to the first letter given.

※ Students: Read the passage and fill in the blanks according to the first letter given.

※ Purpose: To consolidate students' understanding of the text.

Activity 3: Finish the mind map.

※ Teacher: Get the students to sort out and reorganize the information in the passage and finish the mind map based on the general-specific pattern.

※ Students: Sort out and reorganize the information in the passage and finish the mind map based on the general-specific pattern.

※ Purpose: To raise students' awareness to introduce an artist using the general-specific pattern and lead students to explore the meanings of with and of and the use of the "verb + with/of" collocations.

III.Output

Activity 4: Introduce Vincent van Gogh.

※ Teacher: Get the students to read the fragmented information borrowed from Exercise 2 of Word Partners. ※ Students: Read the fragmented information borrowed from Exercise 2 of Word Partners. ※ Teacher: Get the students to rearrange the information in the general-specific pattern and introduce Vincent van Gogh by using the "verb + with/of" collocations properly. ※ Students: Rearrange the information in the general-specific pattern and introduce Vincent van Gogh by using the "verb + with/of" collocations properly. ※ Purpose: To help the students apply the target vocabulary and the "verb + with/of" collocations learnt to practice and get prepared for Listening — Vincent van Gogh (Mini-lecture) in the fourth period of the unit.

Ⅳ.Assignments

1.Complete Section A and Section B (P. 19-21) in the workbook.

2.Write an introduction of Vincent van Gogh in about 80 words based on the general-specific pattern with at least three "verb + with/of" collocations included.

第三课时　Grammar in Use

上海市奉贤区曙光中学　朱瑨怡

1.课时学习目标

本课为本单元第三课时——Grammar in Use。本节课的教学目标是能判断不定式作宾语、补语、状语、定语的语法功能和表意功能；能正确、恰当地运用不定式介绍艺术家及其代表作；能激发对艺术家的敬仰之情并提升对美的鉴赏力。

2.教学设计思路

本课是第二单元的第三课时——Grammar in Use，聚焦于不定式作宾语、补语、状语和定语的语法功能和表意功能。英语语法知识的学习不应是单一的灌输操练，应该在更加丰富的语境中指导学生观察所学语法的使用场合、基本意义和语用功能，通过各种英语学习和实践活动进一步巩固和恰当运用所学的语法知识，发展英语语法意识和能力。

基于本单元第一、第二课时的输入，学生已经对中国著名艺术家齐白石先生其人其作品有了深入的了解；第四课时的Listening and Viewing部分，学生将听到关于艺术家Vincent van Gogh及其画作的介绍；第五课时Writing环节需要学生为艺术展介绍一位艺术家。从单元整体教学设计的视角出发，本节课更应是衔接各个课时的重要一环，学生可从已有的艺术知识出发，浸入相关联的主题语境中，在语法知识学习的同时，编织更广的艺术主题知识网络。

基于以上理念，教师以具有学校特色的曙光中学“洪炉”美育节系列活动之一——“走进文艺殿堂”为主题，创设本课语法学习的语境，请学生沉浸式演绎“洪炉文艺馆”馆长这一角色，通过数字化的艺术品三维图像，向参观者们介绍不同艺术家及其代表作。

首先，教师给出文艺馆第一个展区——齐白石先生的几幅代表作《虾》，教师对这些作品的创作手法提问——“How did Qi Baishi show a shrimp’s body?”并通过学生的回答——“He developed a personal style by using shades of black ink to show a shrimp’s body, giving it an almost real-life feel.”引出此句中的不定式——to show，该不定式在此处作状语，表达目的。教师继续对齐白石的艺术呈现手法进行提问——“In what way did Qi express symbolic meanings in his paintings?”并通过学生的回答——“Qi used images and Putonghua pronunciations to express symbolic meanings, such as flowers as a symbol of prosperity, vegetables as a symbol of rich harvests, the vase as a symbol of peace and the bat happiness.”巩固不定式作状语的用法。再通过补全句子的形式进一步操练该知识点。

在一同回忆并梳理了齐白石的一些创作特点和手法后，教师给出文艺馆的微论坛区域，引导学生站在艺术欣赏的角度思考——“What should be taken into consideration when it comes to appreciating a work of art?”教师让学生带着此问题读一个相关的段落（将课本24至25页的两段文字进行整合）。从阅读中明白了欣赏艺术作品要关注作品的创作环境、品味细节和从心体会作者想传达的感情。在理解段落的过程中，划出不定式并判断不定式的语法和表意功能，强调其中不定式作定语及宾语的部分并在语境中总结不定式作宾语的两种常见形式：verb + to do 和 verb + wh-word + to do，引导学生头脑风暴对应的动词。再通过两个练习进一步操练该知识点。

接着，教师引导学生进入文艺馆的第二个展区——达·芬奇及其代表作《蒙娜丽莎》。引导学生完成相关的段落填空，让学生了解这幅作品的基本情况和细节，与之前的艺术品欣赏的语篇形成共鸣之势。同时，强调语篇中不定式作宾语补足语的用法，引导学生在语境中总结不定式作宾语补足语的两种常见形式：verb + sb./sth. + to do 和 verb + sb./sth. + do，总结后跟带 to 及不带 to 的不定式的动词。再通过两个练习进一步操练该知识点。

最后，基于主题语境之下的不定式作宾语、补语、状语和定语的用法讲解及操练，引导学生以小组为单位，绘制不定式相关知识点的思维导图，从而梳理并归纳不定式的各个形式和语法及表意功能。鼓励学生进行角色扮演——馆长和记者，就本次艺术节活动的三个重要环节，即齐白石先生及其作品《虾》、微论坛及达·芬奇及其代表作《蒙娜丽莎》进行采访问答，并在问答中注意使用不定式作宾语、补语、状语和定语。对艺术知识和语法知识作迁移应用。

3. 教学重难点

理解不定式作宾语、补语、状语和定语的语法功能；在语境中，运用不定式表达与艺术相关的话题，如介绍艺术家及其代表作。

4. 教学设计

Learning Objectives:

By the end of this period, students are expected to

lidentify the four functions of infinitives used as object, adverbial, complement and attributive and understand their meanings in the context;

lintroduce artists and their art works by using the infinitives properly and correctly;

larouse the admiration for the great artists and enhance the ability to appreciate the art works.

Teaching Procedures

I. Exhibition Area 1— Qi Baishi and The Shrimps

※ Teacher: Show the students The Shrimps painted by Qi Baishi and raise some questions on Qi's techniques. ※ Students: Appreciate the paintings and answer the questions. ※ Purpose: To create a situation related to the appreciation of the art works and show the students the use of infinitives as adverbials.

Guiding Questions:

4.How did Qi Baishi show a shrimp's body?

5.In what way did Qi express symbolic meanings in his paintings?

II. A Forum— On Appreciating Art Works

※ Teacher: Get students to think about the key to appreciating art works and hold a themed forum. ※ Students: Think about the key to appreciating art works and have the ideas exchanged on the forum. ※ Teacher: Lead students to find out some more keys to appreciating art works from a paragraph. ※ Students: Try to find out some more keys to appreciating art works from a paragraph. ※ Purpose: To help students better appreciate art works by understanding the importance of knowing the context in which it is created, searching for signs of artists' emotions and being royal to your own feelings and show the students the use of infinitives as objects and attributives.

Guiding Questions:

1.What should be taken into consideration when it comes to appreciating a work of art?

2.What are the common forms of infinitives used as objects? Try to summarize them based on the paragraph.

III. Exhibition Area 2— Leonardo da Vinci and Mona Lisa

※ Teacher: Get students to appreciate Mona Lisa painted by Leonardo da Vinci and try to make some comments based on the previous forum.
※ Students: Appreciate Mona Lisa painted by Leonardo da Vinci and try to make some comments based on the previous forum.
※ Teacher: Get students to fill in the blanks of the paragraph on Leonardo da Vinci and Mona Lisa to learn more about the painting and the painter.
※ Students: Try to find out some more keys to appreciating art works from a paragraph.

※ Purpose: To apply students' knowledge of how to better understand art works (e.g., searching for signs of artists' emotions) to practice and show the students the use of infinitives as object complements.

Guiding Questions:

1. What do you think of Mona Lisa painted by Leonardo da Vinci? Make some comments on it based on what is learnt today.

2. What are the common forms of infinitives used as object complements? Try to summarize them based on the paragraph.

IV. An Interview

※ Teacher: Get students to work in groups of four and finish a mind map on the functions and meanings of infinitives used as adverbials, objects, object complements and attributives.
※ Students: Work in groups of four and finish a mind map on the functions and meanings of infinitives used as adverbials, objects, object complements and attributives.
※ Teacher: Get students to finish some consolidation exercises on infinitives.
※ Students: Finish some consolidation exercises on infinitives.
※ Teacher: Get students to play the roles as a visitor, a curator and a reporter and have an interview on the introduction or comments on the whole event by employing infinitives used in different ways.

※ Purpose: To sort out students' knowledge of the infinitives used in different ways and apply it to a real-life situation and meanwhile, deepen their understanding of how to appreciate art works.

V. Assignments

1.Finish the consolidation exercises on infinitives.

2.Write an appreciation report on your favorite art works on the exhibition.

3.Introduce one more artist and his/her art works for the art exhibition and search the Internet for more information on them.

第四课时 Listening and Viewing: Vincent van Gogh

上海市奉贤区曙光中学 杨旭栋

1.课时学习目标

本单元的主题语境是“人与自我”“人与社会”，主题群为“生活与学习”“做人与做事”“艺术与文学”，单元主题是Art and Artists。本课为Listening and Viewing，是整个单元中的第四课时，听力语篇是关于梵高的微讲座，并补充了一段梵高穿越到现代后听到一名教授对其人其画评价后感动落泪的视频。本节课的教学目标是学生能够在之前课时所学People’s Artist的基础上，依据梵高相关视听语篇的情景语境，在课堂过程中，加强听力笔记意识，抓住听力材料中的关键词，理解话语之间的逻辑关系，从听力和视频材料中提取与梵高其人、其画、其影响力相关的信息和观点，并能进一步探寻梵高的个人生活与其艺术作品，思考梵高的性格对艺术作品风格的影响，最终以口语形式，运用课堂所学对梵高进行介绍。

2.教学设计思路

在之前的课时，学生通过学习People’s Artist，了解了齐白石生平、艺术作品及其成就，熟悉了介绍艺术家的方式。在此基础上，本节听说课通过复习齐白石的相关内容，引出梵高这一外国艺术家，并在提问中激活学生对于梵高的已有知识。随后依托音频Vincent van Gogh（mini-lecture）和视频A professor’s comment on Van Gogh，设计了从泛听到精听的听说练习，涵盖了对梵高艺术作品、个人生活及影响的信息获取及思考，整堂课中都要求学生在听的时候记录笔记，并回答问题，特别是思考追问问题的过程中，引导学生深度思考梵高生活、情感和艺术，分析出听力语篇中性格与艺术行为的相互关系，并能在此过程中整理介绍梵高所需的词汇和信息。

随后补充了一段梵高穿越到现代后听到一名教授对其人其画评价后感动落泪的视频，让学生体会艺术家生前身后境遇的变化，体会艺术家的心境，对梵高形成更全面的认识。最后的环节设定情境：曙光烘炉艺术社在拍摄一部题为Artists in the eyes of teenagers的纪录片，学生们需要帮助拍摄一条介绍梵高的视频。在本环节中，给予学生充分时间思考及讨论，最终目的是要让学生对本课所学内容进行整合，吸收语言并经过理解、思考、内化后表达出来，介绍梵高其人、其画、其影响力，将视听的输入转换成有效的输出，从而发展语言技能，同时也通过checklist让学生能够对他人输出进行欣赏与评价。

3.教学重难点

引导学生依据视听语篇的情景语境，运用笔记记录和问题追问的方式，获取视听材料中梵高其人、其画、其影响力相关的细节，并综合推断出艺术家的性格对其艺术作品风格的影响。

4.教学设计

Teaching objectives:

By the end of this period, students are expected to

1.have a general idea of Van Gogh's personal life and artworks through listening and viewing;

2.listen for some specific details of Van Gogh's personal life and artworks;

3.figure out the influence of the Van Gogh's personality on the style of art works.

Teaching Procedures:

I.Pre-Listening

Task 1: Recall the information about Qi Baishi.

*Teacher: guide students to recall some basic information about Qi Baishi.
*Students: recall what they have learned about Qi Baish.
* Purpose: to activate students' previous knowledge about artists and get ready for the listening tasks.

Guiding Question

1. Who is this artist?

2. What's his nationality?

3. What's his profession?

4. What are his representative works?

5. What message did he convey in his works?

6. What's his art style?

7. What are his qualities?

8. What's his social influence?

Task 2: Share some knowledge about Van Gogh.

*Teacher: encourage students to say whatever they know about Van Gogh. *Students: share what they know about Van Gogh. Purpose: to activate students' prior knowledge about Van Gogh

Guiding Question:

Do you know anything about Van Gogh?

II.While-Listening

Task 3: Listen and tick what you hear in the mini-lecture.

*Teacher: play the audio for the first time and ask students to tick what they hear. *Students: listen to the whole mini-lecture and tick what they hear while listening. Purpose: to help students get what the mini-lecture is mainly about.

Guiding Question:

What did you get in the mini-lecture?

Task 4: Listen to the part about Van Gogh's personal life and artworks and fill in the blanks.

*Teacher: play paragraph 1-2 of the audio and ask students to fill in the blanks. *Students: listen to audio and fill in the blanks. Purpose: 1.to help students capture specific details while listening. 2.to help students learn about Van Gogh's personal life and his artworks.

Guiding Question:

1. What kind of life did Van Gogh live?

Task 5: Listen to the part about Van Gogh's friendship and answer the questions.

*Teacher: play paragraph 3 of the audio and ask students to answer the questions about what Van Gogh did before and after Gauguin's arrival. *Students: listen to the audio and take down notes about what Van Gogh did before and after Gauguin's arrival while listening. Purpose:1. to help students capture specific details while listening. 2. to help students learn more about Van Gogh's personal life. 3. to figure out the influence of the artist's personality on the style of art works.

Guiding Questions:

1. What did Van Gogh do before Gauguin' s arrival?

2. What happened after Gauguin' s arrival?

3. Can you infer what kind of person Van Gogh was from this story?

Task 6: Listen to the last part of the mini-lecture and take notes.

*Teacher: play paragraph 4 of the audio and ask students to take notes for more information about Van Gogh's life, works and influence. *Students: listen to the audio and take notes about Van Gogh's life, works and influence. Purpose: 1.to help students capture specific details while listening. 2.to help student learn more about Van Gogh's life, artworks and influence.

Guiding Questions:

1. What did you get about his works?

2. What did you get about his life?

3. What did you get about his influence?

III.While-Viewing

Task 7: Watch a video and answer the questions.

*Teacher: play a video about a professor's comment on Van Gogh and ask students several questions. *Students: watch the video and answer several questions based on the information they get from the video. *Purpose: 1. to help students capture specific details while viewing. 2. to help students learn more about Van Gogh's influence.

Guiding Questions:

1. What comments did the professor make on Van Gogh?

2. Why is Van Gogh crying?

IV.Post-Listening and Viewing

Task 8: Make an introduction.

*Teacher: encourage students to work in groups to make an introduction. *Students: work in group and present an introduction about Van Gogh. Purpose: to provide a chance for students to put what they have learned into practice.

V.Assignments

Students: 1.search for more information about Van Gogh. 2.shoot a video about the introduction and send it to Honglu Art Club. Purpose: 1.to consolidate what students have learned in this class. 2.to get prepared for the next period — Moving forward:Introducing an Artist.

第五课时　Reading B Banquet Speech

上海市奉贤中学　吴丹妮

1. 课时学习目标

本单元的主题语境是“人与社会”与“人与自我”，单元主题是艺术与艺术家，本课为本单元的Reading B。基于阅读，学生理解鲍勃·迪伦在演讲中传递的主要信息与表达的情感，掌握演讲的组成部分，推断比较这一写作手法的作用，并基于事实对有争议性的问题作出判断。

2. 教学设计思路

教师以鲍勃·迪伦获诺贝尔文学奖引发争议这一事件作为引入，从演讲的文体特征入手，引导学生逐步理解演讲的内容与表达的情感，深挖演讲主体部分的内在逻辑。通过阅读演讲开头与结尾，学生获取演讲的框架与基本信息，并了解鲍勃·迪伦获奖后的情感。而后教师通过提问“为什么鲍勃·迪伦要提到莎士比亚”，引导学生分析两者之间的关系。为了给学生搭建比较的支架，教师首先带领学生阅读梳理有关莎士比亚的重要信息，而后引导学生找出有关鲍勃·迪伦的关键信息，并得出两者之间的共同点。完成比较分析后，学生进一步思考比较这一写作手法的目的，推断鲍勃·迪伦在演讲中运用比较的意义。在理解鲍勃·迪伦自身对获诺贝尔奖的感想后，引导学生不仅要听其言更要观其行，对鲍勃·迪伦的代表作进行分析，就“鲍勃·迪伦是否配得上诺贝尔文学奖”作出自己的判断。

3. 教学重难点

引导学生比较鲍勃·迪伦与莎士比亚，并思考这一写作手法的作用；引导学生基于事实对有争议性的问题做出判断，培养学生的辩证思维。

4. 教学设计

Learning Objectives:

By the end of the lesson, the students are expected to

1.get the general idea about Nobel Laureate Bob Dylan and his feelings after he was awarded the Nobel Prize;

2.figure out the textual features and the purpose of the speech;

3.compare William Shakespeare with Bob Dylan and infer the Bob Dylan’s intention in making a comparison;

4.develop their sense of critical thinking by making judgments.

Teaching Procedures:

I. Lead-in

Activity 1: Talk about Bob Dylan and his being awarded the Nobel Prize.

*Teacher: Get the students to talk about Bob Dylan and introduce the debate on whether Bob Dylan deserves the Nobel Prize for Literature. *Students: Talk about Bob Dylan. *Purpose: To elicit the topic and prepare the students for the class.

Guiding question: What do you know about Bob Dylan?

II. While-reading

Activity 2: Figure out the structure of the speech and have some idea of the speech.

*Teacher: Guide the students to analyze the structure of the speech and ask the students questions about the reason for the signature, the target audience and Bob Dylan's feelings. *Students: Read and analyze the structure of speech first, and then read the opening and closing parts to find out some basic information of the speech. *Purpose: To focus the students' attention on the textual features and some basic information of the speech.

Guiding questions:

1. Why is the rea signature?

2. Who is thc target audience?

3. What did Bob Dylan feel after being awarded the Nobel Prize for Literature?

Activity 3: Read the body part and find out the comparison.

*Teacher: Ask the students some questions and lead them to find out the comparison between Bob Dylan and William Shakespeare. *Students: Read the body part and analyze the logic. *Purpose: To help the students understand the logic of the body part.

Guiding questions:

1. What are "the very question" and "such a wonderful answer"?

2. Why does Dylan mention William Shakespeare?

Activity 4: Read para. 3, add three sentences to the paragraph and pick out the features of William Shakespeare.

*Teacher: Guide the students to add three sentences to para.3 with some contextual clues and ask them several questions about William Shakespeare. *Students: Read para. 3, add three sentences and answer some questions. *Purpose: To enhance the students' reading ability by finding out the contextual clues and prepare them for further comparison.

Guiding questions:

1. What is the art form of William Shakespeare?

2. What are the top things on his mind?

3. What might be other things for him to consider?

Activity 5: Read para. 4-6 and compare William Shakespeare with Bob Dylan.

*Teacher: Lead the students to pick out some information about Bob Dylan and then guide them to find out the similarities between William Shakespeare and him. *Students:Read para.4 to para.6 and fill in the diagram. *Purpose: To facilitate the students' comprehension with the help of the visual tool.

Guiding question:

According to the diagram, what are the similarities between William Shakespeare and Bob Dylan?

Activity 6: Infer Bob Dylan's intention in making the comparison.

*Teacher: Guide the students to think about Bob Dylan's intention in making the comparison. *Students: Analyze the intention in making the comparison. *Purpose: To enhance the students' ability to read between and even beyond the lines.

Guiding question:

What's Bob Dylan's intention in making the comparison?

III. Post-reading

Activity 7: Judge whether Blowin'in the wind is literature based on the lyrics.

＊Teacher: Inform the students of the features of a poem and lead the students to reread the lyrics of the song and make a sound judgment on whether Bob Dylan's song is literature. ＊Students: Reread the lyrics of the song and judge whether it is literature based on the definition of poems. ＊Purpose: To appreciate the lyrics and to cultivate the students' critical thinking.

Guiding questions:

1. Does this song qualify as literature in your eyes?

2. What are the repeated rhythm and the rhyme at the end?

IV. Assignments

1. Search online for more works of Bob Dylan and make a more reasonable judgment on whether he deserves the Nobel Prize.

2. Read the text after the recording for at least three times to further understand the speech.

3. Optional: Read the original speech written by Bob Dylan.

附3-6　单元整体视域下的课堂教学设计案例二

回顾峥嵘岁月　对话红色经典

单元教学设计

上海市奉贤区曙光中学　薛子旖

【教材选择】普通高中教科书《美术（必修 美术鉴赏）》（上海书画出版社）。

【执教年级】高一年级。

【单元来源】走近美术鉴赏。

【单元概述】本单元是教育部普通高中美术课程的第一单元，是高中学生进行美术学习的起始。通过本单元的学习，了解美术鉴赏的概念，理解美术鉴赏对提高图像识读、美术表现、审美判断、创意实践和文化理解起着重要意义。初步掌握美术鉴赏的基本方法，学会不同美术作品可运用的不同鉴赏方法，体会作品题材内涵的人文性以及艺术语言的多样性。结合我校对红色精神培育的指导方针，创设“回顾峥嵘岁月 对话红色经典”校园美术讲坛的真实情境，在红色革命美术作品中运用比较鉴赏对话经典，引导学生运用美术鉴赏的知识解决实际问题。

一、单元规划

单元名称	课程内容要求（学科核心素养）	教材内容关联	学业要求（课标）	学业质量水平（课标）
回顾峥嵘岁月，对话红色经典	●了解美术鉴赏的概念与性质，学习美术作品的审美构成的造型元素和形式原理 ●掌握2—3种美术鉴赏的基本方法，联系文化情境认识美术作品的主题、内涵、形式和审美价值 ●了解近代以来中国革命主题的美术发展史，以及新中国成立后讴歌党、祖国、人民、英雄的红色经典巨作。	美术鉴赏的概念与意义。 美术鉴赏的方法。	以联系、比较的方法进行整体观看，感受图像的造型、色彩、材质、空间等形式特征；以搜索、阅读和讨论等方式，识别与解读图像的内涵和意义；从形态、材料、技法、风格以及发展脉络等方面识别图像的类别；知道图像在学习、生活和工作中的作用与价值，辨析和解读现实生活中的视觉文化现象和信息	能与同学交流自己对美术作品的想法和观点；能选择几幅红色经典作品，搜集相关历史背景和作者资料，分析、研究作品中所隐含的文化信息；能运用传统与现代媒材、技术，结合创造性思维，对作品和环境进行分析、构思和表现
确立单元主旨	●知道美术鉴赏的概念与方法 ●通过解读美术作品的图像、探究美术作品的创作过程、探究美术作品背后的社会背景、体验艺术家的创作意图，解决美术讲坛遇到的实际问题，进而体会美术鉴赏学习的意义			
单元课时规划	6课时			

二、教材教法分析

梳理教材内容：
知道美术鉴赏的概念，学习美术鉴赏的方法
运用美术鉴赏知识进行红色经典艺术讲坛开展工作，感悟学习美术鉴赏的真正意义

整合单元教学内容结构图：

课时	学习内容	基本任务
第一课时	“回顾峥嵘岁月 对话红色经典”校园美术讲坛活动启动	了解什么是美术鉴赏，形成论坛话题
第二课时	讲坛的规划与分工	结合学校红色精神培育主题，遴选经典作品及艺术家，确定演讲形式
第三课时	艺术写作框架及演讲基本技巧	演讲稿撰写、配套材料制作
第四课时	讲坛的宣传	微信文章推送、海报设计、文创产品的设计与制作
第五课时	讲坛前夕	讲坛布置、视频录制、演讲流程等预演
第六课时	讲坛结束以后	交流会 撰写、交流讲坛心得

单元教学策略与方法：
帮助学生理解何为美术鉴赏，通过创设“回顾峥嵘岁月 对话红色经典”校园美术讲坛的真实情境，引导学生运用美术鉴赏的知识解决实际问题，促进学生提升审美能力和人文素养，进而感悟学习美术鉴赏的意义

单元育人价值：
解读红色经典美术作品，从中国革命历程的视角对话经典美术作品，打破时间和空间的局限，多角度切入分析，提高艺术鉴赏能力，促进学生审美判断，提升学生的审美能力和人文素养，理解红色文化的精髓，培养热爱祖国的纯正情感
在筹备讲坛、演讲、交流会的真实情境中培养学生创造能力、实践能力、合作能力和表达能力

三、单元教学目标设计

1. 确定预期的单元学习成果

学习起点： ●对美术鉴赏的初步了解 ●对美术作品中的构图、色彩、人物动势等知识的初步掌握 ●具有一定的动手实践能力和合作学习体验		
通过对本单元的思考、探索和学习，最终学生能够理解： ●美术鉴赏能力是美术评论活动中不可或缺的重要技能 ●运用美术鉴赏能力有助于解读作品，形成话题，并根据红色讲坛选择适当的演讲作品及艺术家 ●从中国革命历程的视角对话经典美术作品，形成多元视角，激发批判性思维 ●借助艺术写作框架形成逻辑表达，结合演讲技巧提炼观点，拓展深层理解		
引导性问题	学生需要知道	学生能够知道
（对应理解的问题） 什么是美术评论？ 美术讲坛需要具备的最关键能力是什么？	美术评论是以一定标准对美术作品或美术现象所做的评定和价值判断。 美术鉴赏能力对美术评论的重要性	能够回应 探索学习评论所要具备的最基本的素养——美术鉴赏
怎样的话题会形成对话？ 怎么根据讲坛话题选择作品？	选择适合红色讲坛的作品。 根据一定的线索（人物、时间、事件）选择作品	能够评论 美术作品介绍、对比异同，形成话题
完成一个校园美术讲坛需要做哪些工作？ 怎样更好的宣传？	艺术评论写作框架、演讲的基本技巧、讲坛的形式创意 微信推送、平面图像、文创产品。校园讲坛的基本工作分工与流程	能够制作 演讲稿撰写、演讲练习、演技形式 讲坛微信推送、海报设计、文创产品设计 运用多学科知识，与团队分工合作，完成讲坛活动
你觉得这次活动成功吗？从中你获得了哪些有益的经验？	学习美术鉴赏能力能帮助我们解决生活中的实际问题	能够分析 讲坛活动的有益经验与困难、方法，撰写心得体会

（2）明确单元重难点及单元目标

明确重点： 知道美术鉴赏的概念 理解美术鉴赏能提升审美判断和人文素养 运用美术鉴赏的方法为讲坛选择合适的作品 运用美术和其他综合知识解决讲坛筹备过程中遇到的问题，完成讲坛
明确难点： 运用艺术评论写作的框架和演讲技巧进行演讲稿的撰写并演讲 通过讲坛活动有观点的解读作品的艺术内涵和人文思想
设计学习体验： 1.“回顾峥嵘岁月 对话红色经典”校园美术讲坛活动启动 2.美术鉴赏的概念及方法 3.学习美术鉴赏的意义 4.结合红色文化，运用美术鉴赏知识，从革命发展历程的时间脉络选择作品 5.根据讲坛活动的实际需要，选择展示形式（个人Ted演讲、奇趣演绎、学术攻防、线上直播）并进行分工 6.参考艺术写作框架撰写演讲稿、制作配套材料 7.结合演讲基本技巧对演讲内容进行润色、演练 8.怎样更好的宣传讲坛？（微信推广、文创产品的设计与制作） 9.讲坛环境布置 10.活动交流会，交流心得
叙写单元教学目标： 图像识读：能够选择合适的画作 美术表现：能够制作并展示讲坛汇报材料 审美判断：能够鉴赏作品，根据主题选择合适的作品并形成评论 创意实践：能够推送设计美术作品及艺术家的微信文章 文化理解：能够理解作品的艺术内涵与人文思想，在美术讲坛中进行有观点的表达

四、单元教学目标分解及内容设计

教与学的体验顺序安排应有助于学生的参与、发展和展示。下表逐次列出关键的教学和学习活动。

第一课时			
关键词	美术鉴赏、美术鉴赏方法及意义		
分解问题+学习目标	教师活动	学生活动	设计意图
分解问题：讲坛需要具备的最关键能力是什么？ 学习目标：知道美术鉴赏的方法；能根据讨论产生话题	1. 解释什么是美术讲坛 2. 解读《占领总统府》形成作品介绍 3. 从整体到局部，再到整体的观察模式讨论作品——你是怎么从内容和形式上分析它的？	1. 讨论美术论坛需要具备的最关键的能力 2. 尝试分析《占领总统府》 3. 体验战士的动态造型，表达内心情感	1. 揭示美术鉴赏对美术讲坛的重要性，引出美术鉴赏的概念 2. 更好地理解美术鉴赏的概念 3. 感悟学习美术鉴赏的方法及意义
预期成果	了解美术鉴赏的概念及方法，根据讲坛话题撰写作品介绍		
第二课时			
关键词	遴选作品、规划形式与分工		
分解问题+学习目标	教师活动	学生活动	设计意图
分解问题：怎么根据讲坛遴选作品？ 学习目标：能说出自己选择作品的角度，能根据话题及作品确定讲坛形式并进行创意构思。	1. 不同两种角度（横向、纵向）讨论作品的“可比性” 2. 讨论美术讲坛可以有哪些形式创意？ 3. 组织分工	1. 讨论选出作品，说出自己选择作品的线索依据 2. 讨论讲坛的创意构思	1. 加深对美术鉴赏的理解与应用 2. 引导学习自主探索与学习
预期成果	根据形式合理分工，交流选出作品、选择作品的线索依据		
第三课时			
关键词	艺术写作框架、演讲稿		
分解问题+学习目标	教师活动	学生活动	设计意图
分解问题：完成一场校园美术讲坛需要做哪些工作？ 学习目标：能根据艺术写作框架形成演讲稿。	1. 在作品介绍的基础上运用艺术写作框架，形成演讲稿 2. 结合Ted演讲基本技巧，提炼观点	讨论并形成演讲稿，提炼观点，准备配套材料	激发学生的创造力与思维能力

续　表

预期成果	演讲稿，提炼观点，准备配套材料		
第四课时			
关键词	微信推送、文创产品		
分解问题+学习目标	教师活动	学生活动	设计意图
分解问题：怎样才能让更多的人了解美术讲坛活动？ 学习目标：了解新媒体的宣传有助于更好地宣传讲坛。	1.微信推送的基本技巧 2.海报设计、文创产品的基本技巧	宣传讲坛、撰写微信推送文章、海报设计和文创产品	深入运用美术鉴赏知识解决实际问题
预期成果	海报、文创产品，撰写微信推送		
第五课时			
关键词	环境布置、预演		
分解问题+学习目标	教师活动	学生活动	设计意图
分解问题：讲坛环境需要怎样突出话题？流程是什么？ 学习目标：能够对流程进行设计并预演。	协调与指导	有主题的布置讲坛环境，设计预演流程	提升理论到实践的转化能力
预期成果	环境布置、流程预演		
第六课时			
关键词	他人与自己的感受差异的合理性与必然性		
分解问题+学习目标	教师活动	学生活动	设计意图
分解问题：你觉得这次讲坛成功吗？有哪些心得体会？ 学习目标：围绕美术鉴赏的积极作用总结反思，完成心得体会	设计规定问题和开放式问题，引导学生展开主题的交流	展开主题交流，总结反思，完成心得体会	
预期成果	交流会		

五、单元学习活动设计

（一）单元学习活动目标

通过创设美术讲坛的真实情境，在完成环境布置的各项具体工作中，运用美术鉴赏解读绘画作品，让学生充分理解美术鉴赏的概念和意义。

（二）单元学习活动内容与要求

单元活动1：情感体验

活动要求：（1）通过分析，解读人物动作造型的特点，模仿动作并说说内心独白。（2）小组合作，讨论并模仿演绎群体人物的动作造型（连续性动作）。（3）交流与评价。

评价标准

过程表现	优良	合格	不合格
完成情况	完成	基本完成	未完成
成果表现	能充分解读人物动作造型的特点，能连贯地演绎动作并阐述内心情感	能基本解读人物动作造型的特点，能演绎动作并阐述内心情感	无法正确解读人物动作造型的特点，不能演绎动作并阐述内心情感

单元活动2：作品说明

活动要求：（1）运用美术鉴赏充分解读作品，归纳作品的背景和艺术特色。（2）完成学习单。（3）交流与分享。

评价标准

过程表现	优良	合格	不合格
完成情况	完成	基本完成	未完成
成果表现	能充分解读作品，文字表达上能全面呈现作品背景和艺术特色	能基本解读作品，能基本呈现作品背景和艺术特色	无法正确解读作品，文字内容不能呈现作品背景和艺术特色

单元活动3：遴选作品

活动要求：（1）根据讲坛话题，小组合作运用美术鉴赏深入解读作品，按适当的线索依据选择绘画作品并说明理由。（2）能够对他人的作品选择做出合理的评价。(3) 统一确定最为恰当的作品选择的线索依据，选择绘画作品。

评价标准

		优良	合格	不合格
过程表现	小组分工	完全自主选择	基本自主选择	不能自主选择
	小组合作	合作默契，相互包容	能互相理解	不能互相理解
	完成情况	完成	基本完成	未完成
成果表现		能给出较为恰当的作品选择的线索依据，并选出合适的作品	能给出作品选择的线索依据，并选出作品	不能给出恰当的作品或者选择作品的线索依据不够恰当

单元活动4：艺术写作框架及预习演讲

活动要求：(1) 结合作品的内容和形式，谈谈感受并进行比较，拟定主题内容。(2) 现场交流讨论。

评价标准

优良	合格	不合格
紧扣关键点内容，文字优美并正确使用美术专业术语，能够掌握演讲基本技巧。	与关键点内容基本相关，用词合理，基本掌握演讲技巧。	未完成

单元活动5：交流讲坛心得

活动要求：(1) 围绕美术鉴赏知识在讲坛中的运用，总结遇到的问题、所得有益经验与收获。(2) 完成讲坛心得体会的撰写。(3) 交流与分享。

评价标准

过程表现	优良	合格	不合格
完成情况	完成	基本完成	未完成
成果表现	能够充分总结美术鉴赏在此次讲坛中起到的积极作用、遇到的问题和所得启示。	能够基本总结美术鉴赏在此次讲坛中起到的积极作用、遇到的问题和启示。	无法总结美术鉴赏在此次讲坛中起到的积极作用、遇到的问题或启示。

六、单元作业设计

（一）单元作业目标

根据讲坛话题运用比较视角，运用美术鉴赏的知识遴选讲坛作品。能围绕美术鉴赏在讲坛中发挥积极作用，总结讲坛的心得体会。

（二）单元作业内容与要求

课时作业1：遴选作品

作业要求：（1）根据讲坛话题遴选作品。（2）围绕作品背景、艺术特色说明遴选作品的理由。

评价标准

过程表现	优良	合格	不合格
完成情况	完成	基本完成	未完成
作品表现	能够充分说明遴选此作品的理由，解读作品，较全面地通过文字呈现作品介绍、背景及艺术特色。	能够基本说明遴选此作品的理由，能够基本解读作品、能基本通过文字呈现作品介绍、背景及艺术特色。	无法正确说明遴选此作品的理由，不能解读作品、不能通过文字呈现作品介绍、背景及艺术特色。

课时作业2：演讲稿的撰写

作业要求：（1）根据艺术写作框架，小组合作运用美术鉴赏深入解读作品，拟定标题。（2）讨论并形成演讲稿，提炼观点，准备配套材料。

评价标准

过程表现	优良	合格	不合格
小组分工	完全自主拟定	基本自主拟定	不能拟定
小组合作	合作默契，相互包容	相互理解	不能相互理解
完成情况	完成	基本完成	未完成
作品表现	能够紧扣艺术写作框架，运用美术鉴赏深入解读作品并完成演讲稿的撰写	能够基本围绕艺术写作框架，运用美术鉴赏解读作品并初步完成演讲稿的撰写	不能根据艺术写作框架解读作品，未完成演讲稿的撰写

课时作业3：微信推送

作业要求：（1）撰写微信推送文章，宣传美术讲坛。（2）根据美术讲坛的话题，设计并制作海报、文创产品。（3）交流与分享。

评价标准

过程表现	优良	合格	不合格
小组分工	完全自主宣传	基本自主宣传	不能宣传
小组合作	合作默契，相互包容	相互理解	不能相互理解
完成情况	完成	基本完成	未完成
作品表现	能够撰写微信推文进行宣传，并紧扣话题设计并制作海报和文创产品	能够基本撰写微信推文，设计并制作海报和文创产品	不能够撰写微信推文进行宣传，不能设计并制作海报和文创产品

课时作业4：交流心得体会

作业要求：（1）围绕美术鉴赏知识在讲坛中的运用，总结遇到的问题，分享有益经验和收获。（2）完成讲坛心得的撰写。（3）交流与分享。

评价标准

过程表现	优良	合格	不合格
完成情况	完成	基本完成	未完成
作品表现	能够充分总结美术鉴赏在此次讲坛中起到的积极作用、遇到的问题和得到的启示	能够基本总结美术鉴赏在此次讲坛中起到的积极作用、遇到的问题和得到的启示	不能总结美术鉴赏在此次讲坛中起到的积极作用、遇到的问题和得到的启示

单元作业评价标准

作业名称	遴选作品	演讲稿的撰写	微信推送	交流心得体会
占单元作业权重	20%	20%	20%	40%
总体评价结论	达到85%为优良；达到60%为合格；60%以下为不合格			

七、单元评价设计与实施

评价要点	评价表现	核心素养
遴选作品	能根据讲坛话题运用比较视角，依据合适的对比角度选择作品	图像识读、审美判断、文化理解
演讲稿	深入解读，鉴赏作品，形成评论	图像识读、审美判断、文化理解
微信推送	围绕话题、整合资源、推送宣传	图像识读、审美判断、创意实践
交流会	充分总结美术鉴赏在此次讲坛中起到的积极作用，他人和自己感受差异的合理性与必然性。	审美判断

八、单元资源设计

资源类型	资源内容	资源使用
教材资源	《占领总统府》	辅助鉴赏、解读作品
PPT多媒体资源	教学课件	辅助鉴赏、解读作品
视频资源	美术经典中的党史•占领总统府	辅助鉴赏、解读作品
实物资源	《占领总统府》打印稿	鉴赏、解读作品
补充资源	中国国家博物馆官网 中国人民革命军事博物馆官网 学习强国《美术经典中的历史》 曙光中心洪炉馆革命历史解说	搜索作品

第一课时　回顾峥嵘岁月 对话红色经典

——上海市奉贤区曙光中学“学四史、展校史”经典美术讲坛

一、教学目标

1.知道美术鉴赏的概念，知道美术鉴赏能力对讲坛的重要性，运用美术鉴赏的知识遴选作品并说明。

2.对美术作品的内容、背景、形式的鉴赏与解读，探秘美术作品的创作过程，探究美术作品背后的社会风俗、体验美术作品中画家的思想情操，从而了解学习美术鉴赏的意义。

3.激发学习美术鉴赏的兴趣，提高图像识读、审美判断与文化理解能力。

4.理解中国革命的艰苦历程与发展，形成热爱生活、热爱祖国、积极向上的优秀品质，弘扬革命精神，传承红色基因。

二、教学重难点

教学重点：知道美术鉴赏的概念，知道美术鉴赏能力对讲坛的重要性，运用美术鉴赏的知识说明作品。

教学难点：作品的内容、背景、形式的鉴赏与解读，运用美术鉴赏的知识遴选作品并说明。

三、教学过程

学习内容	教学活动	学生活动	设计意图
导入	1.师:曙光中学是一所有着光荣革命历史的学校,是奉贤革命的摇篮。中国共产党走过了整整百年的历程,是由鲜血、汗水、泪水、智慧、力量写就的百年。今天我们通过一段视频来回到那段峥嵘岁月。 2.师:为了中华民族的伟大复兴,无数仁人志士前赴后继,今天让我们一同回顾峥嵘岁月,对话红色经典。	学生观看视频	情境创设 回顾鉴赏步骤,明确鉴赏方法
欣赏感知	师:老师今天带来了中国人民革命军事博物馆的馆藏作品《占领总统府》。这幅作品是1977年由陈逸飞和魏景山共同创作的。面对这样的红色经典作品,我们该如何鉴赏呢? ● 描述 1.我们先来初步看看画面中描绘了什么场景? 2.看视频,回到历史事件,看看到底发生了什么? 3.真实的历史场景与画家笔下的场景有何不同?你有什么疑惑?	欣赏感受 回答问题	注意力集中于艺术形式上,引出“色彩、构图、造型等”,完成观察活动

续表

艺术表现	●分析 1.对比历史照片，艺术家选用了什么样的构图和视角呢？如果我们把画面中主体人物连起来，你觉得是一个什么样的几何形呢？为什么要采用三角形构图？对比历史的真实，艺术家笔下的画面视角发生了怎样的变化？为什么选用俯视视角？俯视的视角让我们更多的看到了什么？ 2.画面中最鲜艳的颜色是什么？这里有一处色彩对比，为什么艺术家这样处理画面呢？前景人物与背景色彩有什么区别？为什么这么创作？艺术家强化了前景人物的鲜艳明亮的色彩，弱化了背景，艺术家为什么这么处理？背景灰暗的城市又代表什么？ 3.画面中最为精彩的是这位即将升起红旗的战士，这学期我们班的升旗手是谁呢？当你升起国旗的那一刻，内心的真实想法是什么呢？ 4.画面的中心还有许多热血的战士，代表了不同的身份，下面这4位代表着司号员、指导员、老战士和小战士，你能一一对应吗？ 5.接下来老师请4位同学模仿，假设你是其中一位战士，你会表现出怎样的动态造型，你内心的想法又是怎么样的？ 6.全体学生表演 外在形象——内心情感 ●解释 作者为什么这么创作？为什么在这个年代歌颂这类形象、选择这个主题？ ●评价 当我们回顾那段峥嵘岁月，那时的少年们为了民族的存亡浴血奋战，作为新时代的少年，我们该如何继承红色精神？	学生思考并回答 学生思考并尝试做动作 学生模仿 学生表演（带背景音乐） 解释作品 评价作品	从整体到局部，再局部到整体的观察方式去分析作品 运用肢体语言感受作品的魅力与艺术家的意图，产生共鸣 情感升华，理解作者想要表达的意图或感受
课堂总结	作为新时代的曙光人，我们更要缅怀历史，理解先烈们敢于斗争、不怕牺牲的大无畏精神，传承红色基因，让革命薪火代代相传		

《占领总统府》美术鉴赏学习单

作品简介：由陈逸飞、魏景山两位艺术家于1977年合作完成。

历史背景：1949年4月22日，人民解放军一举越过长江天堑，势如破竹，向国民党统治中心南京及长江以南发起攻击。4月23日，南京宣告解放。人民解放军第八兵团一部攻占国民党总统府。解放军战士迅速登上总统府楼顶，把一面鲜艳的红旗高高升起。至此，统治中国22年之久的蒋介石国民党政府宣告灭亡，而一个代表人民的新政权即将诞生。该画作正是记录了这历史永恒的一刻。

作品说明文字的主要内容	
描述	描绘了什么内容？
形式分析	构图、色彩、造型、空间、层次等……
解释	与传统、时代、同类画家等联系
评价	艺术价值、文化品格、美学特点等

评价标准

过程表现	优良	合格	不合格
完成情况	完成	基本完成	未完成
成果表现	能充分解读作品，文字表达能全面呈现作品背景和艺术特色	能基本解读作品，文字表达能基本呈现作品背景和艺术特色	无法正确解读作品，文字内容不能呈现作品背景和艺术特色

四、跨学科关联视角下的课堂教学设计

教师基于学科的课堂教学设计在指向学科素养、凸显学科属性的同时，往往会忽略学生作为独立的某一学科的学习者外，还在扮演和行使其他学科学习者的身份，即忽视了学习者在某门特定学科学习之外的学习经历和经验，从而削弱了学习者的体验和学习的成效。

我们的学科教师在设计本学科的课堂教学的时候，通常只从自身学科的视角出发，为学生设定学科学习的单一跑道。数学老师设定独立的数学跑道，语文老师设定语文跑道。对于真实生活中的学习者而言，这些学科跑道有着这样或那样的相似、相连甚至相交，因此在各学科之间，特别在同一学段、同一时段建立联系有着非常重要的积极影响。首先，跨学科关联有助于创设真实生活中的学习情境。课堂教学设计不再是教育实验室里的真空条件下的设计模型，而是综合考量多种学科因素、面向真实生活的发明创造。这种教学设计忠于实际，对学习者更为友好。其次，跨学科关联有助于各学科知识的习得。同一学习者在不同学科学习的过程中，提炼、强化它们的交集甚至并集，对于其学习的各个学科知识的习得、学科能力的提升有着显著的促进作用。再者，跨学科关联有助于学科育人合力的形成。各学科教学虽以其学科核心素养为导向，但最终目标都是为了促进学生的全面而有个性的发展。因此，在学科课堂教学设计时预先考量跨学科关联的因素，有利于整合各学科育人向心力。

（一）跨学科关联需凸显各学科的学科属性

跨学科关联视角下的课堂教学设计基本的组成单位是各个学科的课堂教学设计。因此，关联学科具有个体独立性和学科属性。各学科的课堂教学设计需围绕该学科的教材、课程标准、教学内容来开展，以激发学生学习学科的兴趣、提高学生的学科素养。盲目寻求跨学科关联而脱离了学科本味的课堂教学设计，将失去课堂教学赖以生存的土壤和特有的魅力。

（二）跨学科关联需找到学科间的连接点

跨学科关联视角下的课堂教学设计切入点是找到学科间的呼应点。在学科属性接近的学科之间（如语文、政治、历史、化学以及生物等）进行内容上的关联，充分利用各学科教材资源，发挥学科教学优势和特色。在学科属性差异度较大的学科之间进行过程与方法以及情感态度价值观方面的对接，巩固与加深综合能力的培养和综合素养的提升。

附3-7　跨学科关联视角下的课堂教学设计

让红色基因、革命薪火代代相传
——“双新”背景下统编三科落实“红色教育”跨学科关联教学设计

习近平总书记曾指出“培养什么人，是教育的首要问题”。那么今天的中国究竟要培养什么样的人呢？党的十九大明确提出：“要全面贯彻党的教育方针，落实立德树人根本任务……培养德智体美全面发展的社会主义建设者和接班人。”基于此教育部要求，以社会主义核心价值统领课程改革，着力提升课程思想性、科学性、时代性、系统性、指导性，推动人才培养模式的改革创新。并进一步明确，我国基础教育课程改革迈入“核心素养时代”。所谓核心素养，就是学生在接受相应学段的教育过程中，逐步形成的正确价值观念、适应个人终身发展和社会发展需要的必备品格与关键能力。可见，核心素养是致力于实现学生综合素质的全面发展。

面对新时代、新要求、新形势，作为一所具有红色基因的学校，我校一直在探索新教学模式。试图在结合学校“红色教育”的同时，发掘培养学生综合素质全面发展的有效途径。本次学校举办“让红色基因、革命薪火代代相传——‘双新’背景下统编三科落实‘红色教育’跨学科关联教学设计”即是一次尝试。

本次历史、政治、语文三门学科的跨学科关联教学设计活动，旨在通过跨学科教学，进一步提升学生综合素质，着力提升学生核心素养。跨学科关联教学能有效地挖掘核心素养与课程教学的内在联系，让核心素养在学科教学中的落实有了抓手。虽然不同学科以各自独特的视角认识世界，但若教师能建立起学科间的横向联系，会增进学生对知识的理解和掌握，有助于学生从对知识的机械式记忆上升为理解性认识。同时，不同学科对同一问题的不同分析和解读，有利于学生多角度多维度地综合看待问题，并综合运用所学知识解决问题，形成综合知识和能力的网络。

三科教师围绕“新民主主义革命”这一共同主题，通过有意识地将知识、方法和价值观同时应用于三个不同学科。不仅实现了三科知识的横向联系，还促进了学生运用综合方法解决问题的能力。这三节课，从历史时期上来讲，分别体现了新民主主义革命的不同阶段。从教学重心上来说也是各有侧重，历史学科聚焦于从新民主主义革命向社会主义革命的转变，以及对今后中国的影响；政治学科则阐述了中国共产党领导各族人民夺取新民主主义革命胜利的历程及其历史意义；语文学科着重于理解新民主主义革命胜利成果“中国人从此站起来了”的深刻内涵。虽然三科历史时期不尽相同，教学重心也各有侧重，但三科最终要突破的难点，实现的目标是一致的，那就是基于史实理解新民主主义革命的意义，实现论从史出，厚植爱国主义情怀。三科各自重难点的实现，不仅需要知识的关联，还需要通过不同学科培养的能力，形成对这一主题完整、全面、深刻地认识和理解。历史课立足于新纪元的解读，从宏观视角认识新民主主义革命胜利的历史意义，并通过对学科核心素养的目标化分解，通过示范迁移模仿，让学生初步习得从政治、经济、军事等角度认识评价史事，让核心素养在课堂的培育落地生根。基于此，政治课围绕议题，分小组开展协作式、探究式学习，通过查阅资料、咨询老师、整合跨学科知识和信息处理，从而培养学生发现问题、合作学习、解决问题的关键能力，提升科学精神和公共参与能力，拥护中国共产党的领导。最终语文课以核心问题为驱动，小切口为抓手，落实文本重心，品味语言文字，关联学生已有的历史、政治知识积累，深化认知与感受。

通过此次教研活动，我们发现跨学科教学，能有效地实现学生能力的迁移和综合素质的养成，使得立德树人的根本任务得以落地生根。在多角度多维度地认识“新民主主义革命”后，学生从初步感知，到有所感悟，再到彻底被感化，不仅坚定了中国特色社会主义道路自信、理论自信、制度自信和文化自信，还形成了正确的世界观、人生观、价值观。

历史学科教学设计

第26课　中华人民共和国成立和社会主义的过渡

上海市奉贤区曙光中学　陆文

一、内容主旨

中华人民共和国的成立，开启了中华民族伟大复兴的历史新纪元。政治、经济、军事、外交等举措，巩固了新政权。“一化三改造”的完成、《中华人民共和国宪法》的颁布，完成了从新民主主义向社会主义的过渡。

二、教学目标

借助照片、地图、宣传画等材料，梳理从新中国成立到社会主义制度确立的基本脉络，知道新中国巩固人民政权的主要举措，初步习得从政治、经济、军事、外交等角度评价史事的方法。认识中华人民共和国成立的伟大意义，认识新中国为民主政治建设和向社会主义过渡所付出的不懈努力，感悟中国共产党的政治智慧。

三、教学重难点

重点：从新民主主义向社会主义过渡。

难点：中华人民共和国的成立开启了中华民族伟大复兴的历史新纪元。

四、教学过程

环节1：讲述代表赴会细节，出示会场照片，点明第一届全国政治协商会议拉开了中华人民共和国成立的序幕。

设计意图：通过细节、照片自然导入新课。

环节2：讲述政治协商会议议定国名的细节、分析《共同纲领》的内容，提出问题“为什么说中华人民共和国的成立开启了中华民族伟大复兴的历史新纪元?”

设计意图：通过历史细节的呈现，文献史料的解读，引导学生认识中华人民共和国的成立结束了近代以来的屈辱，让人民真正成为国家的主人，初步感知其从根本上改变了中国社会的发展方向，这一点对学生而言理解起来比较难，后面会继续突破。

过渡：中华人民共和国的成立，从根本上改变了中国社会发展方向，为实现由新民主主义社会向社会主义过渡创造了前提条件。然而，这一过程对于刚刚诞生的新中国而言，步履维艰。

环节3：讲述“国旗旗杆”的故事，出示“新中国经济状况表格”“新中国成立形势图”“美国报道”三则材料，解读新政权面临的问题。

设计意图：呈现经济、军事、外交角度的材料，引导学生了解新政权面临的国内外困境。

环节4：出示地图、照片，结合教材文本，解读新中国巩固人民政权的主要举措及影响。

设计意图：本环节重点突破土地改革和抗美援朝，学生在了解基本内容的基础上，深入理解巩固措施。

环节5：出示“新中国独立自主的外交”示意图，思考新中国如何突破外交困局。

设计意图：通过解读“新中国独立自主的外交”示意图，知道新中国通过积极外交活动突破美国的封锁，为国家建设争取到有利的国际环境。

环节6：教师先提问“新中国如何巩固人民政权？”再自行总结。

设计意图：教师示范，从经济、军事、外交等角度评价史事的方法。

过渡：在巩固新政权的同时，新中国在中国共产党的领导下开始向社会主义过渡。

环节7：出示过渡时期总路线，分析社会主义改造的任务。通过过渡时期的宣传画，分析第一个五年计划以及资本主义工商业改造的特点。

设计意图：通过一五计划、资本主义工商业改造的分析，感悟中国共产党的政治智慧。

环节8：出示材料四及《中华人民共和国宪法》，思考宪法制定过程的特点，以及宪法凸显的原则。

设计意图：通过比较相同与不同，理解《中华人民共和国宪法》所体现的社会主义原则和人民民主原则。

环节9：教师提出问题“回顾1949年到1956年的历史，中华人民共和国是怎样实现从新民主主义向社会主义过渡的？”

设计意图：模仿迁移，从政治、经济、军事、外交等角度评价史事的方法，认识新中国为民主政治建设和向社会主义过渡所付出的不懈努力。

五、结构板书

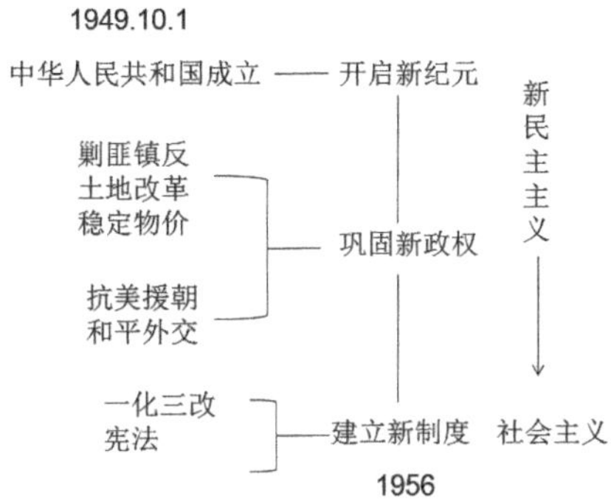

六、资料附录

图片一：

1949	中国		美国	
	总量	人均	总量	人均
原煤	0.32亿吨	59千克	4.4亿吨	2900千克
生铁	0.0025亿吨	0.46千克	0.5亿吨	300千克
钢	0.0016亿吨	0.29千克	0.71亿吨	470千克
粮食	1.1亿吨	200千克	1.58亿吨	1000千克
棉布	0.004亿米	3.5米	0.008亿米	5米

根据何沁主编《中华人民共和国史》及网络数据整理

图片二：

Mao Heads Peiping Regime; Program Supports Moscow

Red Government Launched —Chou's Name Is Linked to Office of Premier

By WALTER SULLIVAN
Special to The New York Times.

SHANGHAI, Sept. 30—Mao Tse-tung, chairman of the Central Committee of the Chinese Communist party, was elected chairman of the new Central Government of the People's Republic of China today as the Chinese People's Political Consultative Council completed its job of launching the new government of Communist China.

Three other leading Communists and three non-Communists were named vice chairmen. The Communists are Gen. Chu Teh, Commander in Chief; Liu Shao-chi, a member of the Political Bureau and usually rated the highest ranking member of the party under Mr. Mao, and Kao Kang, chairman of the Northeast People's Government.

The three non-Communist vice chairmen are Mme. Sun Yat-sen, widow of the founder of the Chinese Republic; Chang Lan, aged chairman of the Democratic League, and Li Chi-shen, chairman of the Kuomintang Revolutionary Committee.

The organ headed by Mr. Mao

Mao Tse-tung
The New York Times

Continued on Page 4, Column 3

图片三：

材料一：这时国家对资本家赎买的形式是“四马分肥”，即企业在分配利润时，国家税收占34.5%，职工福利费占15%，企业公积金占30%，资本家红利占20.5%。

——何沁主编《中华人民共和国史》（第三版）

材料二：“宪法的起草……最初第一个稿子是在去年十一、十二月间在西湖那一稿，就有七八次稿子……全国有八千多人讨论，提出五千几百条意见……

——中共中央文献研究室著《毛泽东》

政治学科教学设计

胜利的征程——新民主主义革命

上海市奉贤区曙光中学　胡容鹰

一、教学设计

（一）课程标准要求

本课对应的是《普通高中思想政治课程标准（2020年修订）》模块1“中国特色社会主义”第二个主题“中国特色社会主义的开创与发展”的内容要求：

1.阐述新民主主义革命的性质和特点，理解新中国确立社会主义制度的历史必然性。

2.阐明开创中国特色社会主义道路、理论、制度和文化是党和人民长期奋斗、创造和积累的根本成就。

（二）教材分析

本课是部编高中思想政治必修1《中国特色社会主义》第一框“新民主主义革命的胜利”，主要反映近代中国探索民族复兴的悲怆历程，分析多种尝试失败的原因。阐述了中国共产党领导各族人民夺取新民主主义革命胜利的历程及其历史意义，说明新民主主义革命的胜利、中华人民共和国的成立，从根本上改变了中国社会的发展方向，为实现国家富强、民族复兴展示了美好前景和现实道路。

（三）学情分析

学生通过第一课学习，对科学社会主义有了一定的认知。通过历史学科的学习，具备旧民主主义革命和新民主主义革命的相关历史知识储备，能够透过史实资料分析历史发展的必然，对党领导中国人民取得革命胜利、实现中华民族伟大复兴有一定的认同。作为学校新高一的学生，需要对学校历史有一定的了解，从而能承继红色精神。

二、教学目标

围绕议题，分小组开展协作式、探究式学习，通过查阅资料、咨询老师、整合跨学科知识和信息处理，让学生知道20世纪初中国先进分子接触、了解、传播马克思列宁主义的历史过程，知道中国共产党应运而生的时代背景和历史意义，理解五四运动为中国共产党的成立做了思想上、干部上的准备，理解中国共产党领导中国各族人民浴血奋战的历史，理解新民主主义革命的性质，将曙光中学的校史放入时代的背景中，更深地理解中国共产党的领导的重要性，从而培养学生发现问题、合作学习、解决问题的关键能力，提升科学精神和公共参与能力，拥护中国共产党的领导。

三．教学重难点

（1）了解中国共产党领导中国各族人民浴血奋战建立新中国的历史以及校史，理解新民主主义革命的性质。

（2）明确中国选择马克思主义，选择中国共产党，选择社会主义道路的必然性，认同只有社会主义才能救中国、只有中国共产党的领导才能取得新民主主义的胜利。

四、教学过程

环节一：回顾导入，引出议题

回顾近代中国探索复兴之路和反复证实的一个结论：在半殖民地半封建的近代中国，资本主义是一定走不通的。

了解背景：正当中国人民在寻找救国救民的道路上屡遭挫折时，从横跨欧亚的俄国放射出一道人类进步的希望之光。

引出议题：在这希望之光的指引下，中国人民是如何从悲怆的历程中走向胜利征程的？

环节二：中国先进分子找寻解决中国问题的出路（1917—1921）

【学生活动一】了解中国先进分子接触、了解、传播马克思列宁主义的历史过程，揭示马克思列宁主义中蕴含的科学真理。

【师生互动】中国共产党应运而生的时代背景和历史意义。

环节三：中国共产党是如何带领人们走向胜利征程的？（1917—1949）

【学生活动二】通过跨学科知识整合，了解中国共产党领导人民走向新民主主义革命胜利的四个阶段。

结合校史，讲述曙光中学的前身，了解中国共产党的优秀党员、党组织开展党的活动，向青年学生传播马克思主义，领导人民做斗争。

【师生互动】中国共产党战胜敌人的三个法宝在新民主主义过程中的体现。

【课堂探究】辨析新民主主义革命和旧民主主义的区别；理解新民主主义的性质。

环节四：理解中华人民共和国成立的历史意义（1949）

【学生活动三】结合曙光中学校史以及创建“培育红色精神”特色校的过程，讲述曙光中学的现状，让同学们谈谈学校复校以后的变化，最后对中华人民共和国成立的意义进行总结。

环节五：总结升华，新时代，新担当

【学生活动四】结合曙光中学一些优秀校友的事迹，让同学们谈谈作为新时代的曙光人，我们应怎样传承先烈遗志，发扬红色精神。

【板书总结】十月革命一声炮响给中国送来了马列主义，在马列主义同中国工人运动的结合中，中国共产党应运而生。以毛泽东同志为主要代表的中国共产党人，把马列主义同中国革命具体实践结合起来，创立了毛泽东思想，团结带领全党全国人民，经过长期浴血奋战，完成了新民主主义革命，建立了中华人民共和国！

【师生互动】青年朋友们！一代人有一代人的长征，一代人有一代人的担当。建成社会主义现代化强国，实现中华民族伟大复兴，是一场接力跑。希望新时代中国青年积极拥抱新时代、奋进新时代，让青春在为祖国、为人民、为民族、为人类的奉献中焕发出更加绚丽的光彩！

五、课后作业

请同学们为“党史、校史故事”演讲活动，准备一个中国共产党员在革命期间的红色故事。

六、教学设计说明

（1）围绕议题序列化开展党史教育活动设计，启发学生运用资料，引导学生总结探究。本节课围绕“中国人民是如何从悲怆的历程中走向胜利征程的”这一议题，依次开展了“中国先进分子找寻解决中国问题的出路”“中国共产党是如何带领人们走向胜利征程的”“中华人民共和国成立的历史意义”开展了三个学生活动，让学生学习党史具有世界眼光，发扬与时俱进的优良传统，始终沿着社会主义的康庄大道奋斗。

（2）体现高中思想政治课综合性课程特点，满足学生社会化成长的需要。本节课以“新民主主义的胜利”这一综合性的学习内容为载体，引导学生通过小组合作的形式跨学科整合相关知识进行问题探究，从而发展学生综合能力，提高学生综合素质。

（3）利用曙光中学校史红色资源，提高学生核心素养。曙光中学作为中共奉贤县委诞生地，开展党史和校史的教育，在实践中感觉我们优秀的党史文化，将党史文化发扬光大。坚持用习近平新时代中国特色社会主义思想铸魂育人，帮助学生从小牢固树立“四个自信”，厚植爱国主义情怀，长大成为担当民族复兴大任的时代新人。

语文学科教学设计

中国人民站起来了

上海市奉贤区曙光中学　万涛

一、教学目标

1. 诵读品味，体会共和国缔造者们洋溢的革命豪情和建设热情。

2. 研读语句，理解新民主主义革命成功的重要历史意义。

二、教学重难点及教学方法

教学重点：品味关键语句，理解“中国人民站起来了”的深刻内涵。

教学难点：跨越时代距离，真切体会人民当家作主的自豪与喜悦。

教学方法：诵读法、比较法、探究法。

三、教学过程

（一）导入。《中国人民站起来了》是毛泽东同志在中国人民政治协商会议第一届全体会议上的开幕词。据当时参加会议的教育家孙起孟回忆，当毛主席说出“中国人从此站立起来了”时，在场的委员们“一面流着热泪，一面使劲的拍掌”。为什么这句话在当时能产生这样强烈的效果？我们今天一起来学习这篇课文，走进那段历史。

（二）“中国人从此站立起来了”这句话出现在文章第6自然段，结合文章内容思考这一宣言有何深刻内涵？

提示：

1.“中国人”——“民族立场”——广泛认同。

今天来参加会议的又是哪些“中国人”？

为什么介绍代表的时候用逗号而不是顿号？

2.“从此”——“政协召开”——使命担当。

“我们的工作”，即政治协商会议的职能是什么？

以前有过一次政治协商会议，为什么要从这次会议才站立起来？

3.“站立起来了”——“民族姿态”——自立自强。

站立起来前的中国处于一种怎样的处境？

这里的“站立”能不能改成“站”？

（三）作者为什么不把这句涵义丰富、掷地有声的宣言作为全文的结束语来把开幕式的气氛推向高潮呢？散读7-11自然段，概述每一段的主要内容，思考作者这样安排的原因。

提示：

解放和革命发展到底——警惕帝国主义反动派复辟企图——坚持人民民主专政——团结国际友人——经济建设——文化建设——巩固国防。

基于现状，中华民族要永远挺立在世界民族之林，还有很多任务要去努力完成，这些任务环环相扣、层层递进。“站起来”只是历史转折点，也是新的起点，如何“立下去”更是需要思考，因此这句宣言不能放在结尾。

（四）齐读12-16自然段，说说讲稿以这样的形式结尾有什么好处？

提示：

1.极其主观而坚定的语言表达。

2.简短而有力的句式特点。

3.独句成段的结构安排。

再一次调动起听众的情绪，激发起他们的主人翁意识，坚定了他们革命必胜的信念，在之前的基础上把会场的气氛推向了又一个高潮。

（五）教师总结。《中国人民站起来了》是新中国的开国文献，毛泽东在文中以崇高的爱国情怀和伟大的使命担当，以缜密的历史思考和全面的未来规划，以铿锵有力且极具感染的语言表达，大声宣告“中国人从此站立起来了”。七十多年过去了，我们早已远离那段历史，想要深切的理解这一宣言的历史意义，只有通过辨析句子中关键词的多重内涵，并联系上下文内容对其的情绪铺垫和具体阐释进一步地进行深入思考，才能真正挖掘出宣言的深刻含义，从而引起真切的情感共鸣。

四、作业布置

1.这篇演讲词总体给人态度坚决、铿锵有力的感觉，以第3自然段为例分析作者是如何在语言运用上达到这种表达效果的。

2.完成练习册1、2题。

五、跨学科融合背景下的课堂教学设计

跨学科融合课程的构建与课堂教学实施是突破传统线性课程和教学形态的有力举措。跨学科融合不同于多学科，它不是不同的学科知识简单的

拼接和混合。其和前文提到的跨学科关联的课堂教学设计虽然都关注学科和学科之间的联系，但两者之间也存在着显著的差异。在跨学科关联的教学设计中，各学科属性更为凸显，且各学科具有一定的相对独立性；而跨学科融合是各学科核心知识、思维模式、研究方法的有机整合，具有如下特点：(1) 综合性。跨学科融合的课堂教学打破学科、专业等的壁垒限制，重点培养学生综合运用多学科知识的能力，从而提升学生综合素养。(2) 真实性。跨学科融合的课堂教学以真实生活中的实际问题为切入点，培养分析问题、解决问题的能力。(3) 开放性。跨学科融合的课堂教学以开放性任务的创设来提升学生充分调动可利用的资源的能力，从而有效培育学生创新素养。

附3-8　跨学科融合背景下的课堂教学设计

农业区位条件

——以蜜梨生产为例探究农作物产量和品质的主要影响因素

上海市奉贤区曙光中学　金彦

一、教学目标

1. 知道并理解农业区位的自然条件和社会经济条件，并能从农业区位条件角度，结合蜜梨生产实例，理解影响农作物产量和品质的主要因素和农业区位条件的变化对农作物产量及品质的影响。

2. 在运用农业区位条件对蜜梨生产的产量和品质影响的案例分析中学会区域认知方法，并获得地理观察、地理综合分析的过程经历。尝试学会运用地理、生物、化学等多学科知识创造性地解释生活中的地理问题和地理现象，养成探究地理现象成因的习惯，促进综合思维能力的提升。

3. 通过不同区位条件对蜜梨生产的影响，明白地理环境区域差异性，获得因地制宜、与时俱进发展农业的基本思想，进而获得人地和谐的基本地理理念。同时增强对农民、农业和新农村建设的关注。

二、教学重难点

重点：从农业区位条件角度，归纳总结影响蜜梨产量和品质的主要因素。

难点：借助其他学科知识，综合性的探究影响蜜梨产量和品质的主要因素。

三、教学流程

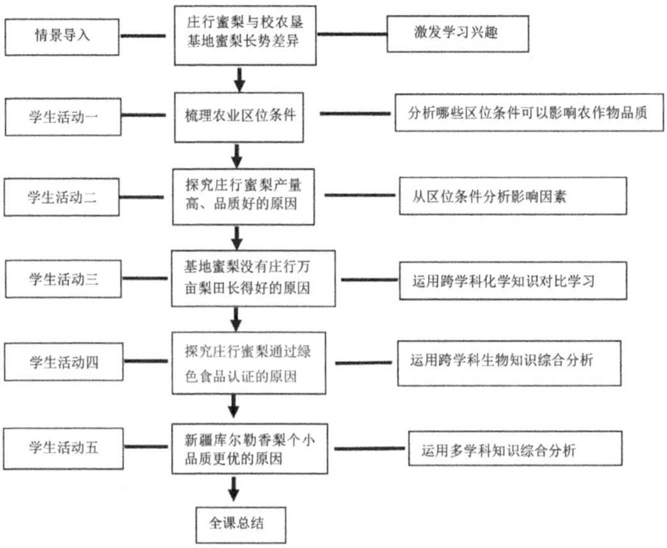

【主要教学过程】

1. 情景导入：显示我区国家地理标志农产品——庄行蜜梨图片以及校农垦基地的蜜梨长势图。两者有何差异？

2. 主要教学环节：

学生活动1：

（1）梳理并完成农业区位思维导图。

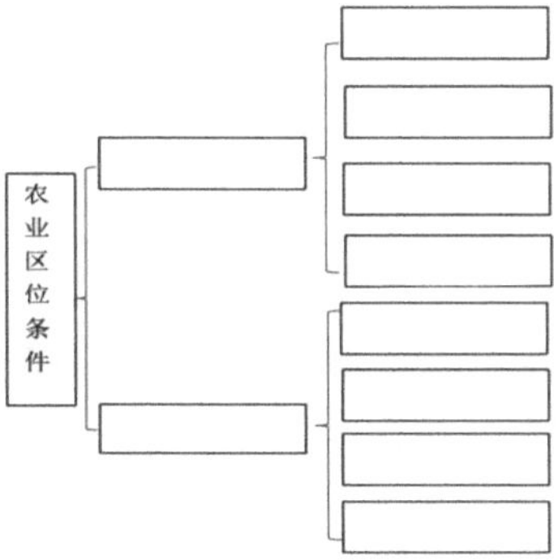

（2）分析哪些区位条件可以影响蜜梨的产量和质量。

学生活动2：

材料一：梨树在休眠期需要一定的低温，冬季一般要求低于7.2℃的低温1400小时才能打破休眠，形成花芽。梨树为喜光果树，年需日照一般在1600～1700小时之间，梨树在生长期间需要较高的温度。梨树需水量较多，据研究报道，产梨果1千克，则年需水达160千克之多。梨树以疏松深厚，透水保水性能良好的沙质壤土最为适宜。

材料二：庄行地处亚热带季风气候区，夏季高温多雨，7月均温约28℃，冬季温和少雨，1月均温约3℃，气候深受海洋影响，年降水量1200多毫米。梨树在庄行地区栽培历史悠久，元代词人张之翰在至元末年（1340年），曾写有《婆罗门引·赋赵相相宅红梨花》一词赞美梨花；明初洪武三年（1370年），松江府华亭县（今属上海市奉贤县）诗人袁凯的一首《白燕诗》就曾这样描写："柳絮池塘香入梦，梨花庭院冷侵衣"，据此推断庄行蜜梨种植至少已有600多年。1998年，根据市场等多方面调研，庄行调整农业产业结构，开始规模化种植蜜梨，引进浙江和上海等农业科研单位培育成功的"翠冠""黄花""早生新水""清香"等适合南方种植的梨品种，在市、区、镇林业科技人员指导下，成功应用品种嫁接、花粉杂交等新技术，培育出品质优良、抗病性强的优质蜜梨——庄行蜜梨。

根据蜜梨生长习性等相关材料，结合影响农业生产的区位条件，分析庄行蜜梨产量高和品质好的原因。

学生活动3：

材料三：梨喜中性偏酸的土壤，pH值在7左右生长良好。土壤中的盐类物质，可使土壤溶液浓度大于植物细胞液浓度，迫使细胞液反渗透，造成质壁分离，严重影响梨树正常生长。当土壤含盐量达到0.14%～0.2%时，仍可正常生长，但超过0.3%时，即受害。

在作物临近成熟时，适量补充钾肥，有助于作物加快果实转色，使之果面颜色鲜艳。同时还能显著提高果实的糖分、增加甜度，使得果实品质更好，有助于提高售价。但如果土壤中钾离子过多也会破坏土壤的营养结构和平衡，影响梨树正常生长。

材料四：

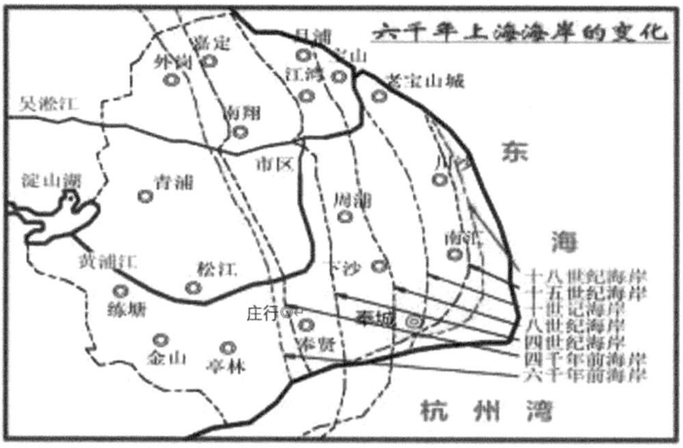

（1）土壤中的盐类物质主要有哪些？

（2）根据材料三以及六千年来上海海岸变化图，小贤同学担心农垦基地土壤的含盐量可能超标，从而影响了梨树的正常生长，你赞同吗？

（3）你觉得还有哪些因素导致基地蜜梨没有庄行万亩梨田长得好？

学生活动4：

材料五：走进庄行梨园，满树的蜜梨让人垂涎欲滴，不过最让人吃惊的是，这里居然还有鸡和鹅在梨园里大摇大摆地散步，勤劳的梨农还在梨园里种上了蔬菜，养殖了蚯蚓。梨农风趣地说，“我们这里散养的鸡和鹅，其实都是梨园的管理员，因为它们我们可以不用喷洒农药，还可以减轻除草的工作量！”庄行梨园已通过无公害产地认证、庄行蜜梨已通过绿色食品认证，并获国家农产品地理标志。

（1）根据材料绘制梨园生态系统中各生物之间的食物链，并说明庄行梨园通过无公害产地认证、庄行蜜梨通过绿色食品认证的原因。

（2）在蜜梨的生长过程中，梨农为了保护蜜梨外观品质和避免鸟类对果实的啄食，有时会使用不透明的纸袋对果实进行套袋。小贤同学认为这种做法会影响蜜梨果实的光合作用，从而影响产量和品质。你觉得这种想法正确吗？为什么？

学生活动5：

材料六：地处我国内陆地区的库尔勒香梨是新疆地区的一种名优特产，已有2000多年的栽培历史。该梨与庄行蜜梨相比虽然个小很多，但肉质细嫩，入口消融，甘甜酥脆，让人回味悠长，是目前国内外梨品种都无法媲美的。

根据当地自然环境特征及生物生长特征，分析库尔勒香梨的品质是其他梨品种无法媲美的原因。

3. 全课总结，师生一起归纳影响蜜梨产量和品质的因素。

四、教学说明

区位教学是人文地理教学的核心内容，也是教师通过课堂教学渗透人文地理核心思想的主要载体。人文地理知识点多而且散，且与生产生活联系紧密，因此，想把课设计得有故事性和地理性。选择贴近学生生活的案例——蜜梨生产，分阶段创设情境贯穿在整个学习过程中，开发学生熟悉而又陌生的课程资源，创设问题情境，希望通过一个个任务的完成，调动起学生情感和知识储备，激发学习的欲望，自然地去亲近地理学科，积极投入课堂，理解“地理”源于自身生活的实际。同时尝试运用地理、生物、化学等多学科知识创造性地解释生活中的地理问题和地理现象，养成探究地理现象成因的习惯，促进综合思维能力的提升，切实提高解决实际问题的能力和水平。

第四章　学科项目化学习教学设计

项目化学习（PBL）是一种以学生为主体的教学方式。教师通过核心概念的确立、驱动型问题的设计，让学生直面真实世界中的问题和挑战，并以小组合作的方式进行持续探究，从而提升思维、培养能力。项目化学习有着明确、详细且较为成熟的操作路径和步骤。较为常见的项目化学习教学设计有五步法、六步法、七步法等。虽然分法不同，但这些教学设计步骤的要素几乎都是相同的：核心概念、驱动型问题、成果展示、反馈评价等。我们可以聚焦单一学科进行项目化学习的教学设计，也可以基于跨学科进行项目化学习的教学设计。

一、学科项目化学习的意义

日常的教学过程中我们能够经常碰到一些现象，有些学生知识非常渊博，各类知识信手拈来，但在遇到学科问题时却解决不了；有些学生认真听讲、学习，但却没有任何问题提出，也没有表达自己的兴趣爱好情况；还有些学生课堂讲评都能听懂、课后练习也能顺利完成，但一旦考试将知识的情境换一换，立马“缴械投降”，不知该如何处理了。这些现象的产生促使教师对自己的课堂开始进行变革，而项目化学习就是其中一个。通过项目化学习的方式希望能够让学生深入地进行学科学习，并促进学生学会学习以及学会创造性、批判性思维。项目化学习看上去改变的是学与教的方式，但事实上却触及对学科知识理解的本质，对教师和学生都有挑战性。

学科项目化学习来自学生的问题。中学生核心素养中将学生“提出问题”的能力作为一种重要的素养来培育，项目化学习往往就来自于学生在学科学习中提出的真实问题。在日常教学中我们会发现学生在学科中提出的问题质量较低，对于提出“有质量问题”的能力还需要再培养、再提高。而项目化学习的过程恰好提供了这个机会，因为项目化学习不仅是学生解决问题的过程，也是培育学生如何提出有质量问题的过程。

在学科项目化学习开展过程中，核心问题可以来源于学生的问题，但是还需要学科教师在此过程中进行选择和优化。因此在项目化学习的任务设计中就需要注意以下几点：（1）一定是指向学生学习难点的任务。学生在制定方案、选择工具以及具体操作活动中，可以充分掌握高中混合离子的检验方法。如理解高中混合阴阳离子的检验原理，提升思维的严密性，知道离子检验常用的方法：沉淀法、气体法及显色法等。（2）一定是具有生活价值的任务。如我校农垦基地种植了黄桃树，希望能种植出大而甜的黄桃，如何选择适宜黄桃种植的土壤和肥料。（3）一定是学生可以合作完成的挑战性任务。（4）可以是短课时的任务。如分为两个课时，一课时完成任务，一课时进行深入讨论。

因为学科知识的关联性和不同学科知识的关联性，需要教师有完整的知识网络框架，这样的项目化学习才能是高品质的。因此在进行学科项目化学习设计时，不能只拘泥于某一个细小的知识点，而是要从更高一层的知识网络角度思考这些知识在真实情境中的可能性。

二、学科项目化学习的设计策略与实施流程

（一）学科项目化学习的设计策略

1. 主题设计：立足课标，依循教材，融合生活

项目化学习的第一步，也是核心的一环，就是确定学习主题。项目主题决定了项目的起始、终点以及学生通过该项目可以培养的核心素养。项

目的主题可以有自己的侧重点，可以是知识学习、技能练习、情感渗透等，但不管是哪一类，主题的确定都不能脱离课标、远离教材，应该始终立足课标，依循教材，绝不能异想天开、标新立异。另外，主题设计还要兼顾生活性和可操作性。项目的主题一定能够回答以下几个问题：为什么学生要知道这个？学生是否想知道这个？学生会如何进行项目？学生可以分享什么？这一点体现了项目主题中的生活性与可操作性。因此，在项目化学习的主题设计中，应当立足课标，依循教材，融合生活。

2. 目标设计：以学生为本，融入学科核心素养

任何有效的教学都应基于明确的学习目标，项目化学习亦是如此。学生是学习行为的主体，目标的设计应围绕学生的发展，而学科核心素养是学生发展的教学目标。所以，目标的设计应该以学科核心素养为发展目标，核心素养应该充分落实到具体的教学过程中。而在项目化学习的目标设计中，由于其教学模式特性，利于多元目标的设定，利于学生发展。

项目化学习的复杂性导致了目标设定的复杂性。过于复杂的目标设定容易模糊教学目标和教学过程，导致教学低效。教学目标的设定切忌模糊，要有明确的教学目标和清晰的可操作的教学行为。宁可目标简单，也不能模糊。

3. 学习内容设计：核心问题驱动，引导自主发展

驱动型问题是学生学习的出发点，决定了学习的动力、内容、方式、能力培养。利用项目化学习的特性可以将驱动型问题分解，以若干个小问题组合成一个项目。这样一来，更有利于涵盖核心素养的多个维度。

在项目化学习中，光有驱动型问题还不够，配套的教学任务应该是教学的载体。只有合适教学载体，才能充分发挥学生的学习主动性，取得良好的教学效果。项目化学习的核心任务应该具备以下三个特点：

（1）趣味性。核心任务是核心问题的延续，教学设计应该以核心问题为驱动，通过核心任务进行推动。所以，核心任务应该具有驱动型问题的特性之一——趣味性。趣味性是学生自主学习、发展的动力装置，也是项目化学习的特征之一。

（2）可探究性。在核心任务设计中，应该有清晰明确的探究过程，应该能够以学生现有能力为基础，设定坡度合理的探究行为，使探究具有可操作性和探究价值。存在操作困难的任务会使教学过程混乱，造成教学的低效。故而，如何判断探究是否可行是核心任务设定的关键之一。

（3）教学性。就其根本，项目化学习是教学的一种模式，其内容不能脱离课程目标。在设定任务时，要贴近教学目标，并服务于教学目标。其内容的发展可以是对教学进行拓展，但应时刻审查是否脱离了课程目标。

4.学习过程设计：学习方式多样，教学评价多元

项目化学习的特征中有两点：学习的自主性和学习方式的多样性。在以学生为主的学习模式中，学生的个体差异是教学设计不可忽视的问题之一。多样性的教学方式能够更全面地满足学生的自主发展需求，形成有效教学。作为教学的一环，教学评价是不容忽视的。教学评价是鼓励师生、促进教学的重要手段。项目化学习的学习过程设计中一定要包含多元的教学评价，应该着眼于学生的动态发展，着眼于教师的教学改进和能力提高，以调动师生的积极性，提高教学质量。

（二）项目化学习的实施流程

项目化学习的实施流程主要包括：（1）确定项目主题；（2）确定教学目标；（3）设计驱动型问题；（4）设计核心任务序列；（5）设计子任务序列；（6）任务实施、项目探究；（7）项目成果展示；（8）教学评价。为清晰直观表述，以流程图形式呈现如下：

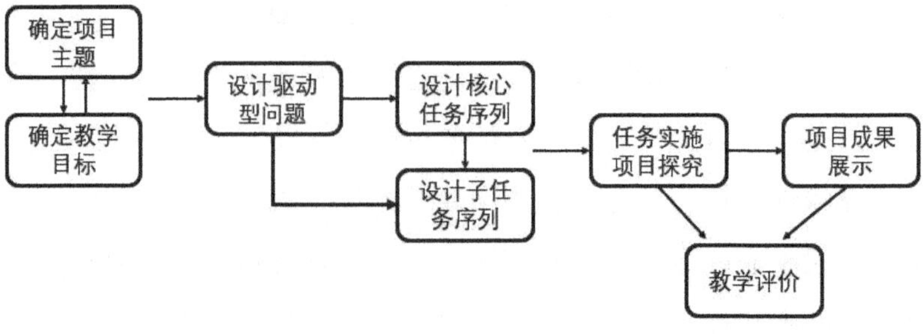

附4-1 学科项目化学习设计案例一

思政学科——模拟政协活动项目化学习设计

上海市奉贤区曙光中学 黄圣怡

一、项目介绍

模拟政协活动以中国人民政治协商会议为学习对象，借鉴其会议组织、提案形成等方面的制度规定和会议形式开展活动。学生在活动中将对社会、对国家的思考与畅想撰写为提案，建言献策，感受社会主义协商民主的魅力。在模拟过程中，学生的自主学习、合作探究、决策判断、解决问题、语言表达等高阶能力得到提高，树立起为建设富强民主文明和谐美丽的社会主义现代化强国、实现中华民族伟大复兴的中国梦做贡献的远大理想，成为一名在服务社会中实现个人价值为人生理想，具有利他品格、社会服务意识、基础社会管理能力的时代新人。

<table>
<tr><td colspan="4">模拟政协活动</td></tr>
<tr><td>适用年级</td><td colspan="2">高一、高二</td><td>所需课时</td><td>6</td></tr>
<tr><td>涉及学科</td><td colspan="4">思想政治</td></tr>
<tr><td rowspan="2">核心问题</td><td>本质问题</td><td colspan="3">协商民主有什么优势？</td></tr>
<tr><td>驱动性问题</td><td colspan="3">我们要召开模拟政协会议，作为模拟政协委员，请基于生活，围绕你感兴趣的民生问题，提出一份提案。</td></tr>
<tr><td>目标设计</td><td colspan="4">1. 通过项目化学习，让学生了解并理解中国社会主义民主的内涵，了解和认识通过正确的民主渠道和方式，加强青年学生对中国政治制度优越性的了解和认识，在学生中培养并树立“四个自信”。
2. 通过模拟人民政协委员提案产生全过程的“参与式”活动，培养和锻炼自主学习、合作探究、决策判断、解决问题、语言表达等高阶能力，提升学生素质能力，创新素质教育实践。
3. 通过深入调研，培养学生的社会责任感、社会担当精神、奉献精神，激励学生为建设富强民主文明和谐美丽的社会主义现代化国家、实现中华民族伟大复兴的中国梦做出贡献。</td></tr>
</table>

续 表

成果设计	产品形式	过程性产品:民生议题归纳 最终产品:模拟政协提案,进行成果展示,完善作品
	展示方式	文本或学生陈述
评价设计	过程评价	民生议题归纳质量体现出发现问题能力、课堂小组讨论和小组分享体现出合作交流能力,评价方式为评价量表
	结果评价	提案文本体现出社会调研能力、分析问题能力,评价方式为评价量表
任务设计	基于驱动性问题解决可能需要经历的探究过程: 阶段一——启动阶段 (1)教师提出问题(2课时) 教师提出"我们要召开模拟政协会议,作为模拟政协委员,请基于你的生活,围绕你感兴趣的民生问题,提出一份提案。"进行驱动,学生需要思考选取怎样的议题。政协提案应该具有严肃性、科学性、可行性。 (2)教师明确任务(1课时) 教师需要将问题分解成一系列具有可操作性的任务,指导学生做什么,如何做,帮助学生克服任务的模糊性和复杂性。 任务一:政协职能有哪些?任务二:模拟政协活动是如何开展的?任务三:你的民生问题是什么?任务四:查阅哪些文献?任务五:如何设计问卷、访谈提纲?任务六:如何开展调查研究?任务七:如何进行数据分析?任务八:如何形成一份完整的提案?任务九:如何进行展示活动? 阶段二——开展阶段 (3)学生构建小组(0.5课时) 学生根据自己对于问题类型的倾向组成提案小组,进行分工合作,一般4—6人一组,成员分工明确,自己组织管理,自主地开展各类活动。 (4)学生明确方案(0.5课时) 在教师的指导下,学生需要在观察社会、关注民生中,搜集资料,头脑风暴,确定议题和方案。 (5)学生具体实施(1课时) 为了呈现出一份高质量的提案,学生会在教师的指导下开展活动,通过文献研究、发放问卷、实地考察、访谈调研等方法获取信息。	

续　表

任务设计	阶段三——提高阶段 (6)学生形成提案 在深入调研的基础上,学生要对获得的信息进行分析、比较、综合,得出结论,思考过程中出现的问题,理解具体问题背后存在的社会体制机制问题,分析原因,找到解决方法。 (7)学生成果展示(1课时) 学生在教师的指导下,撰写调研报告和提案。学生通过模拟新闻发布会、界别小组讨论、模拟政协委员的陈述展示等多种形式进行交流与展示。 (8)学生完善提案 学生们通过提案展示、小组讨论、专家点评等活动,有针对性地探讨对策,对提案进行反思。最终他们要对提案加以完善,形成终稿
项目资源	设备:电脑、希沃板、白板、文印。 专家资源:政协委员、提案涉及的政府部门、相关机构

第一课时　中国共产党领导的多党合作和政治协商制度

一、教学目标

本节课通过对中国特色社会主义政党制度的介绍，让学生了解和知道中国特色社会主义政党制度的内容、方针以及政党之间的关系，能够结合实际阐述中国特色社会主义政党制度的意义，深刻领会中国共产党领导的多党合作和政治协商制度是我国的一项基本政治制度，是在中国革命和建设过程中逐渐发展起来的制度，具有鲜明的中国特色，符合中国国情，将长期存在和发展。

二、教学过程

观看视频：《中国土壤中生长出的新型政党制度》。

问题：通过视频，你了解到哪些信息?

学生回答：略。

我国宪法明确规定：“中国共产党领导的多党合作和政治协商制度将

长期存在和发展。”中国共产党领导的多党合作和政治协商制度这一基本政治制度，是中国共产党、中国人民和各民主党派、无党派人士的伟大政治创造，是从中国土壤中生长出来的新型政党制度。

1.我国的政党制度

中国共产党领导的多党合作和政治协商制度，是一项具有鲜明中国特色的政党制度，是我国的一项基本政治制度，是新型政党制度。这一制度在新民主主义革命时期孕育，在建立中华人民共和国的过程中确立，在社会主义现代化建设时期得到发展。

2.我国民主党派

问题：那么对于多党合作这个多党具体指什么呢？大家知道我国有哪些民主党派？

学生：思考回答。

多党合作中的“多党”也就是我们说的民主党派，那么在我们国家民主党派目前是8个，中国国民党革命委员会、中国民主同盟、中国民主建国会、中国民主促进会、中国农工民主党、中国致公党、九三学社、台湾民主自治同盟。

（1）性质：各自所联系的一部分社会主义劳动者、社会主义事业建设者、拥护社会主义的爱国者、拥护祖国统一和致力于中华民族伟大复兴的爱国者的政治联盟。

（2）优势：有广泛的社会联系和人才优势。

3.我国政党制度的内容

材料：新冠肺炎疫情发生以来，各级政协组织、各民主党派组织和广大成员深入贯彻习近平总书记重要指示精神，落实中共中央国务院决策部署，主动协同，自觉配合各级党委政府投入到疫情防控工作之中。

问题：那么中国共产党和民主党派之间是一种什么样的关系呢？

学生：思考回答。

总结：①中国共产党和各民主党派奉行“长期共存、互相监督、肝胆相照、荣辱与共”的方针，是通力合作、共同致力于社会主义事业建设的亲密友党。这也是中国特色社会主义政党制度的方针。②中国共产党的领导是多党合作和政治协商的首要前提和根本保证。③在国家政治生活中，中国共产党是执政党，各民主党派是参政党。

各民主党派具有法律赋予的参政权，包括参加国家政权，参与国家大政方针和国家领导人人选的协商，参与国家事务的管理，参与国家方针政策、法律法规的制定和执行等。

材料：(新华社北京3月10日电)：战“疫”，各民主党派全力投入《挺身请战，冲锋在前》《发挥优势，建言献策》《广泛动员，八方支援》

问题：通过上述材料，我们能体会到我国政党制度具有怎样的特点和优越性呢？

学生：讨论回答。

4. 我国政党制度的特点

中国共产党领导的多党合作和政治协商制度创立了一种新型的政党关系与政党制度形式，在当今世界独具特色。中国共产党同各民主党派既亲密合作又互相监督，而不是互相反对。中国共产党依法执政，各民主党派依法参政，而不是轮流执政。

5. 我国政党制度的优越性

这一制度与人民代表大会制度相适应，有利于发展社会主义民主，有利于推进中国特色社会主义建设，有利于推进祖国和平统一大业，展现出强大的生命力和显著的优越性。

第二课时 中国人民政治协商会议

一、教学目标

本节课通过对中国人民政治协商会议的性质、历史、人员组成、主题、职能介绍，让学生了解中国人民政治协商会议的基本内容。通过政协提案撰写的讲解，让学生理解政协提案的撰写方法，了解并理解中国社会主义民主的内涵，了解和认识通过正确的民主渠道和方式。

二、教学过程

国务院总理在全国人大会议上作政府工作报告时，通常有这样一句话：“各位代表：现在，我代表国务院，向大会报告政府工作，请予审议，并请全国政协委员提出意见。”

问题：什么是中国人民政治协商会议呢？它有哪些职能呢？国务院总理作政府工作报告，再请人大代表“审议”的同时，请政协委员提出意见，你知道这是为什么吗？让我们带着这个问题来观看视频。

观看视频：《70年辉煌：人民政协走过的岁月》。

学生：思考回答。

1. 中国人民政治协商会议的性质

中国人民政治协商会议（简称人民政协）是中国人民爱国统一战线的组织，是中国共产党领导的多党合作和政治协商的重要机构，是我国政治生活中发扬社会主义民主的重要形式，是国家治理体系的重要组成部分，是具有中国特色的制度安排。

2. 中国人民政治协商会议的历史

问题：大家知道国旗国歌在哪儿确立的么？北平什么时候改名为北京？公元纪年什么时候开始通用？

学生：思考回答。

中国人民政治协商会议，是中国各族人民经过长期的革命斗争，在新中国成立前夕，由中国共产党和各民主党派、无党派民主人士、各人民团体、各界爱国人士共同创立的。

1949年9月21日，中国人民政治协商会议第一届全体会议在北平隆重举行，宣告中国人民政治协商会议正式成立。参加会议的有46个单位的代表共662人。

会议通过了《中国人民政治协商会议共同纲领》《中国人民政治协商会议组织法》《中华人民共和国中央人民政府组织法》三个为新中国奠基的历史性文件。中国人民政治协商会议在当时还不具备召开普选的全国人民代表大会的条件下，肩负起执行全国人民代表大会职权的重任，宣告了中华人民共和国的成立，完成了建立新中国的历史使命，揭开了新中国历史的第一页。

3.中国人民政治协商会议委员会的组成

问题：大家知道政协委员是由那些界别组成的吗?

学生：讨论回答。

4.人民政协围绕团结和民主两大主题

5.履行政治协商、民主监督和参政议政的职能

问题：大家知道政协委员们平时都做些什么吗?

学生：讨论回答。

6.发挥人民政协作用的要求

问题：那么人民政协和社会主义协商民主又有什么关系呢?

学生：思考回答。

人民政协是社会主义协商民主的重要渠道和专门协商机构。在中国特色社会主义新时代，人民政协工作要聚焦党和国家中心任务，把协商民主贯穿政治协商、民主监督、参政议政全过程，完善协商议政内容和形式，着力增进共识，促进团结，加强人民政协民主监督，重点监督党和国家重大方针政策和重要决策部署的贯彻落实。

第三课时　模拟政协活动概况

一、教学目标

通过对模拟政协活动的介绍，让学生了解模拟政协活动的产生、活动流程和活动价值，学生将在模拟政协委员提案产生全过程的“参与式”活动中，培养和锻炼发现问题能力、分析问题能力、解决问题能力、合作交流能力，从而提升学生的综合能力。

二、教学过程

（一）了解模拟政协

1.活动发起

模拟政协活动是以中国人民政治协商会议为学习对象，借鉴其会议组织、提案形成等方面的制度规定和会议形式，结合青少年学生特点，结合

高中思想政治课教学，探索创新思政教改、技能培养等方面的全新特色社会实践活动。“活动”既是高中思想政治课程的典型课外实践，也是高中综合能力培养的特色社团活动。

“活动”依照党的十八届三中全会《关于全面深化改革若干重大问题的决定》关于深化教育领域综合改革的精神，坚持“全面贯彻党的教育方针，坚持立德树人，加强社会主义核心价值体系教育，完善中华优秀传统文化教育，形成爱学习、爱实践、爱祖国活动的有效形式和长效机制，增强学生社会责任感、创新精神、实践能力”。

“活动”在教育部关于高中教育改革的原则指导下，力求在深化课程改革，加强特色建设，推动高中多样化发展方面作出积极探索。

2. 活动的宗旨与目标

模拟政协活动宗旨是“立德树人、砺志笃学、技能拓展、实践创新”。活动的总体目标是在青少年中树立“四个自信”，通过“研究型”“参与式”实践，激励青少年为建设富强民主文明和谐美丽的社会主义现代化国家、实现中华民族伟大复兴的中国梦作出贡献。

“活动”根据其总体目标，力求通过相关知识的教学和模拟实践，在广大青少年中积极培育和践行社会主义核心价值观，培育和增强青少年的社会主义制度意识、社会责任意识、实践意识和创新意识；培养和提高青少年的发现问题能力、分析问题能力、解决问题能力和合作交流能力。

3. 活动的特色与价值

（1）加强青年学生对中国协商民主制度优越性的了解和认识，在青少年中培养并树立“四个自信”。通过模拟人民政协提案产生全过程的“参与式”活动，培养青少年的“四种意识”，让青少年了解并理解中国协商民主形式的内涵，了解和认识通过正确的民主渠道和方式，关心国家大事的重要性。

（2）通过“研究型”“参与式”实践活动，培养和锻炼青少年应当具备的人生基本的“四大能力”。提升青少年素质能力，创新素质教育实践。

（3）通过整个实践活动过程体验，具体还要培养学生以下多种能力：

解决社会民生问题能力、锻炼组织管理能力、培养领导力、提升执行力、强化团队合作能力、掌握调查研究的能力、撰写调研报告的能力、撰写提案文本的能力、熟悉制作PPT和编辑视频的能力、准确地向公众表达观点的能力、公开演说的能力、民主协商沟通研讨的能力、正面辩论的能力、新闻采编新闻发布的能力、学习社交礼仪知识、懂得公关游说等。

（4）探索创新高中思想政治课教学模式，通过在线和生动的教学与活动形式，提升青少年对思想政治课及相关实践活动的兴趣和热情。积极探索校内教育与校外教育的有效融合，加强校际交流与学习等，培养社会责任感、社会担当精神和奉献精神。

（5）通过深入的调研和反复的完善，最终优秀学生提案可以提交到全国、省、市等多级政协大会。积极践行协商民主，发扬基层民主，创新民主形式，让青年学生真正参与到国计民生发展中来，真正为国家进步、社会发展建言献策，切实推动身边社会民生问题解决。

（二）模拟政协组织形式及会议流程

1.组织开展活动的一般流程

（1）启动宣传：新一届活动启动，开展校内宣传，确定参加年度活动。

（2）确定责任人：了解活动要求，确定本校模拟政协活动负责人和一名指导老师，联系组委会进行信息登记，获取活动支持。

（3）了解学习：指导老师了解熟悉“模拟政协活动手册”，参加必要的项目知识学习和相关会议，便于顺利参与、开展相关活动，保证提案的质量，以努力争取提案被提交至“全国政协会议”。

（4）成立校内社团：学校成立校“青少年模拟政协活动”学生社团，并对社团骨干及成员组织开展系列前期指导培训、学习等相关活动。

（5）界别分工：选择每个“小模拟政协委员”的界别身份，结合身份定位初步调研，提出多个候选议题，在初步角色分工的基础上形成提案小组。

（6）技能培训：社团成员进行调查研究、政协提案写作等技能知识培训学习后，根据意向议题，正式组建多个学校提案调研小组，合理分工。

（7）展开调研：各提案小组分别展开调查研究，写出调研报告。

（8）提案写作：提案小组在调研报告的基础上分别写出提案文本。

（9）展示准备：根据前期的调研和提案，进行校内的集中展示准备，制作3分钟调研视频、10分钟展示PPT、5分钟答辩展示彩排等。

（10）校内展示：举行必要的校内选拔展示，为参加地区展示准备。

（11）地区展示：各校优秀提案小组（共6名，其中1名为专职新闻发言人），进入地区展示，遴选出参加全国集中展示活动的学校提案小组。

（12）全国展示：全国集中展示。

2.提案小组组成

（1）提案组长：有1位提案小组学生负责人，要有组织领导能力，要能对整个活动过程有充分的了解和熟悉，并能组织开展、推进相应工作。该同学在地区或全国展示中，全面负责组织工作。

（2）调研委员：提案小组要有1至2名有较强的调研等能力的同学，能够深入参与调研，会外联，能够带领团队开展专题调研活动等。

（3）技术委员：要有能制作PPT、调研视频等技术能力的同学参与调研，以便为后期参与展示提供技术保障。

（4）写作委员：要有1名文采较好、善于写作，能高质高效地完成调研报告、提案文本、PPT文字、会议发言稿等写作工作。

（5）“文娱”委员：结合集中展示期间的活动，适当选拔有其他相应能力的学生参与，如公关游说、文艺表演能力等。

（6）“演说”委员要有1名有较强的演讲、答辩等能力的同学，同时对本小组的提案非常熟悉，最终能在集中展示中担任本小组的新闻发言人。

3.集中展示具体环节

（1）界别小组研讨会

人民政协章程规定：中国人民政治协商会议全国委员会由中国共产党、各民主党派、无党派人士、人民团体、各少数民族和各界的代表，香港特别行政区同胞、澳门特别行政区同胞、台湾同胞和归国侨胞的代表以及特别邀请的人士组成，设若干界别。

以一个或两个政协界别为一个分组，对相关提案进行讨论、研究的分组会议。来自不同学校的同一界别身份的学生模拟政协委员组成一个分组。主席团会议工作组负责统筹安排，并分别主持。目的是使模拟政协委员们以新的视角看待提案和代表不同利益群体发表观点，引导学生体验协商民主的实际的运作形式。

（2）模拟新闻发布会

各提案小组派出一个新闻发言人，模拟人民政协新闻发布会，通过新闻发布向模拟的各界媒体记者，介绍提案，回答相关问题。各提案小组通过新闻发布可以广泛宣传本校提案，让更多人了解本提案，赢得更多的支持者。同时，学生模拟政协委员，可以提高公开演讲技能；模拟新闻记者，可以学习如何做一名新闻记者，提升自己作为提问记者的技能。

（3）陈述展示活动

分三个环节：第一步为3分钟视频展示，呈现提案小组形成提案的工作过程。第二步为10分钟的提案陈述，同时通过PPT展示提案的内容与价值。第三步为5分钟的听证、答辩环节，接受各界委员的询问和建议。

第四课时　社会调查方法

一、教学目标

通过对社会调查方法的介绍，让学生了解社会调查的基本方法，学会应用问卷调查和访谈调查，通过深入调研，培养学生的社会责任感、社会担当精神、奉献精神，激励学生为建设富强民主文明和谐美丽的社会主义现代化国家、实现中华民族伟大复兴的中国梦作出贡献。

二、教学过程

（一）调查研究的基本概念

调查研究是获取第一手资料和信息以做进一步分析判断，从而提出科学合理的解决问题建议的基础，也是政协委员提出建议、写作提案的前提。在政协工作中，调查研究主要是指社会调查研究。

社会调查研究要考虑自然环境、人口、文化三个基本要素。调查研究的对象复杂多样，但主要分为八类：有代表性的个人、家庭村落朋友群等社会基本单位、工厂商店学校医院等社会组织、工农等阶层司机等行业、现代社会居民社区、某一独特民族、婚姻上访等一类社会行为、某种典型的社会产品如保健品广告等。

通过调查研究，能够描绘基本的客观事实，说明社会上某事“是什么”，进一步来解释现象和探索本质，回答“为什么”，最后进行科学预测和对策研究，提出解决问题的方法，即“做什么”。

（二）调查研究的基本方法

调查研究是讲究方法的，首先要有理论基础，主要有哲学基础和具体科学原理。我国当前的调查研究以马克思主义辩证唯物论和历史唯物论为哲学基础。具体科学原理包括逻辑学、心理学、统计学、社会学等学科的基本原理。当然也会广泛运用到数学知识。

调查研究本身是多方面的，所涉及的方法也是多方面的，主要有课题确定的方法；明确调查研究具体目的、对象、内容、类型的方法；调查研究方案设计和条件准备的方法；抽样的方法；各种搜集资料的方法，包括文献法、问卷法、访谈法、观察法、实验法等；调查资料整理、分析的方法；撰写调查报告的方法，等等。其中，各种资料收集的方法是调查方法的核心。

根据调查的不同目的、范围、性质等，调查研究可分为不同类型，根据目的来划分有描述型调研和解释型调研；根据时序可分为横剖调研和纵贯调研；根据性质可分为定性调研和定量调研；根据范围划分有全面调查（普查）和非全面调查（抽查和个案调查）。

社会调研一般而言可分为四个阶段：准备阶段、调查阶段、分析阶段、总结阶段。

社会调查要遵循客观性原则、科学性原则、系统性原则、理论联系实际原则和伦理道德原则。

（三）问卷设计

问卷基本结构由标题，封面信，指导语，问题和选项，编码等组成。

1.主体内容

基本资料，主要包括被调查者的年龄、性别、年级、民族、婚姻状况、收入、教育程度、职业等基本情况。

行为资料，专门向被调查者收集已发生的行为事实或事件发生及经过。

态度资料，主要收集被调查者本人对某些问题的思想、观点、态度、兴趣爱好等心理现象和个性心理特征。

2.问题设计的原则

（1）包容性。针对封闭型题目的选项而言的，它要求选项包括所有的可能的回答的种类。

（2）区分性。针对封闭型题目的选项而言的，它要求选项之间不能有交叉关系。

（3）中立性。针对问题的问法而言的，它要求提出问题时不能带有任何偏见和主观的看法，保持中立和平衡对称关系。

（4）单一性。针对问题的问法而言的，它要求问题的问法只含有一个问题，不能有并列问题的出现。

（5）明确性。针对问题的问法和封闭型题目的选项而言的，它要求问题和选项必须清楚明白，不会产生歧义。

三个明确（要明确的是同一含义）：研究人员自己明确概念；被调查者明确；将来出报告，读者也明确。

（四）访谈研究

访谈研究是指问卷不直接教给回答者，而是由访谈员将问卷上的问题念给回答者听或者与回答者直接进行交谈来获取信息的过程。优点：灵活性好、回答率高，可观察非语言行为，可控制环境。缺点：存在访谈偏见，费用高。

1.进行访谈

（1）接近回答者的途径。（2）对拒绝回答的处理——强调重要性。

（3）开始访谈。

2.试探中立性

用含义不明显的语言或者举动引起对方的反应，借此了解对方的意思。在访谈过程中，当回答者的回答含糊不清，或者太一般性的或者说不知道的时候，就要进行试探了。试探的问题或者行为应该是中立性的，它包括中立性问题试探和中立性行为试探两方面。

3.访谈记录

（1）原版记录（信息的完整性）原始性。（2）全面记录。

第五课时　中国人民政治协商会议提案

一、教学目标

通过对中国人民政治协商会议提案的介绍，让学生了解中国人民政治协商会议提案的撰写方式和价值，了解正确的民主渠道和方式，感受我国民主政治制度的运转，深入认识我国的政治制度和法治建设，让学生关注民生问题，培养学生的社会责任感和社会担当精神，增强学生的政治认同和公共参与意识。

二、教学过程

（一）政协提案的基本知识

《全国政协提案工作条例》规定：提案是政协委员和参加政协的各党派、人民团体以及政协专门委员会，向政协全体会议或者常务委员会会议提出的、经提案审查委员会或者提案委员会审查立案后，交承办单位办理的书面意见和建议。提案是履行人民政协职能的一个重要方式，是坚持和完善中国共产党领导的多党合作和政治协商制度的一种重要载体，是协助中国共产党和国家机关实现决策民主化、科学化的一条重要渠道。

政协提案实行提出提案的时间不限、内容不限、人数不限的“三不限制”原则。提出提案一般有四种形式：政协委员以个人或者联名方式提出提案；政协全体委员会议期间以小组或者联组名义提出提案；参加政协的各党派和人民团体，以本党派、团体名义提出提案；政协各专门委员会以本专门委员会名义提出提案。提案办理有专门机构负责，要求件件有着落，案案有答复。

一份好的提案，除了要言简意赅地阐明要解决一个什么问题，为什么要解决这个问题外，还要提出解决问题的方法和途径，即提出建议。提案的建议部分，是提案的要害，集中反映提案目的，也体现提案献计献策的水平。因此，应当在调查研究的基础上，写得明确具体，实事求是。

高质量的提案应具备“严肃性、科学性、可行性”，这是提高提案质量的努力方向。

提案的严肃性。提案的严肃性由人民政协在国家政治体制中的重要地位所决定，主要表现为：（1）提案内容应围绕国家大政方针、中心工作和经济、政治、文化、社会、生态文明建设中的重要问题以及人民群众普遍关心的问题建言献策。（2）提案向政协组织提出后，提案审查委员会、提案委员会要依据提案工作条例的有关规定进行审查立案，并以政协名义转交有关部门办理。这个程序表明提案是一种严肃的组织行为。（3）提提案是各党派、各人民团体、各专门委员会和政协委员特有的民主权利。因此，提案者在撰写提案过程中要持慎重态度，认真负责地反映问题，周密思考，提出意见、建议和要求，力求引起有关方面的重视和及时采纳，为发挥政协职能贡献自己的力量。

提案的科学性。提案的科学性是能否引起承办单位重视并被采纳的重要条件，也是反映提案质量的一个重要标志。它主要指提案应言之有据，持之有理。要做到这一点，在写提案前就需认真调查研究，核准事实。事实不准确，就谈不上科学性。提案主体一般分为问题、原因（或理由）、建议等，而科学性在其中起着重要的作用。

提案的可行性。提案的可行性主要指提出的建议、要求应具有实施的条件和可能，可操作性强。一件提案，不但要在阐述“理由”时下功夫，使其具有科学性和说服力，在提出建议和要求时，应充分考虑到实施的客观条件。提案的目的是为了解决问题，要想真正解决问题，提案者就应在“建议、要求”部分多下功夫，把建议建立在可行性基础之上。

（二）政协提案撰写规范

（1）反映大事。要围绕党和国家大政方针的贯彻执行，围绕改革发展和现代化建设，围绕维护社会稳定及巩固和扩大爱国统一战线，围绕人民群众普遍关心的重点问题积极献计献策，提出意见和建议，更好地履行人民政协政治协商、民主监督和参政议政的职能。

（2）言之有据。提案是政协委员和参加单位行使民主权利的重要形式，有其严肃性。言之有据，须有调查研究作基础，应避免“即兴之作”或信手拈来的“听说”“据反映”之类。

（3）案情清楚。这是解决问题的重要依据，如果主要情节不清，问题就无法解决。因此，须事实明确，言之有物，并力求开门见山，语言简洁，说理充分，判断正确，避免笼统、空洞。

（4）建议具体。这是使提案能否采纳的关键。因此，必须针对案情，提出相应的建议、意见和要求，力求具体和可行，缺乏可行性的建议，意见再好，也难以落实。

（5）一案一事。这是方法问题，如果一案多事，一是情况难于说清，二是无法确定承办单位，有时只能作来信处理。

（6）书写工整。体现了提案的严肃性，也是存档和提案处理工作的要求，字迹潦草无法辨认，会给处理工作带来不便，贻误时间。

（三）调查报告的写作

调查报告由标题、署名、前言、主体、结语四个部分组成。

无论何种类型，调查报告都要包括五个步骤：（1）确定主题，形成观点。（2）精选素材。（3）拟订提纲。（4）起草报告。（5）修改定稿。

调查研究是政协提案的前提，调查报告是政协提案尤其是建议案的重要基础。论题调研的过程就是提案调研的过程，调查报告的写作，基本上就完成了提案的基础部分的写作。最终区别主要在于提案的形式上有一些特殊要求而已。

根据调研报告的相关结果，本着一事一案的原则，就可以完成提案的规范性撰写。关键点在于，一份好的提案，一定有坚实的调查研究的结果为基础。提案的字数不在多，贵在精，而调研报告以图文并茂和资料翔实见长。

提案是政协委员表达心声行使权利的基本常用方法，但在调研基础上的调查报告，也是一种常见的行使权利的方法。人民政协的专门委员会，每季度有规定的调研任务。调研能力是政协委员的基本功之一。

调查研究报告，并不仅仅是为了写提案，也是比较科学和专业地进行社情民意的搜集整理，从而积累丰富的素材、资料、案例，为形成全面、正确、客观的观点、看法、建议服务。除了提交政协提案外，政协委员还要对大会报告进行审议，还要进行小组或联组讨论，还要与相关群体代表进行沟通交流等，不掌握一手的资料和论据，不形成基于客观事实的观点、建议，是很难胜任政协委员这一身份，没有行使好人民所赋予的权利。

第六课时　学生成果展示

教学目标

本节课通过学生提案展示与小组讨论，完善提案，有助于培养学生解决社会民生问题能力、组织管理能力、团队合作能力、准确地向公众表达观点的能力、公开演说的能力、民主协商沟通研讨的能力等，从而培育以在服务社会中实现个人价值为人生理想，具有爱国奉献艰苦奋斗精神、社会服务意识和基础社会管理能力的时代新人。

教学过程

（一）提案展示环节

提案小组上台陈述提案。要求：（1）提案围绕社会民生问题，一事一议，提出问题，分析问题；（2）提案问题涉及国计民生，建议有说服力，有理有据，有法规支撑；（3）提案符合一般提案的格式要求；（4）提案有创新意识，能够突破问题的难点，有明确的解决问题建议；（5）提案建议具有可行性，能够易于被政府相关部门执行；（6）陈述声音响亮、观点明确、思路清晰、表达自信、逻辑性强；（7）注意仪表、语音、语速等。

（二）提案研讨环节

学生小组讨论，评议提案，给出完善建议。要求：（1）需以客观公正态度参与讨论与评议，要从真心关心国计民生的角度出发；（2）以求同存异、合作共赢的协商民主的形式开展界别小组研讨；（3）提问或建议要注意风度和仪态，注意语速、肢体语言和面部表情等。

（三）总结环节

邀请上海市奉贤区政协委员金彦老师点评。

评估内容	权重	评估参考要求	评估总分	评估得分		
				自评	组评	师评
发现问题能力	10%	议题是社会民生热点问题、具有普遍性	20			
		议题没有明确解决、具有可行性	20			
		有创新意识	20			
		议题成为最终确定议题	40			
社会调研能力	20%	调研的范围和对象选取合理	10			
		问卷设计参与度	30			
		发放问卷参与度	30			
		访谈提纲设计参与度	30			
分析问题能力	30%	有调研过程的详细描述	10			
		原因分析有充足的案例或证据，能够突破问题的难点	20			
		建议有说服力、有理有据有法规支撑	20			
		有创新意识，有明确的解决问题建议，易于被政府相关部门执行	20			
		撰写调研报告的参与度	30			
语言表达能力	15%	陈述声音响亮、观点明确、思路清晰、表达自信、逻辑性强	30			
		陈述、演讲具有一定的可看性、专业性	30			

续　表

		有情感的投入	20			
合作交流能力	10%	遵守活动规则，服从指导老师安排	20			
		组长能积极地为小组服务，能平均、合理地分配任务	20			
		每个成员都能积极地参与小组活动，有自己明确的任务，并能认真地完成任务	30			
		小组成员间能认真倾听，互助互学，小组成员间能认真倾听，互助互学	30			
多媒体操作能力	15%	在提案文稿基础上整理出展示PPT内容	40			
		PPT制作有创新、有创意，吸引观众	60			
		活动视频拍摄	60			
		视频制作构思有创意，吸引观众	40			

附4-2　学科项目化学习设计案例二

化学学科——硫酸铝净水项目化学习设计

上海市奉贤区曙光中学　钱宇蝶

一、项目背景

我国具有丰富的水资源，但饮用水资源的人均占有量相对较低，为了保障居民在日常生活中的用水需求量，需要有效处理自来水，从而保障清洁水质指标。铝盐作为净水剂应用于生活饮用水处理过程，目前被广泛使用于许多自来水厂。铝盐的净水作用源于铝离子水解产生能够吸附沉淀杂质的氢氧化铝胶体，盐类水解平衡移动的影响因素是高中化学的重点与难点内容之一。因此，本项目通过探讨不同外界条件下对硫酸铝净化河水效果的影响，为指导净水剂的使用提供一定的科学依据，组织学生开展分析解释、方案设计等活动，促进学生理解盐类水解的原理和影响盐类水解的主要因素，认识其对生产生活的作用。

<table>
<tr><td colspan="4">如何使用铝盐净水剂能让净水效果又快又好</td></tr>
<tr><td>适用年级</td><td colspan="2">高一高二</td><td>所需课时 | 4课时</td></tr>
<tr><td>涉及学科</td><td colspan="3">化学</td></tr>
<tr><td rowspan="2">核心问题</td><td>本质问题</td><td colspan="2">盐类水解的影响因素</td></tr>
<tr><td>驱动性问题</td><td colspan="2">现有一种铝盐净水剂，需要为它写一份使用指南，指导使用者如何使用该铝盐净水剂能让净水效果又快又好。请你设计实验探究影响净水剂效果的因素，完成使用指南</td></tr>
<tr><td>目标设计</td><td colspan="3">核心知识：知道盐类水解的概念，能解释盐类水解的过程；知道铝盐的性质，结合水解理论解释铝盐类净水剂的净水原理；理解不同因素对盐类水解的影响；体会化学与生活生产之间的紧密联系，培养实事求是的科学探究精神。
关键能力：调查分析、交流展示、撰写报告、演讲的能力；根据水解影响因素设计实验方案的能力；实验观察、动手、反思的能力；运用定量思想探究实验条件，优化制备条件的能力</td></tr>
<tr><td rowspan="2">成果设计</td><td>产品形式</td><td colspan="2">过程性产品：实验方案、实验数据
最终产品：实验报告，进行成果展示</td></tr>
<tr><td>展示方式</td><td colspan="2">项目汇报</td></tr>
<tr><td>评价设计</td><td>过程评价</td><td colspan="2">能够简单概述铝盐净水的原理和影响因素，并设计科学可行的实验探究方案；掌握测量净水效果的操作方法，记录真实数据；根据数据进行合理分析得到结论</td></tr>
<tr><td>任务设计</td><td colspan="3">项目启动阶段——自来水厂的水处理过程(0.5课时)
自来水厂对原水的处理一般需要经过4个复杂的阶段：混凝反应阶段、沉降处理阶段、过滤处理阶段和消毒阶段。
教师提出问题：铝盐作为净水剂应用于生活饮用水处理过程的第一阶段中，现在有一款硫酸铝盐净水剂，假如你是自来水厂的工作人员，请你设计实验探究这款净水剂在什么条件下净水效果又好又快</td></tr>
</table>

续　表

任务设计	项目调查阶段(课外) 学生构建3—4人小组,进行分工合作,文献调查铝盐净水剂净水原理及影响其净水效果的因素,了解净水剂净水效果测量的实验方法。 项目方案设计阶段(1课时) 分享调查结果,确定探究因素,设计科学可行的实验方案。 项目实施阶段(1.5课时) 学习各仪器的使用方法,根据实验方案,进行实验探究,记录数据。 项目成果展示(1课时) 根据实验数据,归纳实验结论,分析原因,撰写实验报告,撰写合理的净水剂使用指南,对实验结果进行反思,通过小组汇报方式进行成果展示。
项目资源	材料设备:硫酸铝、浊度仪、磁力搅拌仪、pH计、水样采集器

第一课时　自来水厂对生活饮用水的处理过程

一、教学目标

本节课通过介绍我国水资源总量较高与人均饮用水资源占有量较低、水资源污染的现状，养成学生节约用水的意识，认识到水净化处理的技术对保障生活饮用水的重要性。通过对自来水厂处理工艺流程的简单介绍，知道水处理的一般过程，认识在水处理过程中需要用到化学试剂及其作用，体会化学在生产生活中的重要性。

二、背景介绍

水是生命的源泉，水是构成人体最重要的物质，人体90%以上由水组成，细胞的不断更新、生命的新陈代谢都离不开水的滋养。

我国的淡水资源总量为28000亿立方米，占全球水资源的6%，名列世界第四位。但是，我国的人均水资源量只有2300立方米，仅为世界平均水平的1/4，是全球人均水资源最贫乏的国家之一。中国是世界上用水量最多的国家，仅2002年，全国淡水取用量达到5497亿立方米，大约占世界年取用量的13%。

自来水厂从天然水体或蓄水水体作供水水源，称之为原水，原水的水质因水源不同而异。

问题：原水中含有各种杂质，哪些人类活动会给水体造成污染？

学生回答：工业废水、生活废水。

城市的自来水厂就是除去这些原水中可能会给人类和工业带来危害的成分，使净化后的水能满足人民生活和工业的需要。

净水工艺流程：

原水→混合→絮凝池→沉淀池→滤池→清水池→配水泵房→管网

↑　　　　　　↑

加药　　　　　加氯

絮凝：脱稳胶体相互聚结成大颗粒絮体的过程称为絮凝过程。

过滤：沉淀后的水，通过一层或几层粒状滤料使水中残余的细菌和悬浮杂质进一步截留分离出来的方法叫过滤。过滤具有对水质把关作用，是净水工艺的关键工序，过滤的效果直接影响出厂水水质。

消毒：消毒的目的是去除水中的致病微生物，确保饮用水安全。

问题：原水中可能含有哪些杂质？

学生回答：泥沙、藻类、细菌微生物、有机污染物等。

净水过程的常用药剂：pH调节剂、氧化剂、混凝剂、消毒剂和助凝剂。

1.pH调节剂

问题：什么酸碱性的饮用水对人体健康更有益？

学生回答：弱碱性

问题：天然水一般呈什么性？为什么？

学生回答：酸性，如有CO_2、SO_2、氮氧化物等。

问题：如何调节酸性水体的pH值？

学生回答：加入碱，如氧化钙、氢氧化钙。

当原水pH过高或过低，或因需要提高水处理效果时，就需要调整pH，常用的pH调节剂有氧化钙、氢氧化钙、碳酸钠和氢氧化钠等。

2.氧化剂

问题：常见氧化剂有哪些？

学生回答：高锰酸钾、氯气、次氯酸、过氧化氢等。

氧化剂在水处理剂中的主要作用是对原水中有机物或藻类等进行预处理，常用的氧化剂有氯、二氧化氯、次氯酸钠、次氯酸钙、臭氧、过氧化氢和高锰酸钾等。

3. 混凝剂

混凝剂是为使胶体失去稳定性和脱稳胶体相互凝聚所加的药剂。水厂常用混凝剂可分为铝盐和铁盐两大类。铝盐用得最多的是聚氯化铝和硫酸铝；铁盐用得最多的是硫酸亚铁、氯化铁和聚合硫酸铁等。

问题：为什么铝盐和铁盐会被用于净水？为什么钠盐、铵盐不行呢？

现在有一款硫酸铝盐净水剂，请各位同学课后通过文献调查并研究铝盐净水的原理。假如你是自来水厂的工作人员，请你设计实验探究这款净水剂在什么条件下净水效果又好又快。

问题：我们该从哪些方面进行调查？

学生构建3—4人小组，进行分工合作，文献调查铝盐净水剂净水原理及影响其净水效果的因素，了解净水剂净水效果测量的实验方法，并选择一个问题进行重点研究和分享。

第二课时　盐类水解

一、教学目标

学生按小组分享文献调查结果，自行解释铝盐水解原理、盐类水解的概念及发生过程，分析不同因素对盐类水解的影响，提高语言表达能力，再结合教师从平衡角度对盐类水解的分析，加深对其的认识，体验从平衡观和微粒观来理解宏观现象的重要意义。

二、教学过程

1. 盐的分类与盐溶液的酸碱性

【引言】同学们，我们知道纯水中 $c(H^+)=c(OH^-)$ 呈中性。若在水中加入酸或碱，所得的水溶液当然是呈酸性或者碱性的。那么，在水中加入盐，这种盐溶液一定呈中性吗？

【PPT】硫酸铝及其pH试纸颜色。

【提问】我们通过pH试纸的颜色可以看到，硫酸铝是呈酸性的，那么是不是说明盐溶液也可以呈现不同的酸碱性呢？

【实验】盐溶液酸碱性。在室温下，用pH试纸测定0.1mol/L的氯化铵、氯化钠和醋酸钠溶液的酸碱性。

【提问】同学们，你们测得这三种溶液呈什么性？

物质	pH	酸碱性
NH_4Cl	<7	酸性
NaCl	=7	中性
CH_3COONa	>7	碱性

除了这些盐之外，还有其他盐也呈现不同的酸碱性。

盐溶液	酸碱性
NaCl、KNO_3、Na_2SO_4	中性
NH_4Cl、$Al_2(SO_4)_3$、$Cu(NO_3)_2$	酸性
Na_2CO_3、CH_3COONa、Na_2S	碱性

【提问】盐溶液呈现酸碱性是否存在一定的规律呢？

【回答】强酸弱碱盐显酸性；强碱弱酸盐显碱性；强酸强碱盐呈中性。

2. 盐类水解

教师：通过之前的学习，酸（碱）在水中能电离出H+（OH−），抑制水的电离，使酸（碱）的水溶液成酸（碱）性，但这些盐的组成中既不含有H+，也不含有OH−，为什么呈酸碱性呢？接下来，我们以硫酸铝为例，请调查了盐类水解的小组来分析它的水溶液显酸性的原因。

【学生小组分析】Al_2（SO_4）$_3$是强电解质，在溶液中完全电离，产生铝离子和硫酸根离子。溶液中除了硫酸铝的电离外，还有水的电离，产生浓度相等的氢氧根离子和氢离子。溶液中四种离子互相碰撞过程中，铝离子和氢氧根离子会结合变成弱电解质氢氧化铝，导致氢氧根离子浓度降低，氢离子大于氢氧根离子浓度，溶液呈酸性。像这样，在溶液中盐电离出的某种离子跟水电离出的H^+或OH^-离子结合生成弱电解质的反应。

$Al_2(SO_4)_3 \rightarrow 2Al^{3+} + 3SO_4^{2-}$

+

$6H_2O \rightleftharpoons 6OH^- + 6H^+$

$\rightleftharpoons$

$2Al(OH)_3$

即$Al_2(SO_4)_3 + 6H_2O \rightleftharpoons 2Al(OH)_3 + 3H_2SO_4$

（1）定义：在溶液中盐电离出的某种离子跟水电离出的H^+或OH^-离子结合生成弱电解质的反应。

（2）实质：生成弱电解质，促进水的电离，导致$c(H^+) \neq c(OH^-)$

【教师提问】发生水解的条件是什么？为什么NaCl溶液呈中性？

【学生回答】盐中含有弱酸的阴离子或弱碱的阳离子。

【教师提问】固体硫酸铝会发生水解吗？

【学生回答】不会。盐需要溶于水才能发生水解，本质是与水电离的H^+或OH^-离子结合。

（3）发生水解的条件：①盐溶于水。②盐中含有弱酸的阴离子或弱碱的阳离子。

【教师提问】盐类水解是一个放热反应还是吸热反应，为什么？

【学生回答】吸热反应。水解反应可看作酸碱中和反应的逆反应，酸碱中和反应放热，因此水解吸热。

（4）特点：酸碱中和反应的逆反应，水解非常微弱，吸热。

【课堂练习】水解方程式书写：水解是微弱的，产生的沉淀和气体不写“↓”“↑”

①化学方程式：盐+水酸+碱

例：$NH_4Cl + H_2O$ $NH_3 \cdot H_2O + HCl$；$CH_3COONa + H_2O$ $CH_3COOH + NaOH$

②离子方程式：弱酸的阴离子 + H_2O弱酸+OH^-；弱碱的阳离子 + H_2O弱碱+H^+

$AlCl_3$：$Al^{3+} + 3H_2O$ $Al(OH)_3 + 3H^+$

$NaHCO_3$：$HCO_3^- + H_2O \ \ H_2CO_3 + OH^-$

Na_2CO_3：$CO_3^{2-} + H_2O \ \ HCO_3^- + OH^-$、$HCO_3^- + H_2O \ \ H_2CO_3 + OH^-$

3.铝盐净水原理

硫酸铝能够发生水解产生氢氧化铝，那这和净水有什么关系呢？

【学生小组分析】硫酸铝水解产生的氢氧化铝虽然量少不会沉淀，但会在形成胶体。胶体是指分散质粒子直径在1~100nm之间的分散系，是一种分散质粒子直径介于浊液和溶液之间的一类分散体系，这是一种高度分散的多相不均匀体系。胶体粒子的直径决定了胶体粒子具有巨大的比表面积，吸附力很强，能在水中吸附悬浮固体或色素形成沉淀，从而使水净化，这就是胶体净水的原理。

4.影响盐类水解的因素

我们知道了盐类的水解反应及硫酸铝净水原理，在第6章中学习了化学平衡移动的知识，接下来有请下一个小组利用化学平衡移动的知识，来分析影响盐类水解的因素，总结可能会影响硫酸铝净水效果的因素。

【学生小组分析】

（1）内因（主要因素）：物质自身性质。

（2）外因。温度：盐类水解的正反应方向是吸热反应，因此升温是平衡最想要的，会促进水解。浓度：①加水稀释后，各离子浓度均下降，但盐离子浓度下降幅度大，因此水解平衡正向移动，越稀越水解。②加对应盐；盐离子浓度最大，水解平衡正向移动，但已水解产生的物质会抑制未水解的盐离子的水解，导致水解程度总体降低。③加强酸；酸性盐，抑制水解；碱性盐；促进水解。④加强碱，酸性盐，促进水解；碱性盐，抑制水解。⑤加入酸碱性不同的盐：促进水解。

根据上述分析，影响硫酸铝净水效果的因素可能有：温度、硫酸铝溶液浓度、水体pH值等。

第三课时　实验方案设计

一、教学目标

通过文献查阅，知道国家标准中对河水采样的要求，了解混凝实验的步骤及条件，知道净水剂处理水样前后水质分析方法，提高文献查阅与信息整合能力。确定一个探究影响硫酸铝净水效果的因素并做出假设或猜测，针对假设设计实验方案并进行实验，观察记录有关的实验现象和数据，运用已学知识对其进行分析，得到实验结论，完成实验报告，培养实验操作能力和数据处理能力，体会科学探究的一般过程。

二、教学过程

本节课了解水样采集、净水剂混凝与水样浊度检验的方法，设计实验方案并实施实验。学生小组分享水样采集方法、净水剂混凝方法、水样浊度检验方法。

1. 水样采集方法

根据《生活饮用水标准方法》的要求采集学校内河水表层水：用玻璃制水样采集器，从桥上采样，将系着绳子的采集器投入河中，注意不能混入漂浮于水面上的物质。

2. 净水剂混凝方法

混凝试验按要求对各种净水剂进行混凝试验。在大烧杯中加入待处理水样1000mL，在200r/min下快速搅拌1min以使水样混合均匀后的瞬间投加定量的混凝剂，继续快速搅拌1min，再以60r/min慢速搅拌10min，混凝反应的水样静置沉淀20min。取液面下2cm处上清液测定残余浊度。

3. 水样浊度检验方法

浊度是指溶液对光线通过时所产生的阻碍程度，它包括悬浮物对光的散射和溶质分子对光的吸收。水的浊度不仅与水中悬浮物质的含量有关，而且与它们的大小、形状及折射系数等有关。浊度通常适用于天然水、饮用水和部分工业用水水质测定。测定浊度的水样应尽快测定，或者必须在4℃冷藏、24h内测定，测定前要激烈振摇水样并恢复到室温。水样浊度采用便携式液体浊度仪直接进行测定，一般分别测定三次后取平均值。

教师明确实验方案与实验报告格式要求，学生确定探究因素，并设计初步实验方案，经组间讨论与教师指导后进行修改和完善。确定实验方案后，进行实验。

三、实验方案的设计要求

（1）实验目的。明确实验要解决的问题，抓住重点，可以从理论和实践两个方面考虑。

（2）实验原理。写明实验过程中依据的化学原理。

（3）实验药品与仪器。选择主要的材料和仪器填写。

（4）实验方法与步骤。要写明经过哪几个具体实验操作步骤，详细记录实验条件，采用单因素变量法时，明确相同的反应条件与改变的条件。

（5）实验数据。如实记录实验过程中观察所得的变化和各项实验数据，尊重实验结果，实事求是，不得篡改数据。

（6）实验结论与反思。从实验中测到的数据计算结果，或从图像中观察实验结果，得出结论；讨论实验中的异常现象、对实验成功或失败的原因等进行分析，有什么新的发现和不同见解、建议等。

第四课时　学生成果展示

一、教学目标

本节课通过学生实验成果展示，分享小组实验过程与结论，分析探究过程中遇到的问题，引导学生根据自己和他人的实验成果，完善硫酸铝净水剂使用指南，并对此次项目活动进行自我反思与评价，体验科学探究的过程，培养团队合作能力、表达交流能力、实验分析能力、思辨能力等。

二、教学过程

（一）实验成果展示

按小组上台通过PPT汇报展示实验报告。

要求：（1）体现组内成员分工，且分工得当。（2）汇报内容需包括本小组实验目的、实验方法、实验数据、实验结论。（3）实验方法围绕实验目的展开，条例清晰，具有科学性。（4）汇报中呈现真实客观的实验数据，利用图片或视频展现实验过程和现象。（5）对实验数据和现象进行合理的分析与反思，具有创新性能够解决实验目的和问题。（6）仪态得体，陈述声音响亮，语速适中，观点明确、思路清晰、表达自信、逻辑性强。（7）严禁抄袭他人的实验报告和数据，独立完成实验报告的书写与汇报。

（二）讨论交流阶段

学生小组间进行讨论，对进行汇报的小组成果进行提问和评价。

要求：（1）尊重其他小组的实验成果，客观公正地进行评价。（2）从实验方案设计的科学性、可行性、创新性，实验过程的真实性、合作性、精确性，实验结果的条理性、有效性、反思性等角度进行评价。（3）针对汇报中有不清晰、不理解、有问题的地方可以进行提问。（4）提问时注意语气态度，礼貌谦逊友好地进行交流。

（三）总结环节

化学老师对学生的实验报告进行点评。

（四）项目评价表

评价内容	评价参考标准	分值	小组自评（30%）	小组互评（30%）	教师评价（40%）	最终评定
团队合作	有明确的分工，每位组员参与探究过程，工作量分配均衡	5				
实验方案	科学性：准确理解硫酸铝净水原理，不同因素对净水效果的影响	10				
	可行性：实验方法选择合理，操作步骤简单，实验数据易采集	10				
	创新性：实验方法有创新或者仪器装置有改进	10				
实验过程	真实性：真实记录实验过程，有图片、数据、图表佐证	10				
	规范性：遵守实验室守则和操作规范，保持实验桌面整洁	10				

续 表

	精确性：进行2—3次平行实验，平行实验结果偏差较小	10				
实验报告	条理性：内容完整，条理清晰，实验数据分析逻辑严密	10				
	有效性：解决目标问题，完成实验目的	10				
	反思性：对实验结果有合理反思，并提出进一步改进意见	10				
汇报交流	内容丰富完整，表述流畅清晰、能回答提出的问题	5				

第五章　跨学科项目化学习教学设计

跨学科教学（Interdisciplinary Teaching）是指将一些有着内在联系的不同学科合并或融合，并由此形成的新型教学模式。该教学模式关注学科间的关联性，补足超出单一学科范畴的知识背景和联系，拓展思考的角度，整合多元信息，产生更全面的思想和理解。通过对问题的多角度审视和多维度认识，综合应用多个领域的知识，可以开展单一学科难以涉及的项目化学习，有利于培养学生的基本技能、探究能力、综合分析素养、创造性思维、合作意识以及表达能力。

一、跨学科项目化学习的概念

（一）跨学科与分学科

学科项目化学习是跨学科项目化学习的基础和准备。由于学科项目化学习与基础教育阶段的分科教学制度密切相关，能够和日常课堂教学密切关联，有着基础厚实、课时充分、师资充足等优势，所以更有利于教学设计的操作和教学实施的推进。一方面，通过学科项目化学习，学生可以深度掌握、灵活迁移和运用学科核心知识，提升学科能力，形成学科素养。这些学科知识、能力、素养为跨学科项目化学习的有效开展提供了支撑和保障。另一方面，通过学科项目化学习，学生深度参与和体验了项目化学习的过程，获取了项目化学习的基本路径和方法，从而为跨学科项目化学习的有效开展提供了模板和参考。跨学科项目化学习是学科项目化学习的进阶和目标。项目化学习，不管是分学科还是跨学科，都是以素养为指向而非以知识为导向。分学科项目化的设计围绕各学科核心素养，而跨学科项目化通常聚焦的是中国学生发展核心素养。前者是后者达成的必经阶段，后者是前者的进阶和长远目标。

（二）跨学科与多学科

跨学科项目化学习虽然也包含着一门以上学科的核心知识，但跨学科不同于多学科，它不仅仅是不同学科简单的拼凑或叠加。在多学科中，各学科有着独立且清晰的学科边界，学科和学科之间缺乏必要的交叉、联系和融合。而在跨学科中，多门学科得以充分整合，各学科之间的壁垒得以突破、界限得以模糊，学科和学科之间相互作用、相互渗透。由此可见，跨学科和多学科的本质区别在于学科与学科之间是否有机融通。这种融通不是教师简单、机械、生硬地给各学科知识之间建立线状支架，即为了跨学科而跨学科。如何摆脱低层次的学科关联、形成学科真正融合成了跨学科教学设计成功与否的关键。在操作层面，项目化学习为跨学科教学提供了很好的支点和抓手。在跨学科项目化学习教学设计中，教师通过驱动型问题（复杂且真实的自然、人文或社会问题）的设计引导学生在持续探究和实践的过程中充分迁移和应用，有机融合了各学科知识。

二、跨学科项目化学习的关键要素

（一）学科融合性

学科融合是跨学科项目化学习的基本属性。它指的是在认识到各学科之间存在差异的前提下，打破学科和学科之间的界限和壁垒，使不同学科相互渗透、交互作用。学科融合不是不同学科知识点之间的线形链接，而是依托课程的整体设计，其包含了课程内容的重组、课程结构的重构、课程资源的拓展、课堂模式的重建等方面。因此，学科融合可以有效推进课程改革，从而促进以学生为中心的课堂模式的转型。

（二）情境真实性

情境真实是跨学科项目化学习的关键支点。真实情境可以让有意义、高层次的学科融合自然发生。从育人的宏观视角来看，教育的根本是为学生的未来发展和终身发展奠定基础。这种奠基需要的不仅仅是知识的传授和习得，还包括技能的获取、能力的提升、人格的塑造等诸多方面。因此，通过跨学科项目化学习创设真实情境，设计真实且有效的驱动型问题，可以有效培养学生架构和整合跨学科知识，从广域的视角去思考、发现和解决真实且复杂的问题的能力。

（三）过程持续性

过程持续是跨学科项目化学习的时空保障。项目化学习指向高阶思维，聚焦核心素养。因此，只有通过持续、深度的研究和实践才能使之成为可能。一方面，项目化学习需要一定的课时作保障，只有贯穿多课时的教学设计才能将项目化学习的步骤和流程充分架构和整合。跨学科的项目化学习，究其情境更为真实、问题更为错综复杂，在教学设计的时候往往需要更多的课时支持。另一方面，跨学科项目化学习的环节设计并不是平铺直叙，而是相互关联、层层递进的，只有这样才能始终抓牢学生学习的兴趣、激发学生学习的动力，让学习过程始终保有思维的容量和深度。此外，教师也要凭借过程性指导和评价确保深度学习的持续性。

（四）成果开放性

成果开放是跨学科项目化学习的重要特征。教育是为社会主义事业培养建设者和接班人，为未来社会培养合格公民。未来是复杂且不确定的，而今天，我们的教育就其传授的知识、技能和方法却是确定的。这就产生了一个时代命题：如何在相对确定的世界中，培养出不确定的未来公民？

跨学科项目化学习提供了一条行之有效的参考路径：通过多元评价、开放成果，让学生个体自我发现、自我肯定进而自我提升。在跨学科项目化学习中，不存在唯一、最佳的标准答案或最佳作品，每一个学生通过持续探究、实践和创新都能找到属于自己的成才之路、成功之门。

三、跨学科项目化学习的意义

（一）学生层面

传统的分科式教育忽视了学生知识体系的整体性构建，这在客观上将学生同真实世界剥离开来。而跨学科项目化学习有效融合各学科知识，形成综合的知识网络，为培养综合型、创新型的未来人才提供了有效方式。学生以解决真实世界中的复杂问题为驱动，通过团队协作、持续探究的方式经历问题提出、方案制定、过程调整、成果展示、评价改进等一系列步骤，综合运用各学科知识进行思辨、推理、决策。在这个持续的过程中，学生的解决问题、综合实践、沟通协调等能力得以提升。在不断突破已有学科知识界限，解决实际问题的探究和实践中，学生的想象力得以激发，创新创造力得以培养。

（二）教师层面

传统的教师专业培训、教研活动、教学实践都是基于学科，以教研组或备课组为单位进行的。因此，教师的专业发展带有显著的分学科特征。跨学科项目化学习无疑将教师推到更为复杂的专业环境中，让教师走出单一学科的舒适区。虽然教学的主体是学生，但教师的主导作用、教学设计的专业水平和能力、所扮演的角色均不容忽视。一方面，学校需要创新机制和组织架构，在固有的分学科教研组、备课组的基础上，设立跨学科的教研共同体，为跨学科项目化学习的设计和实施创设组织条件和人力保障。另一方面，通过理论培训、考察学习等方式了解项目化学习的基本概念和操作路径；通过项目化学习课程开发、教学设计、课堂实施等方式进行行动研究，提高教师专业能力；通过持续、深度的主题式教研活动打造项目化学习研训共同体，促进学校整体项目化学习设计力和执行力。

（三）教育模式层面

传统的课堂教学注重知识（特别是分学科知识）的传授，因此提高单位时间内学科知识传授的效率是课堂教学设计的主要考量。久而久之，形成了以分学科知识为导向的“填鸭式”“满堂灌”的单线式课堂模式。这种缺乏体验与参与、缺乏互动与生成的模式显然不能满足当代学生全面且个性化发展的需求。与之不同的是，跨学科项目化学习以学生核心素养的培养为指向，以真实生活中的情境创设为起始，以解决复杂且实际的问题为驱动，以持续探究和小组合作为路径，以成果展示和评价完善为推手，促使学生充分整合和应用跨学科知识的综合能力提升、高阶思维形成。在跨学科项目化学习中，教师不再是简单的知识的传授者，学生不再是被动接受学科知识的容器。学生真正成为学习的主体，而教师履行起学生学习的指导者、合作者的职能。在跨学科项目化学习中，学科间的壁垒得以破除，师生的身份得以转型，教与学的方式得以变革，从而教育模式得以创生。

四、跨学科项目化学习设计的学校实践

（一）像科学家一样研究——情境设计与课题探究相结合

学生核心素养提升、高阶思维形成的先决条件是像科学家一样进行深度、持续的研究。因此，在跨学科项目化学习推进的过程中，要将情境设计与学生的课题研究相结合。

一方面，真实的情境指向学生核心素养的培养以及综合能力的提升，有机融合了各学科知识，体现出了高视点（以培养高阶思维为目标）和低

起点（以真实化、生活化的情境为始发）的特点。另一方面，综合性、挑战性的课题探究充分激活了学生的主体参与意识，在提出问题、分析问题、解决问题的持续过程中，体悟理性和实证性的重要性，掌握基础科学知识、基本科学方法，形成尊重事实、实事求是、创新开拓的科学精神。

（二）像工程师一样实践——过程方法与综合实践活动相结合

学生核心素养提升、高阶思维形成的关键要素是像工程师一样进行务实、创新的实践。因此，在跨学科项目化学习推进的过程中，要将过程方法与学生的综合实践活动相结合。

“模拟工程师”“模拟助农师”“模拟红色讲师”等综合实践活动项目的设计与实施，使得学生综合运用数学、语文、生物、历史等跨学科知识，解决真实情境中的问题。通过角色体验、深度参与，将自己所学的理论知识应用于实践。在将知识、理论转化为成果的实践过程中，加深对知识系统和结构的理解，提升分析问题和解决问题的实践能力和创新能力，培养事业心和责任感。

（三）像艺术家一样表达——成果展示与校园节庆活动相结合

学生核心素养提升、高阶思维形成的重要举措是像艺术家一样进行多元、个性的表达。因此，在跨学科项目化学习推进的过程中，要将成果展示与校园节庆活动相结合。

我校积极探索教育新模式、新路径，将红色教育与“五育”并举有机融合，构建了“洪炉五育节”系列校园主题节庆活动，并将学生跨学科项目化学习的成果展示与其有机整合。如在“洪炉美育节”上，学生自主设计、自主组织、广泛参与的“国学经典剧场”活动有机结合了语文学科的整本书阅读、科技学科的多媒体设计、美术学科的舞美设计、历史学科的汉民族传统服饰等知识。学生通过国学经典的诵、演、唱的表达形式展示跨学科项目化学习的成果。

附5-1　跨学科项目化学习教学设计案例一

“精准助农师”项目化学习教学设计

上海市奉贤区曙光中学　陈嘉康

在新农村建设和全面建设小康社会的伟大社会背景下，精准助农师项目通过与白衣聚村结对、实地访谈、问卷调查、专家寻访等方式深入调查农民面临的问题。让学生了解我国农村广大农民的生活现状，以及在增收过程中存在的一些问题，一同分析现象背后的原因。增强学生家国情怀及社会责任感。

<table>
<tr><td colspan="4">精准助农师</td></tr>
<tr><td>适用年级</td><td colspan="2">高一</td><td>所需课时　5</td></tr>
<tr><td>涉及学科</td><td colspan="3">政治、地理、劳技、信息科技、数学</td></tr>
<tr><td rowspan="2">核心问题</td><td>本质问题</td><td colspan="2">如何为沪郊农民增加收入？</td></tr>
<tr><td>驱动性问题</td><td colspan="2">如何更合理种植农作物？如何利用网络帮助销售农产品？</td></tr>
<tr><td>目标设计</td><td colspan="3">信息素养：利用大数据分析农产品销售情况，助力搭建多样化销售渠道。
家国情怀：身体力行参与生产劳动，助力家乡建设，号召同学们把自己的理想同国家的前途、把自己的人生同民族的命运紧密联系在一起，立志奉献国家。
社会责任：通过调研农民生活情况来发现社会中弱势群体所面临的困境，在帮助他人的过程中学会感恩，学会关爱他人，主动服务社会，促进社会和谐</td></tr>
<tr><td rowspan="2">成果设计</td><td>产品形式</td><td colspan="2">过程性：活动感悟
最终：课题研究</td></tr>
<tr><td>展示方式</td><td colspan="2">项目报告</td></tr>
<tr><td rowspan="2">评价设计</td><td>过程评价</td><td colspan="2">学生完成心得体会</td></tr>
<tr><td>结果评价</td><td colspan="2">结合实践所学，学生撰写课题研究报告</td></tr>
</table>

续 表

任务设计	基于驱动性问题解决可能需要经历的探究过程： 阶段一——启动阶段 1. 教师提出问题 长久以来，面朝黄土背朝天一直是我们心中的农民印象，辛苦劳作带来的收获其实并不稳定。教师引导学生分析其中的原因。 2. 教师明确任务 科学技术是第一生产力，同样的一块田地，不同的种子，不同的种植方法带来的结果是千差万别的。教师通过举例来帮助同学们打开思路，寻找能够帮助农民增产增收的方法。最后一同得出项目中所需要解决的任务：(1)实地访谈了解农产品销售的现状。(2)对利润较好的农产品做统计调查。(3)咨询农科院，了解相应种植技术。(4)帮助农民调整种植结构、种植方法。(5)挖掘多样化销售渠道助力产品推广。 阶段二——开展阶段 1. 学生构建小组 学生根据自身情况进行分组，针对不同的问题成立不同的工作小组，自主设计开展实地调研。 2. 学生明确方案 在教师的指导下，学生需要进行资料搜集，进行组内与组间头脑风暴，确定最终的活动方案。 3. 学生具体实施 为了解决实际问题，学生需要通过实地走访、设计调查问卷、联系专家、访谈调研、动手实验等手段来完成任务，遇到难以解决的问题时，老师可以进行指导。 阶段三——成果检验 1. 形成合作协议 通过项目团队调研、实验、磋商等一系列过程，助力白衣聚村村委会与当地商超、农科院所、政府部门之间形成合作协议。 2. 设立销售点位，帮助农户在家门口更好售卖蔬菜瓜果
项目资源	场地：白衣聚村、曙光中学农耕基地

第一课时　农民增收面临什么问题

一、教学目标

通过对我国农村普遍存在的问题进行分析，让学生了解我国农民的生活现状以及在增收过程中存在的一些问题，分析现象背后的原因。在新农村建设和全面建设小康社会的社会背景下，帮助农户更好地从事农业生产，促进农民增收和农民生活水平的提高，农业生产结构和经营模式的转变，有利于促进农村经济发展意识的改观和农村经济的发展。

二、教学过程

问题：长久以来，面朝黄土背朝天一直是我们心中农民的印象，辛苦的劳作带来的收获其实并不稳定，是什么原因导致了这种现象的发生呢？

（学生查阅资料，头脑风暴）

回答：因为好的收成不仅仅依靠勤劳的田间管理，也要看种植期间“老天爷的脾气”，在收获前的一场大风或者暴雨有时候就会让一年的努力付之东流。即使当年风调雨顺，大丰收之后摆在农民面前的销售问题也十分棘手。农产品滞销、卖不出好价格的话题在生活中屡见不鲜。

问题：我们如何通过自己的力量来帮助农民更加科学有效地开展农业生产活动，并且帮助他们解决后期的售卖问题呢？

（学生头脑风暴）

回答：现阶段，如何更合理地种植农作物是摆在我们面前的第一大问题，同时帮助销售出更好的价格也是我们需要解决的，我们可以从这两方面入手，开始我们的任务。

第二课时　农民增收计划制定

一、教学目标

针对分析出来的问题，提出解决问题的可能途径，同时由于农村问题的复杂性，各个农村面临的问题各不相同，指导学生设计实地调研问卷，汇总前期未考虑到的实地因素。

二、教学过程

问题：农村经济发展缓慢最重要的原因是农村落后的生产经营模式。生产经营模式落后的主要原因在于农村生产力的落后，也受传统的生产经营方式影响。让我们走进白衣聚村，一同来探讨一下白衣聚村面临的问题是什么？

访谈：邀请白衣聚村村支书来为我们介绍发展状况。

（学生头脑风暴）

回答：没有一个良好的管理机制是白衣聚村农业发展面临的一个问题。目前村里的农户基本都是以种植水稻、葡萄、番茄、青菜等作为主要作物，其中水稻与葡萄是作为主要经济作物，其他蔬菜瓜果一部分用于自用，如有多余也会进行售卖。而产销模式是自产自销，从种植到销售都是由农户自己负责。

问题：这种种植与销售方式有什么优势与劣势吗？

回答：农户虽然能够从农产品销售中获得较好的经济回报，可这并不能改变他们的社会身份和素质，小农意识的根深蒂固，对政府的长期依赖，农村治理中农民参与机制的落后使他们难以意识到观念问题的重要性，也无力改变其他种植户或非种植户的观念。通过问卷调查统计出村民对于改变这种产销模式的意愿，与村委会沟通助力农户改变销售策略。

问题：基础设施是农村经济发展和农村经济开发的基本物质保证，完善的基础设施是农村经济发展的基本前提。目前白衣聚村的基础设施以及专业技术人员配置是否到位？有哪些方面存在缺口？

回答：白衣聚村基础设施的建设还不能满足农村的发展需求，需要进一步加强。缺乏专业人员和技术，虽然农业科技比起过去进步了不少，但是目前所采用的还是一些比较传统的技术，也没有专业的技术人员指导，在市场竞争中没有优势。如何将人才吸引到村中并且留住是目前的一个大问题。本村的村民大都缺乏专业知识，可他们又是发展农村种植业的主力人员。这样在执行任务的过程中，免不了会产生认知上的偏差。

总结：生产力是促进经济发展的根本原因，是形成科学合理的生产关系的保证。目前白衣聚村生产力水平低，存在“靠天吃饭”的现象，处于以牛、耕、锄为主要生产工具的农业时代，属于典型的自家经营、自主消费的小农经济生产模式。生产技术含量低，劳动者素质低。我们可以通过以下途径设计任务：（1）实地访谈了解农产品销售的现状。（2）对利润较好的农产品做统计调查。（3）咨询农科院，了解相应种植技术。（4）帮助农民调整种植结构、种植方法。（5）挖掘多样化销售渠道，助力产品推广。

第三课时 社会调查实践

一、教学目标

调查研究是获取第一手资料和信息，是做进一步分析判断，从而提出科学合理的解决问题建议的基础。通过社会调查实践，在理论研究的基础上进一步分析现象背后的原因，培养学生的社会责任感、社会担当精神、奉献精神。

二、教学过程

问题：农产品供给关系到千家万户广大人民的衣食住行，农产品供给质量高低直接关系到广大人民日常生活质量的高低。近年来，随着广大人民收入水平的不断提高，人们对农产品的供给质量有了越来越高的要求。如何对市民的需求进行统计，让农民种出更加符合市场需求的产品呢？

回答：通过设计调查问卷对白衣聚村周围的居民购买农产品的情况做统计调查，发现城乡居民对农产品的消费需求正在从“吃得饱”向“吃得好、吃得安全、吃得营养健康”快速转变，人们对农产品的多元化、个性化需求显著增多。但目前当地农业生产大而不强、多而不优的问题还比较突出，很难快速满足人们对农产品多元化、个性化的需要。一些优质商品如地理标志产品，地区名优商标等品牌作物往往更加受欢迎，价格利润也相对较高。

教师小结：质优价廉是消费者对商品的永恒追求，但质优和价廉却是相互矛盾的统一体。做到质优，必然会消耗相对较多的人、财、物等资源，必然会使成本相对较高，很难做到价格低廉；想要价廉，必然不能消耗更多的人、财、物等资源。同等质量情况下，居民不愿意出更高的价格购买，这就要求生产者在做到质优的前提下尽量降低成本，争取以质优和价格相对低廉去满足消费者需要。

问题：现在社会上怎样的产品算得上是绿色产品呢？白衣聚村的农产品如何更好地发挥绿色产品优势，增加销量呢？

回答：随着人们对“吃好、吃得安全、吃得营养健康”的饮食理念不断深化和健康固化要求，人们对餐桌食品绿色化要求越来越高，靠农药、化肥长大的农产品越来越不受人们欢迎。白衣聚村的农产品正是绿色有机的产品，但是在宣传上并未强调，同时村里的葡萄品质优良，在市场上具有较多的回头客。但由于没有更加有效的宣传手段，与一些包装好的产品相比没有竞争力，难以吸引新客购买。

第四课时　农业生产研究

一、教学目标

通过农科院指导，联系专家介绍葡萄、水稻等作物的种植技术，通过科学方法指导农业生产。同时结合书本上的相关知识，分析科学种植为什么会带来品质与产量的提高。让学生深刻领会科学技术是第一生产力。

二、教学过程

提问：科学技术是第一生产力，白衣聚村农民没有专业的科研人员指导，种植过程基本靠经验管理，此种方法虽然能保证产量但是农产品的品质并不能有效保证，我们可以通过哪些渠道帮助农民获得相应的指导？

实践考察农科院

实践报告：白衣聚村的农户缺乏相关知识和专业的技术指导。通过咨询农科院所来帮助设计相关种植模式。首先是作物与作物交替种植模式，利用植物间的共生关系，按照各自最佳生长要求，把两种或两种以上的农作物合理地混种在一起，使之产生最大的经济效益。利用喜阳的高层作物与耐阴低层的作物相混种，深根性的作物与浅根性的作物相混种等，既可充分利用土地和立体空间，又可增加产量。

以白衣聚村种植较多的葡萄为突破口，尝试高质量的优秀品种。既要考虑的是高产稳产，品质优良，抗病能力强，符合市场喜好的品种，还需要根据当地的环境条件以及各个品种不同的特性来对其进行筛选。若是环境适宜葡萄的生长，则可以选择高产早熟的品种，以获取更大的经济效益，若是环境不适合葡萄的生长，则可以选取一些适应力强、对环境要求弱的品种。

葡萄对于土壤的要求不高，在各种土壤中均可种植，不过不同的土壤种植出的葡萄产量及品质都有所不同，其中以壤土和细砂质壤土为宜。在建园时可以选择土壤肥沃、土层深厚、保水保肥能力强的壤土种植。建议农户种植地不能设置在风口、洼地等易滞留空气的地区，要保持园内空气流通，同时也要保证园内光照的充足。在光照充足的环境下生长速度更快，产量也会增加。

葡萄对于水分的要求较高，严格控制好土壤中的水分含量是种好葡萄的一个前提。葡萄在生长初期或营养生长期时需水量较多，生长后期或结果期，根部较为衰弱需水较少。在葡萄的浇水灌溉时应注意葡萄不同生长阶段的需水量，科学浇灌，避免发生一次性大量灌溉造成土壤中水分含量过大。同时葡萄忌雨水及露水，雨季频发的年份易造成日照不足，光合作用受限制，过多吸收水量易引起枝条徒长及湿度过高，极易引起各种疾病，应做好园内的排水防涝工作，及时清理堆积的雨水。

葡萄与大多数作物相同，生长过程中对营养物质的需求是很大的，主要以氮磷钾三种微量元素为主。在施肥过程中要注意适度适量，以及三种元素的合理搭配，施肥时配以有机肥一起施撒，可以有效地增加葡萄生长发育所需的养分。营养补充多数采取基肥、追肥、叶面施肥三种方式，基肥为冬眠或采收后使用，追肥为开花后利用雨后或浇水后撒施化学肥料，pH 值 6.0 以下的土壤可追施白云石粉或石灰。同时联合学校开发堆肥技术，使用有机肥料代替化肥，更有利于葡萄的生长。

葡萄能够高产对于葡萄种植者来说是好事，但如果果实成熟后颗粒太多太紧密的话，也会发生葡萄相互挤压后大范围破裂，所以在葡萄成熟坐果后应当及时疏松果实，以避免果实太过密集造成裂果。

此外，加强农产品质量安全检测，提高消费者信心。从源头上规范农业生产资料的制、售、用行为，保障高端农业投入品使用的安全、科学，全面实施标准化生产。加强质量安全思想教育和监管力度，生产出质量过硬的产品，以增强高端消费群体的信心，培养忠诚度。同时，还要加强对流通过程中批发市场和超市的安全监管，定期发布质量安全情况通报。建立和完善高端农产品质量追溯体系，为高端农产品建立起相应的履历记录，扩大可追溯的范围和深度。通过农科院的指导和帮助，增加农作物品质与产量是帮助农民增收的关键。

第五课时　拓展销售渠道

一、教学目标

广袤的乡土大地作为希望的田野，承载着农民们对美好生活的向往和追求。对于农民而言，丰收了固然让人喜悦，但接下来的销售环节也是不小的考验。一方面，农产品要卖得出去，不能滞销；另一方面，农产品要卖出一个好价钱，让农民的付出得到更多的激励和回报。通过制定多样的销售模式帮助农民更快更好地卖出产品，提升学生的社会责任意识。

二、教学过程

提问：农民热衷进城售卖农产品，一方面是为了加快农产品销售，毕竟农产品具有很强的时令性，时间不等人。另一方面，由于中间商层层赚差价，农民的劳动价值在物流环节被摊薄，而自己亲力亲为销售可以多挣一些钱。我们能不能尽自己所能帮助农户拓宽销售渠道，更快更好地售卖农产品呢？

（分组讨论，头脑风暴）

回答：可以与本地商超对接，在奉贤地区的生鲜超市、叮咚买菜等线上线下销售网点是最近兴起的农产品销售模式，具有极大的发展潜力。加强农超对接，提高农产品进入超市的比例。通过组织农超对接活动，加大“农超对接”实施范围，扩大本地农产品的销售。寻找流通企业参与农超对接，到农产品基地直接采购，扩大农超对接政策效果，提高订单农业比重。通过互联网等现代流通技术，建立农超对接和产销衔接的网上交易平台，提升农超对接水平。降低当地特色鲜活农产品进入超市的门槛，稳步提高农产品农超对接比例。直接进城销售农产品有助于减少中间环节，让消费者以更低的价格购买到更新鲜的蔬菜瓜果，既丰富了市民的“菜篮子”“果篮子”，也让农民解决了销售难题，实现增产增收。同时积极与城管大队沟通，以“便民利民、定点实验”为原则在川博路口定时定点划定多个设置白衣葡萄售卖点，指引果农前往指定地点摆摊。统一制作广告牌，吸引市民前来选购，同时积极与交通大队沟通，设立临时停车位与引导牌，方便开车路过的市民停车选购。

提问：卖得快可以通过以上手段，那我们如何让农产品卖出一个更好的价格呢？

回答：帮助挖掘高端农产品精神文化内涵，提高产品品位。在高端农产品满足消费者文化品位需求方面，高端群体的分歧较大，似乎难以达成共识，具体来说以下几方面的要求较多地被提及：蕴含高端科技，融合绿色环保理念，包装精美独特，有地域特色，产品具有历史故事等。可以看出，人们对文化品位的理解和要求存在较大差异，充分反映出当今文化多元化发展的这一基本现实。因此，要充分运用文化生产力，围绕农产品的生产环境、产品特征、生产工艺、营销方式、品牌特色等，挖掘或赋予农产品和农业资源一定的文化内涵，提升农产品精神文化内涵。

附5-2　跨学科项目化学习教学设计案例二

“红色讲师”项目化学习教学设计

上海市奉贤区曙光中学　陈嘉康

习近平总书记提出:无论是“雄关漫道真如铁”的过去，还是“人间正道是沧桑”的今天，抑或“长风破浪会有时”的明天，中华民族始终有着民族复兴的梦想。而青年则是民族复兴的希望，正值中国共产党建党100周年，这是一个觉醒的时代，这是一个承前启后的年代，革命岁月历久弥新，那一段红色的光荣岁月不应被遗忘。十九大报告强调:“文化是一个国家、一个民族的灵魂。文化兴国运兴，文化强民族强。没有高度的文化自信，没有文化的繁荣兴盛，就没有中华民族伟大复兴。”少年强则国强，继承革命精神，传承红色基因，提升青少年文化自信是促进中华民族伟大复兴的重要举措。近年来，全国各地传承红色文化的活动开展得如火如荼，曙光中学“红色讲师”项目立足学校红色校史，打造了一支以宣扬红色精神为主，兼宣讲、培训于一身的学生“红色讲师”队伍。

<table>
<tr><td colspan="4">红色讲师</td></tr>
<tr><td>适用年级</td><td>高一</td><td>所需课时</td><td>5</td></tr>
<tr><td>涉及学科</td><td colspan="3">政治、语文</td></tr>
<tr><td rowspan="2">核心问题</td><td>本质问题</td><td colspan="2">如何在中小学生中更好地宣传红色精神?</td></tr>
<tr><td>驱动性问题</td><td colspan="2">红色精神如何更好做到入耳入心?</td></tr>
<tr><td>目标设计</td><td colspan="3">表达素养:通过上台演讲的方式增强学生综合表达能力。
社会责任:在参观备课过程中,感悟革命烈士为理想为人民抛头颅洒热血的高尚品格,激励自身传承先辈荣光,承担时代责任。
政治素养:通过整理红色故事,挖掘红色精神,坚定学生政治态度和理想,增强对国家政策的认知,对政治形势和经济状况、党的路线、政策的理解</td></tr>
<tr><td rowspan="2">成果设计</td><td>产品形式</td><td colspan="2">过程性:活动感悟
最终:微视频</td></tr>
<tr><td>展示方式</td><td colspan="2">课堂录像、教学案例</td></tr>
<tr><td rowspan="2">评价设计</td><td>过程评价</td><td colspan="2">学生完成心得体会</td></tr>
<tr><td>结果评价</td><td colspan="2">结合实践所学,学生撰写项目研究报告</td></tr>
<tr><td>任务设计</td><td colspan="3">第一阶段:可行性分析
通过社会调查、资料查阅以及学生访谈,分析社会上对红色精神培育讲师的需求程度,以及现在社会上对红色精神培育的重视程度。分析高中生进行红色精神培育宣讲的可行性与可能的操作路径</td></tr>
</table>

续　表

任务设计	第二阶段:集体备课 通过分组讨论确定各小组备课主题,各小组分别开展集体备课活动,通过寻访爱国主义教育基地、前往革命圣地开展社会实践、聆听专家讲座、寻访烈士后人等活动,深入了解红色文化,传承红色基因。 第三阶段:寻找受众,开展宣讲 主动联系社区居委、中小学校、社会企业等场所,开展红色精神宣讲活动,过程中根据受众不同调整授课内容,做到常讲常新。在宣讲同时锻炼学生沟通能力。 第四阶段:录制微课,开启线上教学 在实地上课后总结课堂经验,反思并改正不足,对教案进行调整。而后以小组为单位录制微课视频
项目资源	场地:洪炉馆、龙华烈士陵园、中共一大纪念馆

第一课时　红色精神代代相传

一、教学目标

通过社会调查，资料查阅以及学生访谈，分析社会上对红色精神培育讲师的需求程度，以及现在社会上对红色精神培育的重视程度。分析高中生进行红色精神培育宣讲的可行性与可能的操作路径。

二、教学过程

宣扬和传承红色文化，延续红色基因，符合我国社会主义核心价值观，能够引领人们在多元文化的复杂交织中增强文化自信，是新时代增强文化自信的有效途径。

提问：如今红色精神培育是一个热门话题，那我们做这个项目是否可行，能否得到社会的支持与认可呢？

（小组讨论）

回答：红色文化属于我国主流意识形态，红色文化的宣传和教育受到党和政府的高度重视。中共中央办公厅、国务院办公厅印发的《国家“十三五”时期文化发展改革规划纲要》，强调要“发扬红色传统、传承红色基因，用好革命历史类纪念设施、遗址和各类爱国主义教育示范基地等红色资源。”2018年3月，李克强总理在作政府工作报告时指出，“要弘扬中华优秀传统文化，继承革命文化，发展社会主义先进文化”。在党中央和政府的倡导下，各地政府都给予了统一当地红色文化产业发展的支持政策。红色遗址管理提升和免费开放、红色文化传播、红色教育基地打造、红色志愿服务行动等。

教师小结：我国的红色文化深厚，红色教育资源丰富，社会大众对红色文化的支持度、接受程度和传承意识越来越高。我国的历史文化底蕴深厚，有着悠久的革命历史和丰富的红色资源。这些资源是爱国主义教育、革命理想信念教育中不可替代的教材，为我国红色教育的素材寻找提供了优越的资源条件。近年来，在大力倡导和宣扬红色文化的氛围下，社会大众对红色文化的接受程度和认可度逐步升高，尤其是青少年群体对红色文化有一定的深入学习，红色文化传承意识提高。

提问：那么现如今，红色文化宣传还有那些短板吗？

现如今，红色精神宣讲很多还是以往的“讲座+参观”形式，形式单一，往往是在特定的时间地点通过学校组织来完成，频率较低，效果不佳。而现在“互联网+”背景下微课教学应用的快速发展、微信公众号运营技术的日趋成熟，为提高红色教育培训的质量和红色文化的广泛传播提供了技术支持，有利于打造“互联网+红色宣讲培训”的全新发展模式，增强红色文化传播优势。

同时，随着红色旅游的迅猛发展以及国家提倡“不忘初心，牢记使命”的导向，红色教育培训行业倍增式发展，红色教育培训行业在快速发展过程中难免会出现一些问题，如部分培训机构发展过快且规模小经验少、培训机构人才结构性供给不足以及培训产业链短、形式单一等。随着单一的红色教育学习需求呈现多元化的发展趋势，这就需要挖掘资源特色，丰富教育培训形式，争取达到最佳的红色文化宣传效果。在此情况下，政府主动导向性参与，学校与政府联合管理，加快红色教育培训所需人才的培养和课程设计的输出尤为重要。

第二课时　东方曙光

一、教学目标

青少年是一个特殊重要的群体，是未来社会的创造者，他们的德育状况对自身成长成才具有很大的影响。通过曙光中学的红色校史，引导同学们知校，爱校，感悟那段峥嵘岁月中革命先辈抛头颅洒热血，甘愿为国为民牺牲一切的高尚革命气节。

二、教学过程

提问：红色精神是非常宝贵的文化资源，对当代青少年成长成才具有极其重要的意义。但现如今，很多同学对于革命时期或更悠久的历史都不太了解，去到爱国主义教育基地也是走马观花，不懂得教育基地的真正意义。对于成长于新时代的青少年来说，红色精神似乎显得有点遥远，有点过时。祭扫烈士时心不在焉神游物外，参观革命景点时捧着手机走马观花。反观我们的祖辈，面对国旗，面对烈士他们是那样的尊敬，面对苦难，面对挫折，他们是那样的刚毅，我们这一代人缺了什么？

（学生讨论）

回答：红色精神是中国共产党带领中国人民在追求民族独立和解放、捍卫国家主权与维护人民利益的社会实践中孕育形成，在社会主义革命、建设和改革进程中传承发展，以爱国为民为核心内涵，反映共产党人科学信仰、品质与精神的文化资源。

提问：我们刚刚所说的红色精神有没有具体的例子呢？

（学生讨论）

回答：红色精神是指中国共产党人、先进分子和广大人民群众在革命战争年代，经过艰苦奋斗，一同创造的中国特色革命文化，既蕴含着伟大的革命精神，又积累着深厚的历史文化。红色精神可以划分为三个时期：一是中国共产党领导全国各族人民进行的新民主主义革命时期，创造并发扬着井冈山精神、长征精神、延安精神、西柏坡精神等；二是在中国共产党经过艰苦卓绝取得新民主主义革命胜利之后，在建设和改革开放时期形成的“两弹一星”“载人航天”等精神，是新民主主义时期形成的红色文化的传承与发展；三是跨入新时代后国内国际形势发生了深刻变化，中国共产党带领全国各族人民在实现中华民族伟大复兴中国梦的征程上涌现出的新时代红色精神，如“一带一路精神”“伟大抗疫精神”等。

学生提问：老师好，我们学校“布置洪炉铸少年”的创校精神中，“洪炉”二字有什么含义吗？

回答：“洪炉”，喻指陶冶和锻炼人的环境。其二字出自我校创始人李主一先生在建校之初的诗篇“布置洪炉铸少年”，校史馆以此为名，显示了我们对先辈精神及其办学理想的继承与坚守，“洪炉”也成为新时代曙光中学的代名词。

学生提问：我们知道学校创校先烈是李主一烈士，但是他创立学校的原因是什么呢？

回答：“四一二”政变后，整个上海一片腥风血雨，笼罩在白色恐怖之中。当时地下党员李主一，根据上级的要求，利用合法身份，请来了刘晓等革命志士，一起到奉城，创办了私立曙光中学，自任校董，校址就设在潘公祠，（展示学校门口潘公祠照片）那就是当年的学校。学校取名“曙光”，昭示着光明的来临，寄予了革命先辈对于未来的无限憧憬。同年，中国共产党奉贤县的第一个支部和第一个县委就在曙光中学相继诞生，并由刘晓任书记，李主一任组织部长。从此，曙光中学犹如一把革命的火炬，熊熊燃烧在东海之滨、杭州湾畔这片奉贤的大地上。

由于曙光中学的革命地位和轰轰烈烈的革命活动影响日盛，引起了国民党当局的极度恐慌，他们妄图扑灭这革命的火种。于是，在1928年4月，曙光中学遭到了国民党淞沪警备司令部和国民党奉贤县党部的查封。李主一也因叛徒出卖而被捕。在狱中，敌人对他用尽了酷刑，但他丝毫不畏惧。在被枪决前，他嘱咐前来探视的妻子，“如果我死了，你不要哭泣。我为革命而死是光荣的，不要为我多花钱。要替我在曙光中学后面买两亩田，就把我葬在那里，坟墓旁立一块碑，碑上题‘死得其所’四个字，这样我虽死犹生。”1928年6月21日，李主一烈士被反动派枪杀于上海龙华监狱中。

教师总结：

回顾几十年来，曙光中学所经历的风风雨雨，从创立初期的革命圣地，到现在充满书香的校园，是“沐曙光，循大道”的精神引导无数学子成长，是“布置洪炉铸少年”的决心激励无数老师进步。站在历史、现实与未来的结合点上，我们敬仰革命先辈的光辉思想，弘扬曙光中学的光荣传统，潜心探求办学之道、为师之道、成人成才之道，相信，我们必能将先辈前贤在曙光这块圣地上播撒的一抹“曙红”铺展得无限丰富之灿烂。

第三课时　宣讲内容准备

一、教学目标

作为高中生，虽然每天都在教室中上课，但是上台讲的机会并不多。每一堂课都要精心准备，针对不同年龄段的同学做不同的调整。同时挖掘红色资源，学会站在学生的角度学习演讲的技巧。

教学过程

（一）宣讲对象

对红色宣讲活动有兴趣的、有需求的6—16岁学生群体。

（二）服务内容

红色文化教育课程：中共党史、革命烈士故事、革命基地故事等。

演说宣讲培育课程：宣讲稿撰写、宣讲培训、仪态课。

红色文化教育课程，主要针对青少年群体开展，根据不同层次需要分为不同主题，分别为“狼牙山上五壮士”“寻找身边英雄”“红色之旅”“铅笔橡皮GDP”“长征精神永放光芒”等，从不同维度针对青少年开展红色文化教育，激励新生代青少年延续红色精神，为祖国贡献自己的热血青春。如：《寻找身边英雄》，本主题宣讲课旨在激发青少年寻找平凡英雄的信心，鼓励他们在日常生活中留心身边，在点滴中发现伟大，于平凡中创造激情。《狼牙山五壮士》主要围绕“狼牙山五壮士”展开，通过讲述当年狼牙山上革命前辈浴火奋战的英雄事迹，以情动人，让新生代青年对老前辈的默默奉献肃然起敬，在熏陶中感受红色情怀，缅怀革命前辈的同时坚定理想信念。

红色宣讲课堂旨在追求“梦想+扶志”，以此唤醒红色记忆，传承红色基因。项目组成员将赴全国各大红色圣地实地搜寻红军前辈历史资料，访谈革命先烈后代，收集整理打造出红色革命故事集，按时间线索进行排列，根据真人真事进行故事的二次创作，用党史串联可歌可泣的革命故事，挖掘其背后的精神内涵与文化底蕴，激励现代人不忘来路，铭记初心，在新百年里延续红色文化基因，传承红色革命精神。

（三）宣讲技能培训课程

宣讲源于演说，却远远高于演说，这是一项集读、写、讲、演四位一体，融通红色文化与革命教育思想的全方位技能，培训课程将从四个方面训练学生，使他们能够逐个击破红色宣讲的重难点，为将来走出学校、走到红色宣讲岗位打下坚实基础。

1.宣讲稿撰写

宣讲稿撰写是宣讲前期准备的重头戏所在，宣讲效果的优劣很大程度上取决于讲稿的质量。红色宣讲课堂紧紧围绕红色文化精髓，根据宣讲稿的特殊性质，邀请上海师范大学马克思主义学院教授作为项目指导专家，给学生进行专门训练，从立意、选材、结构布局及内容编排等方面入手，围绕红色文化主题，让学生有所思，有所悟，并写出声情并茂、有思想深度、有文化意蕴的宣讲稿件。

2.发音吐字训练课

很多人都认为宣讲的重点在于内容，实则不然。发音标准与流利程度同样对于宣讲具有很大影响。学生培训前将会收到学校下发的学习资料包，先自行准备练习，上课时老师将会针对资料包里的发音材料进行详细讲解与辅导训练，用专业技巧教学发音，一对一纠正不准确发音，课后继续跟踪练习，及时反馈并提供有效的针对性建议，从而使学生达到吐字清晰、发音准确、说话流利的效果。

3.肢体形态训练

宣讲作为一项综合性的演说，不仅考验宣讲者的语言表达能力，其肢体语言与形态训练也不容忽视。红色宣讲课堂将针对学生进行形态培训，提升学生综合素质，从走路、站姿、手势等方面全方位对学生进行指导，使学生由内而外地培养红色宣讲的整体气质。

4.表情与神态管理

宣讲中，恰到好处的眼神交流互动能够极大地拉近宣讲者与听众的距离，从而达到共情的效果。针对稿件具体内容与宣讲场合，教师辅导学生进行恰当的表情管理，使学生在实际宣讲中能有收放自如之效。

第四课时　宣讲实施

目前红色精神宣讲的人员主要由两部分构成：一是政府、学校邀请高校教授或党校教师进行宣讲，由他们对培训学生进行现场教学。其存在的问题是红色教育的辐射面不够广，思维方式较为固定，没有年轻力量的加入缺乏活力，体现不出生力军的突出贡献。二是由社会上直接招聘的工作人员，同时包括未毕业学生的兼职人员。但随着培训学生的日渐增多，很多专业知识不足、照本宣科的讲解人员和文化水平素质不高的工作人员应市场需要参与进来，导致整体培训环境复杂多变，红色文化的内核和精髓在传承过程中未深入挖掘，培训学生的心理体验感未得到满足。

我校红色讲师项目实施过程中，同学们联系了学校、社区等各个点位来开展宣讲活动，制作宣传册，内容为接受过红色基因课程的学生感悟、授课过程中的摄影作品以及主要的宣讲课程内容介绍。这样的红色宣传影响辐射到了一个较大的范围，并且我们本身也在行动中不断扩大。我们探访了许多烈士家属，从历史的见证者手里接过传承的火炬。

经过一系列的努力，项目组取得了不小的进展。宣讲团通过在区内各中小学、社区的宣讲，影响力不断扩大，参与人数800余人，不少点位在进行了一次宣讲后都希望我们可以再度前去宣讲。通过宣讲，学生态度也发生了转变，一开始学生对红色精神宣讲，颇有抵触，课前表现都心意阑珊，但是经过宣讲团成员们的介绍，他们渐渐发现原来红色精神就在我们身边。通过几次洪炉讲坛，我校学生在两次烈士祭扫活动中的表现也有大幅改观，由第一次的松散无纪律，到第二次肃然起敬。通过潜移默化的教学，让学生乃至更多的社会群众都从中受益，了解、学习、传承这些红色精神文化。

从2018年9月到现在，我们的脚步永远不会停下，会永远坚持下去。

第五课时　线上课程平台搭建

一、教学目标

红色文化宣讲课程、宣讲技能培训课程等线下面授课将同步录制成微课集形式，并打造分享平台，通过线下引流、线上回流的方式，面向全社会有志于传承红色文化基因的各方人士开放学习，逐步在全社会建立红色宣讲平台。

二、教学过程

提问：各位同学，现阶段传统的红色精神宣讲主要通过场馆教育与讲座，这种形式有什么缺点吗？

回答：现有的红色公益项目大多落点于革命历史博物馆、纪念馆、红色教育基地等，并以此为核心向四周小范围扩散，或是吸引目标客户远道而来在此地进行服务，这存在地域局限性、缺乏可持久性、服务群体狭隘化等问题，故该红色公益项目覆盖面较小。

提问：在“互联网+”的时代大潮下，红色教育逐步从线下扩大至线上，“互联网+红色”势必是红色文化宣传的新趋势。我们如何利用好新媒体资源增强我们的影响力呢？

回答：除了线下课程体系以外，我们要积极抓住“互联网+”时代机遇，依托各种便捷的多媒体平台，同步研发线上产品，积极打破地域限制，使得本地以外的学生也能参与课程、共享课程，让红色文化与革命教育走得更远、传播得更好。

曙光中学红色讲师项目将与各大爱国主义教育基地、高校、中小学进行合作，线下深入服务群体中开展调研，收集红色革命故事，面向广大人民群众尤其是青少年学生群体进行红色宣讲，发挥项目成员“读写演讲”

的专业特长；线上依托丰富的多媒体平台，以微课、喜马拉雅、Vlog小视频等多种形式，实现红色教育的资源共享。以声音传递红色情怀，以故事生动讲述红色经典，可以有效扩大本项目的覆盖面。

附5-3 跨学科项目化学习教学设计案例三

“智能化家居系统的设计与制作”项目化学习教学设计

上海市奉贤区曙光中学 余晓柱

<table>
<tr><td colspan="4">智能化家居系统的设计与制作</td></tr>
<tr><td>适用年级</td><td colspan="2">高二</td><td>所需课时</td><td>5</td></tr>
<tr><td>涉及学科</td><td colspan="4">科学、艺术、工程</td></tr>
<tr><td rowspan="2">核心问题</td><td>本质问题</td><td colspan="3">物联网技术在居家环境下如何实现？</td></tr>
<tr><td>驱动性问题</td><td colspan="3">你心目中的智能化家居是怎样的？</td></tr>
<tr><td>目标设计</td><td colspan="4">1.通过项目化学习培养学生的技术意识；
2.通过参与方案设计与实施培养学生工程思维和创新设计的能力；
3.通过设计3D设计和模型制作，培养学生图样表达和物化能力；
4.通过小组交流和合作，培养学生团队意识和分工协作的能力</td></tr>
<tr><td rowspan="2">成果设计</td><td>产品形式</td><td colspan="3">实物模型展示、设计介绍PPT</td></tr>
<tr><td>展示方式</td><td colspan="3">利用模型结合PPT进行介绍和功能演示</td></tr>
<tr><td rowspan="2">评价设计</td><td>过程评价</td><td colspan="3">重点关注的知识与技能或关键能力，以及评价方式</td></tr>
<tr><td>结果评价</td><td colspan="3">重点关注的知识与技能或关键能力，以及评价方式</td></tr>
<tr><td>任务设计</td><td colspan="4">第一课时：方案设计、制定评价标准和组内分工；
第二课时：学习硬件和编程环境；
第三课时：程序调试；
第四课时：造型设计和设备安装；
第五课时：交流展示和评价、方案优化和拓展</td></tr>
</table>

续 表

项目资源	教学资源：各种表格；各种硬件说明文档；3D建模软件操作指南和案例教程《图章》《简易杯子》。 工具和材料：Arduino电子元件；锂电池；电脑；3D打印机和耗材；激光雕刻机和木板；胶枪和胶棒；纸板；双面胶；美工刀等

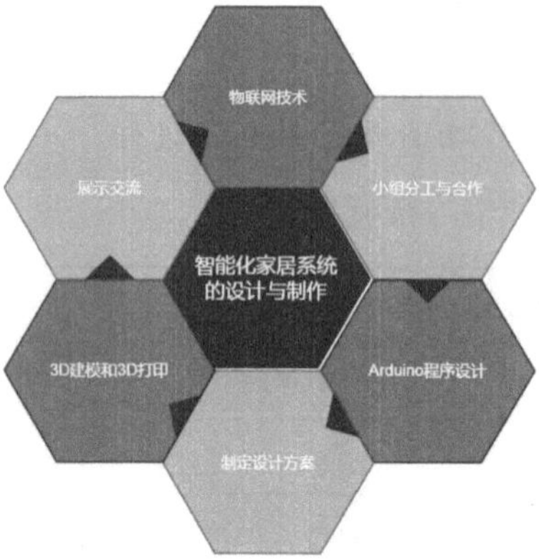

第一课时　方案设计、制定评价标准和组内分工

一、教学目标

1. 了解物联网技术的基本特征和常见应用场景。

2. 了解智能家居的基本形态。

3. 通过小组内交流制定智能家居系统的方案，并对每个小组成员进行任务分工。

4. 通过班级内交流形成产品的评价标准。

二、教学准备

【资料准备】视频：华为智能家居宣传片。方案设计与实施分工表格，评价量表。

【器材准备】Arduino主控板以及配套传感器和执行器。

三、教学过程

1. 情景引入。观看华为智能家居系统宣传片，谈谈哪些地方体现了“智能”？猜测一下这些智能实现的方式是怎样的？

2.界定项目问题。本项目设计的智能家居系统是基于Arduino平台，围绕家中常见的场景进行设计，可以利用网络模块连接wifi。

3.方案设计与实施。

对象	你的智能家居系统里包含哪些设备?
功能	你想实现哪些功能?(尽可能写详细) 1. 2. 3. 4.
电路原理图	画出设备连接方框图,并注明设备间通讯方式(如有线,蓝牙,wifi,红外)
零件清单	根据设计方案列出元件清单
任务清单	根据设计方案列出所有子任务,并进行分工。 任务1:________________ 负责人:________ 任务2:________________ 负责人:________ 任务3:________________ 负责人:________ 任务4:________________ 负责人:________ 任务5:________________ 负责人:________ 任务6:________________ 负责人:________ 任务7:________________ 负责人:________

4.制定评价标准。老师给出需要评价的环节，各个小组通过讨论交流给出每个环节具体的评价量表，然后由老师进行集中交流。

评价对象	评价细则
设计方案	1. 2. 3.
作品评价	1. 2. 3.

续 表

团队合作	1. 2. 3.
展示交流	1. 2. 3.

课堂评价

序号	评价指标	评分标准	自评	他评
1	参与度	A.踊跃参与各项活动,积极发言 B.能聆听他人意见,偶尔发言 C.基本不发言,也不关心		
2	创造性	A.提供的建议和主题关系不大 B.提供的建议和主题关系密切,但创意不足 C.提供的建议和主题关系密切,富有创意		
3	成果贡献值	A.提出2条或2条以上建议被采纳 B.提出1条建议被采纳 C.没有意见被采纳		

第二课时　学习硬件和编程环境

一、教学目标

1.学生在教师的帮助下完成测试代码。

2.学生能够使用Mind+平台编写和调试代码。

二、教学准备

【资料准备】Arduino相关的各个电子元件的说明文档。

【器材准备】Arduino主控板以及配套传感器和执行器。

三、教学过程

1.Mind+平台使用介绍。

（1）加载控制板和元器件的库：

①打开软件，点击“扩展”。

②点击“主控板”，选择对应的板型。

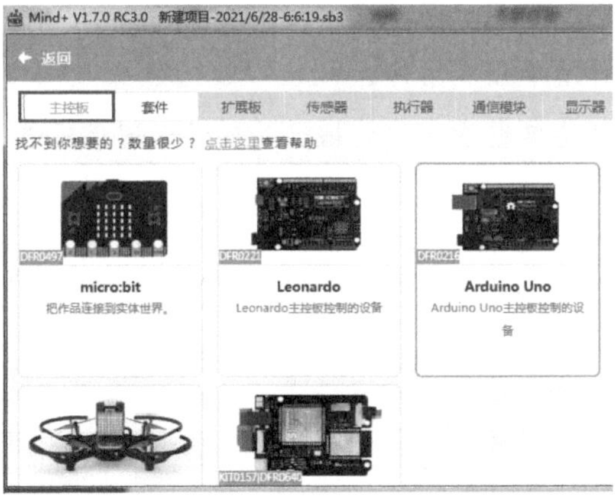

③点击“传感器”“执行器”等标签，加载相应的库。

（2）认识各个功能模块。

（3）连接设备，上传代码。

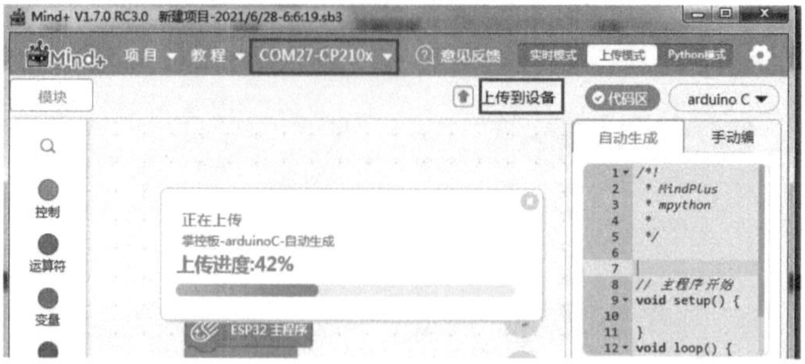

（4）常见问题解决办法。如果在连接设备下面找不到相应的端口号，则可能需要安装主控板的驱动。

2.认识硬件。

（1）根据零件清单领取零件。

（2）根据零件清单查看介绍文档，并按照示例代码进行练习。

任务记录单

元件名称	文档学习(完成了打√)	示例练习(完成了打√)

问题汇总

问题描述	是否解决若解决简单描述解决办法	是否求助(打√)

第三课时　程序调试

一、教学目标

1.各小组根据学习情况再次进行交流讨论，形成最终的设计方案。

2. 根据设计方案挑选相关元器件。

3. 画电路原理图和程序逻辑图。

4. 根据程序逻辑图调试代码。

二、教学准备

【资料准备】项目书、关于电子元件的介绍性文档。

【器材准备】相关电子元件、电脑（可网络连接）、锂电池。

三、教学过程

1. 交流讨论确定最终的方案

（1）小组内交流讨论。

（2）完成项目书。

项目/作品名称			
组长		组员	
设计思路（300字以内）	（简要表述设计思路或创意说明，创意戈德堡项目需说明事件总数，根据事件发生顺序列明每一事件及对规定事件的描述2个或以上电子控制事件）		
设计图			
作品亮点			

2. 代码调试

（1）讲解代码调试的基本方法：由分到总，利用串口调试器输出信息以验证是否正确。以楼道灯为例，先要检测光线传感器和声音传感器是否正常。

【光线传感器】

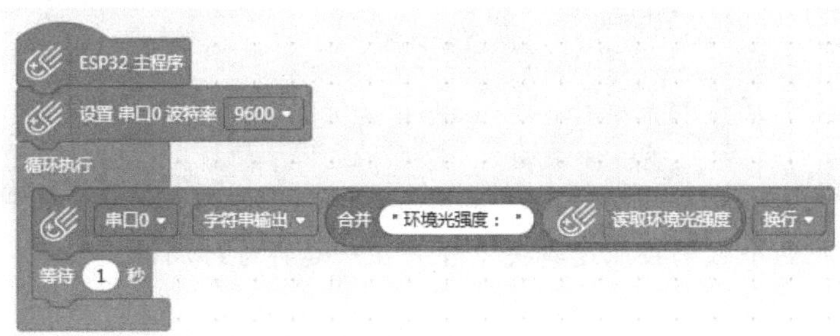

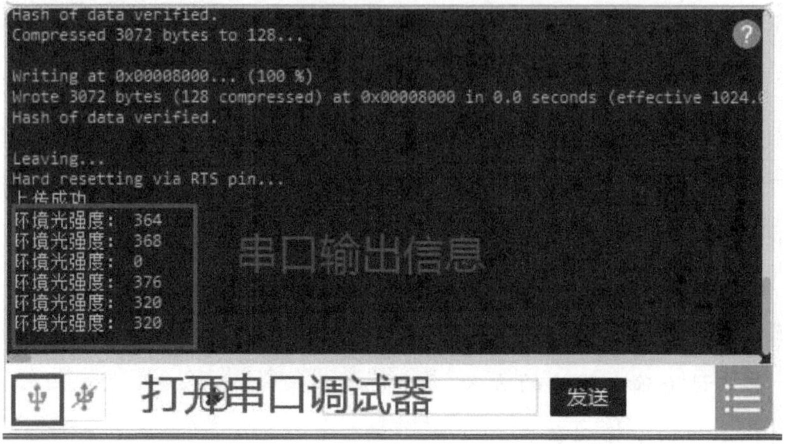

【声音传感器】

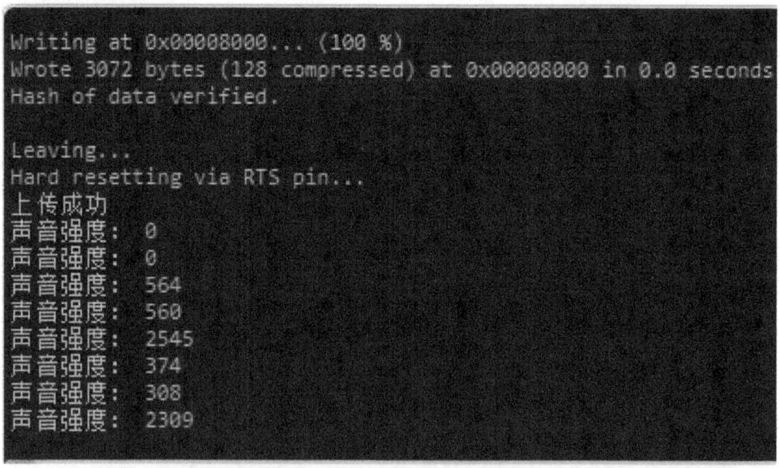

然后把两个代码按照逻辑关系合并在一起再进行测试。

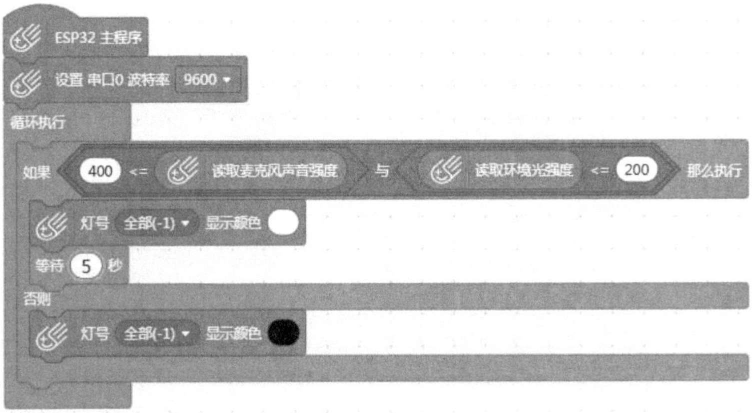

（2）用流程图来检查代码的逻辑关系是否正确。以互动式交通灯为例，流程图如下：

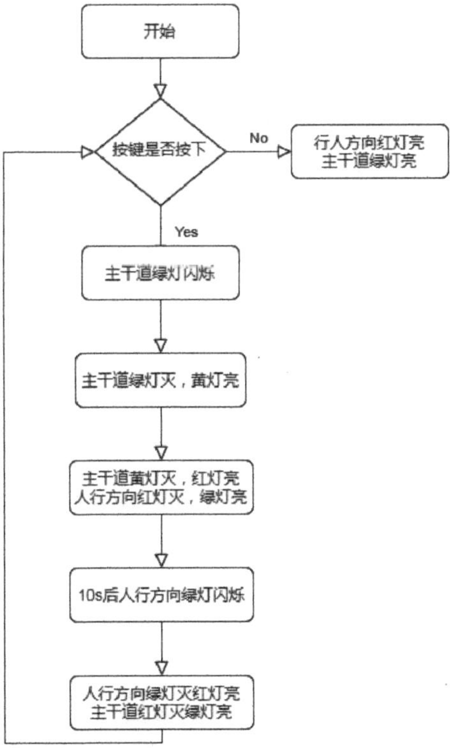

（3）多用模块化封装来简化程序。见下图：

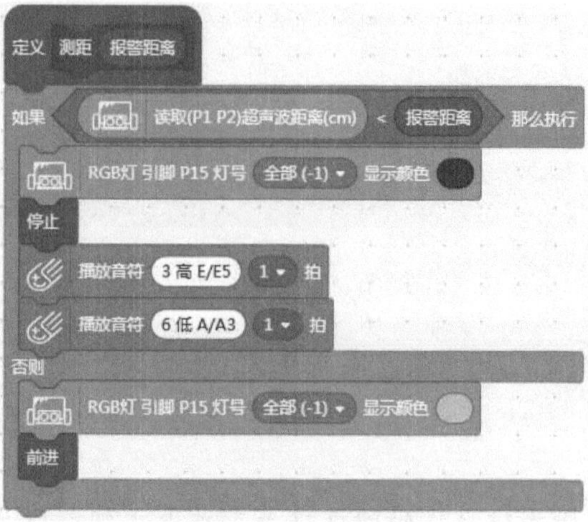

3. 以小组为单位调试程序。

代码调试记录单

代码功能描述	是否调试成功(成功打√,失败打×)	问题描述

第四课时　造型设计和设备安装

一、教学目标

1. 学生根据设计方案画草图、3D建模并借助3D打印机和激光雕刻机做出实物模型，了解造型的基本流程，提升物化能力。

2. 学生通过设计草图并修改草图，提高图样表达的能力。

二、教学准备

【资料准备】3D建模软件操作指南。

【器材准备】3D打印机、激光雕刻机和配套电脑、瓦楞纸、美工刀、热胶枪、双面胶和胶水。

三、教学过程

1. 如何进行造型设计。

（1）造型设计的基本流程。

（2）如何画草图。产品设计草图，主要包括图形表现和画面辅助元素表现。设计草图画面图形从以下几个方面着手。①产品整体透视图。利用产品整体透视图，多角度表达产品，使读者先对设计方案有一个整体认识。在产品设计草图中，表现产品整体形态的图，我们可以称之为主图。围绕主图，再结合其他的辅助图形和文字、符号来清晰表现产品方案。②局部细节放大图。由于画面有限，在产品整体透视图中有些局部特征表现得不够清楚或角度不佳的位置表达得不清晰，都需要用局部放大图来体现。③产品操作方式解释图。结合产品使用场景（或称为产品语境），通过产品的使用环境图、产品使用的步骤图来展现产品的操作过程、产品与人体间可能的关系组合（如携带方式等）。如果能形成完整的产品设计故事图（或称故事板），那就会使得产品设计意图展现得更为直观。④产品结构分解图（爆炸图）。在设计过程中，完成外观设计环节后，就要考虑产品结构的问题了。产品设计师需要与结构工程师沟通、调整、协调各种问题，说明性草图会更具有说服力。侧视图所表现的物体不带任何透视关系，简单、明确地呈现设计者的设计意图。产品的结构分解图是表现产品的内部结构，它是用来揭示内部零件与外壳各部分之间的关系，有时候为了展示物体的内部结构或者揭示某些被遮挡住的信息，需要做剖视图，清晰展现所要表现的结构细节。⑤产品外观尺寸图。在设计草图中须含有产品外观尺寸图。对于产品的大小、高低、薄厚，在设计时中要有思考。通常可以用三视图标注尺寸表现。

当然，作为学生设计产品，一般都是结构比较简单的，采用的草图也相对简单，只要能呈现产品的结构特征即可。有些元素可以在后期的3D

建模中进行细化，例如三视图、产品尺寸以及爆炸视图，这些在软件中生成会更加准确和高效。

2.3D设计。

（1）3D设计软件（SolidWorks）介绍。

（2）建模方法介绍。自底向上设计法是比较传统的方法。先设计并造型零件，然后将之插入装配体，接着使用配合来定位零件。若想更改零件，必须单独编辑零件，这些更改可在装配体中看见。自底向上的装配体是通过加入已有零件并调整其方向来创建的。零件在装配体中以零部件的形式加入，在零部件之间创建配合可以调整它们在装配体中的方向和位置。配合关系是指零部件的表面或边与基准面、其他的表面或边的约束关系。

优点：①方便使用现有零件进行装配体设计。②设计人员可以专注于零件设计。③零部件互相独立，模型重建过程中计算更加简单。④单个零件的特征和尺寸是单独定义的，方便将完整的尺寸生成到工程图。

（3）练习1：图章。

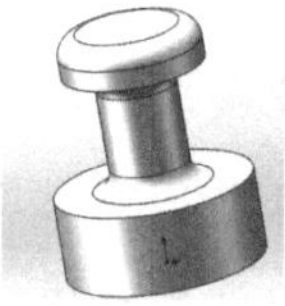

（4）练习2：笔筒。

3.模型测试

（1）通过软件的装配来模拟测试各个组件的尺寸和位置关系是否正

确。（2）通过3D打印和激光切割制作实物模型，根据模型反馈的问题来修改设计方案。

第五课时　作品展示交流

一、教学目标

1. 通过交流展示，培养学生的表达能力。

2. 通过对作品从外观到功能等多方面进行评价，让学生了解设计要考虑多方面的要求。

3. 通过小组间交流，让学生认识到作品在哪些方面可以提升。

二、教学准备

【资料准备】评价表。

【器材准备】各小组作品以及PPT或海报、电脑。

三、教学过程

1. 各小组作品展示。

（1）活动说明：①每个小组推荐一名同学作为演讲者来介绍本小组的作品，演示功能时可以有其他同学辅助进行；②在展示作品的过程中，其他小组根据评价表客观公正地对其进行打分；③本小组也要填写评价表，填在“自评”一栏。

（2）各小组根据抽签的顺序依次进行展示和说明。

（3）评价表。

评价对象	评分细则		得分
创意	没有创意	10分	
	有一定的创意	10—15分	
	创意十足，让人眼前一亮	15—20分	
功能	功能设计一般，只有个别功能展示成功	10分	
	功能设计有亮点，部分功能展示成功	10—15分	
	功能设计丰富而新颖，大部分功能展示成功	15—20分	

续 表

外观	有外壳，形状基本符合要求	10分	
	外壳符合要求，有一定的设计感	10—15分	
	外壳设计非常精致，颜色搭配很好	15—20分	
工艺	纯手工加工，手法粗糙	10分	
	手工和3D打印或激光雕刻相结合	10—15分	
	几乎全部运用3D打印或激光雕刻	15—20分	
讲解	讲解不够清楚明白	10分	
	讲解基本清楚	10—15分	
	讲解清楚明白，富有感染力	15—20分	
总得分			

2. 颁奖表彰

（1）设立最佳创意奖、最佳造型奖、最佳团队奖。

（2）领奖的同学发表获奖感言。

3. 作品优化

每组选择一个作品进行交流讨论，提出进一步优化改进的意见。

建议小组	建议对象	建议内容
		1. 2. 3.
		1. 2. 3.
		1. 2. 3.

主要参考文献

[1]姚利民.有效教学研究[D].上海:华东师范大学,2004.

[2]巴克教育研究所.项目学习教师指南:21世纪的中学教学法[M].任伟,译.北京:教育科学出版社,2008.

[3]高继华.走进理解教育高中实验校[M].桂林:漓江出版社,2011.

[4]张紫屏.课堂有效教学的师生互动行为研究[D].上海:上海师范大学,2015.

[5]白军胜.基于有效教学的教学研究范式转型[D].上海:上海师范大学,2016.

[6]夏雪梅.学科项目化学习设计:融通学科素养和跨学科素养[J].人民教育,2018(1).

[7]伊翠娟.基于有效教学理论实施高校课堂教学评价[J].中国成人教育,2018(21).

[8]齐可卿.基于学科素养的“高中语文项目化学习”设计与实施策略——以“儒道之辩”项目为例[J].新课程评论,2019(11).

[9]周遵琴.有效教学理论在高校体育教学中的应用[J].内江科技,2020(1).

[10]程立春,诸丹萍.红色精神培育特色课程建设与探索[M].芜湖:安徽师范大学出版社,2021.